Sukadev Volker Bretz

Die Yogaweisheit des Patanjali für Menschen von heute

via nova
Verlag Via Nova

Kontaktadresse:

Sukadev Volker Bretz
Yoga Vidya e.V.
Berufsverband der Yoga Vidya Lehrer/innen e.V. (BYV)
Yogaweg 7, 32805 Horn-Bad Meinberg
Tel. (05234 87-0)
Fax: (05234 87-1875)
E-Mail: sukadev@yoga-vidya.de
Internet: https://www.yoga-vidya.de

---

7. Auflage 2019
Verlag Via Nova, Alte Landstr. 12, 36100 Petersberg
Telefon: (06 61) 6 29 73
Fax: (06 61) 96 79 560
E-Mail: info@verlag-vianova.de
Internet: www.verlag-vianova.de
Gestaltung des Buchtitels: Klaus Holitzka, 64756 Mossautal
Satz: typo-service kliem, 97647 Neustädtles
Druck und Verarbeitung: Appel und Klinger, 96277 Schneckenlohe

ISBN 978-3-928632-81-2

Gewidmet
Swami Vishnu-devananda
und
Swami Durgananda,
die mich in die
Yoga-Weisheit des Patanjali
eingeführt haben.

Inhaltsverzeichnis

Vorwort 7

Einleitung 8

Erläuterungen zu den Sanskrit-Begriffen 12

Einführung 14

Wichtige indische Schriften 14

Sūtras 15

Aufbau der Rāja Yoga Sūtras 15

1. Kapitel 19

Samādhi Pāda – Theorie des Geistes 19

2. Kapitel 89

Sādhana Pāda – Spirituelle Praxis 89

3. Kapitel 139

Vibhūti Pāda – Außergewöhnliche Kräfte 139

4. Kapitel 187

Kaivalya Pāda – Befreiung 187

Vorwort

„Die Yogaweisheit des Patañjali für Menschen von heute“ von Sukadev Volker Bretz ist eine neue, sehr interessante Form der Kommentierung und praktischen Vermittlung des „Patañjali Yoga Sūtra“. Dieser klassische Grundlagentext für alle Yogatraditionen ist ja mit 195 Lehrsätzen eine sehr kurz gefaßte, auf das Wesentliche verdichtete Grundaussage über die im menschlichen Geist angelegten Möglichkeiten, aber auch über die vielfältigen Ursachen für das Leiden der Menschen, wenn Geist und Psyche unruhig und den sich ständig verändernden Lebenssituationen hilflos ausgeliefert sind. Lösungsmöglichkeiten werden, trotz der Kürze des Textes, differenziert und dem einzelnen Menschen angepaßt, aufgezeigt, sind jedoch auch vielseitig interpretierbar und können dadurch von unterschiedlichen Kulturen philosophisch-religiös auf ihre Weise gefüllt werden, ohne die zeitlosen, universellen Grundaussagen zu verfälschen.

Wie alle philosophischen Systeme Indiens ist das „Yoga Sūtra“ ein *darśana* (Sichtweise, Schau), das heißt, ein *darśana* vermittelt eine bestimmte Methode, mit deren Hilfe man zum Beispiel eine klarere Wirklichkeitsschau entwickeln und sich dadurch immer mehr der erkennenden Erfahrung seines innersten Wesens annähern kann. Das *darśana*, um das es sich bei Patañjali und im vorliegenden Buch handelt, ist *Yoga*. Yoga als Zustand des menschlichen Geistes und Yoga als Weg, als Übungsmethode.

Aufgrund der direkten Unterrichtssituation, für die und mit der das Buch entstanden ist, und durch die langjährigen und vielfältigen Erfahrungen des Autors auf dem Yoga-Lebensweg können die Leserinnen und Leser auf sehr anschauliche und lebendige Art und Weise sich mit der inneren Struktur des *„yoga-darśana“* auseinandersetzen und für ihre eigene Lebenssituation vielleicht den roten Faden aus der Leidverstrickung zur befreienden Selbsterkenntnis finden. Sukadev Volker Bretz lehrt und schreibt vorwiegend in der Tradition seiner Lehrer Swami Sivananda Sarasvati und insbesondere Swami Vishnu-devananda. Im Kontext zu den einzelnen Sūtras stellt er passende Bezüge her zu den Upanishaden, der Bhagavad Gītā, dem Buddhismus, dem Haṭha Yoga und transportiert zeitlose Erfahrungen über die Körper-Seele-Geist-Einheit in den Alltag der Menschen des 21. Jahrhunderts. Das mag angesichts der Knappheit der „Yoga-Sūtras“ gewagt erscheinen. Meines Erachtens wird er aber gerade dadurch die konkrete Wirklichkeit vieler Leserinnen und Leser erreichen können. Die Lektüre des Buches wird sicher auch bei einigen zum Studium der Referenztexte motivieren. Spannende mythische Geschichten von tiefer Weisheit und ganz banale Alltagserfahrungen würzen die ernsthafte Auseinandersetzung.

Helga Simon-Wagenbach

Einleitung

Das *Yoga Sūtra* von Patañjali ist eine der großartigsten Abhandlungen über den menschlichen Geist. Seit Jahrhunderten wird es immer wieder neu interpretiert und ist heute im Westen der meist kommentierte klassische Yogatext überhaupt.

Mein Anliegen in diesem Kommentar ist es, diese jahrhundertealte Weisheit für den Menschen von heute neu zu erschließen und durch viele Beispiele, Anekdoten und Geschichten nahezubringen. Die seit Jahrhunderte erprobten machtvollen Techniken sind gerade heute noch wichtiger als je zuvor.

Das Wort „Yoga" heißt Einheit, Vereinigung. Yoga ist ein systematisches Übungssystem, welches alle Aspekte der Persönlichkeit entfaltet. Yoga gibt Übungen, die auf drei Ebenen wirken:

- Leben in Harmonie mit sich und der Umwelt,
- Entdeckung schlafender Fähigkeiten in sich,
- Verwirklichung des wahren Selbst, der spirituellen Wesensnatur.

Es gibt verschiedene Weisen, das Yogasystem zu unterteilen. Ich unterscheide gerne sechs Aspekte des Yoga, die sich gegenseitig ergänzen und zusammen ein großartiges Ganzes bilden:

- *Jñāna Yoga*, der Yoga des Wissens. Er beruht auf der Selbstbefragung: Wer bin ich? Er hat als Mittel die philosophische Analyse, die tiefe Reflexion und die Meditation,
- *Rāja Yoga*, der Yoga der Geistesbeherrschung,
- *Bhakti Yoga*, der Weg der Hingabe zu Gott,
- *Karma Yoga*, der Yoga der Tat, bestehend aus selbstlosem Dienst und Spiritualisierung des ganzen Lebens,
- *Haṭha Yoga*, der Yoga der Körperschulung. Dies ist der im Westen bekannteste Yoga und besteht vor allem aus Körperübungen (*āsanas*), Atemübungen (*prāṇāyāma*), Tiefenentspannung (*śāvāsana*) und Ratschlägen zur richtigen Ernährung,
- *Kuṇḍalinī Yoga*, der Yoga der Energie.

Das *Yoga Sūtra* ist **der** Rāja-Yogatext schlechthin. Es geht um das Kennenlernen und die Kontrolle des Geistes, die Überwindung von Leiden und die Verwirklichung des Selbst. Und obgleich das *Yoga Sūtra* als Rāja-Yogatext gilt, findet man an einigen Stellen auch ausgezeichnete Hinweise für die anderen Aspekte des Yoga.

Ich stehe in der Tradition von Swami Sivananda und Swami Vishnu-devananda. Swami Sivananda ist einer der größten Yogameister des 20. Jahrhunderts und eine der Yogagrößen, welche im 20. Jahrhundert die Renaissance des Yoga einleiteten. Geboren 1887 im Süden Indiens, praktizierte er viele Jahre als Arzt in Krankenhäusern in Malaysia. 1923 verließ er Malaysia und ließ sich in Rishikesh an den Vorbergen des Himalaya nieder, um intensiv Yoga zu praktizieren. Es wird angenommen, daß er das Ziel des Yoga, *asaṃprajñāta samādhi*, die Selbstverwirklichung, Anfang der 30er Jahre erreichte. Angezogen von seiner Ausstrahlung kamen Scharen von Aspiranten, um seinen Rat zu suchen. Die von ihm gegründete *Divine Life Society* wurde eine der größten Yogabewegungen Indiens. Als Swami Sivananda 1963 seinen Körper verließ, hatte er über 200 Bücher geschrieben und zahllose Schüler in die ganze Welt geschickt.

Einer seiner Schüler war Swami Vishnu-devananda (1927–1993), den wir liebevoll meist nur „Swami Vishnu" oder „Swamiji" nannten. Swami Vishnu lebte zehn Jahre im Sivananda Ashram in Rishikesh und wurde 1957 von Swami Sivananda auf Vortragsreise in den Westen geschickt. Als er sah, wieviel Interesse die westlichen Menschen am Yoga hatten, blieb er gleich in Nordamerika, machte sich selbständig und gründete die von ihm so genannten „Sivananda Yoga Vedanta Zentren" und Ashrams auf der ganzen Welt. Zwölf Jahre lernte, lebte und diente ich in seinen Zentren und habe ihm unendlich viel zu verdanken. Von ihm und seiner engen Schülerin Swami Durgananda lernte ich die Tiefen des *Yoga Sūtra* kennen und bemühe mich seither, diese in die Praxis umzusetzen. Ende 1991, während Swami Vishnu die Leitung seiner Zentren an seine Nachfolger weitergab, verließ ich die von ihm gegründeten Zentren und legte nach einer Indienreise Mitte 1992 die Grundlage für den Yoga Vidya e.V. in Deutschland. Mehrere Yoga Vidya Zentren und das „Haus Yoga Vidya", ein Seminarhaus und Yoga Ashram im Westerwald, sind seitdem entstanden. Die meisten Beispiele und Anekdoten in diesem Buch stammen aus meinen persönlichen Erfahrungen und den Erfahrungen von Kursteilnehmern bei meinen Kursen in diesen Zentren.

Dieses Buch ist aus einer Vortragsreihe im Rahmen einer Intensiv-Weiterbildung für Yogalehrer entstanden. Eine der Teilnehmerinnen nahm meine Vorträge auf und brachte sie zu Papier. Diese wurden dann weiter bearbeitet und an die Bedürfnisse eines breiteren Publikums angepaßt. Dieses Buch ist daher nicht als Einführung ins Yoga gedacht, obgleich ich der Überzeugung bin, daß auch Yoganeulinge viel Nutzen daraus ziehen können. Die einzelnen Verse habe ich für dieses Buch aus dem *Sanskrit* (uralte indische Sprache) neu übersetzt. Ich habe dazu *Capeller's Sanskrit-English Dictionary* aus dem Internet zu Hilfe genommen, jedes einzelne Wort nachgeschlagen und dann verglichen mit den bekannten, in Deutschland erhältlichen *Yoga Sūtra*-Übersetzungen: „Meditation und Mantras" von Swami Vishnu-devananda, „Die Wurzeln des Yoga", von P. Y. Deshpande und Bettina Bäumer, „Rāja Yoga" von Swami Vivekānanda, „Die Wissenschaft des Yoga" von I. K. Taimni und „Über Freiheit und Unsterblichkeit" von T. K.V. Desikachar. Ich habe mich bemüht, in der Übersetzung möglichst nah am Originaltext zu bleiben und gleichzeitig das Deutsch flüssig zu halten. Insbesondere habe ich für die Lesbarkeit einige Substantive in Verben umgewandelt und für das Verständnis notwendige Ergänzungen in Klammern dazugeschrieben. Verständlicherweise bin ich der Interpretation meines Meisters Swami Vishnu-devananda am nächsten geblieben. Ich bin kein Sanskritgelehrter. Für etwaige Übersetzungsfehler bitte ich um Nachsicht bzw. um Rückmeldung. Bei der Wort-für-Wort-Übersetzung habe ich die Wörter meist in die Einzahl Nominativ gesetzt, woraus sich die Diskrepanzen in der Schreibweise in den *sūtras* und in der Wort-für-Wort-Übersetzung ergeben.

Eine Bedeutungsschwierigkeit ergibt sich aus den deutschen Wörtern „Geist" und „Seele", die ja in unterschiedlichen Kontexten Unterschiedliches bedeuten. Wenn ich in diesem Buch das Wort „Geist" gebrauche, ist damit Psyche, Denksubstanz, Gemüt gemeint, das, was im Englischen als „mind", im Sanskrit als „*citta*" bezeichnet wird. Und das Wort „Seele" habe ich als synonym für „spirit", „*puruṣa*", Selbst, Bewußtsein, gebraucht.

Eine weitere Schwierigkeit im Deutschen ist die Verwendung von männlich/weiblich. Ich habe mich in der Mehrzahl der Fälle für die früher in Deutschland übliche Verwendung des Männlichen als Synonym für männlich und weiblich entschieden. Dies erleichtert wahrscheinlich die Lesbarkeit. Wenn also im Text von „der Meister", „der Schüler", „der Aspirant" die Rede ist, schließt das immer „die Meisterin", „die Schülerin", „die Aspirantin" mit ein. Der/die Leser/in möge mir dies verzeihen, wenn das gegen sein/ihr Empfinden geht.

In diesem Buch beschränke ich mich nicht auf die Begriffe aus Patañjalis *Yoga Sūtra*, sondern beziehe wie Swami Sivananda, Swami Vishnu-devananda und die meisten anderen modernen Yogameister Begriffe aus *vedānta*, *tantra*, anderen Yogasystemen, moderner Physik und Psychologie mit ein. In Indien hat das Vermischen verschiedener philosophischer Systeme und spiritueller Wege eine lange Tradition. Schon *kṛṣṇa (Krishna)* verwendet in der Jahrtausende alten *Bhagavad Gītā* parallel Begriffe aus *sāṃkhya, pūrva mīmāṃsā* und *vedānta.* Mir geht es nicht um eine historische Interpretation, sondern um die praktische Anwendung der in den Sūtras dargelegten Weisheit. Das heutige Yogasystem beruht auf verschiedenen großen Traditionen, die sich ständig gegenseitig befruchteten und miteinander vermischten. Historisch gibt es in Indien sechs große *darśanas*, klassische Philosophiesysteme, welche die klassischen Schriften und die Erfahrungen des Aspiranten in unterschiedliche Begriffe brachten. Drei davon spielen im modernen Yoga eine besondere Rolle: *vedānta, sāṃkhya* und Patañjalis *yoga*. Ein viertes System, *tantra*, gilt nicht als *darśana*, ist aber heute ebenso von besonderer Bedeutung.

(1) *Vedānta* ist eine nicht-dualistische Philospohie. Gemäß *vedānta* ist alles eine Manifestation des Bewußtseins (*brahman*). Die Vorstellung einer separaten Welt (*jagat*) ist eine Illusion (*māyā*). Letztlich ist das Selbst (*ātman*) eins mit dem Absoluten (*brahman*). Um Leid zu vermeiden, gilt es, die Einheit zu erkennen und seine wahre Natur als absolutes Sein, Wissen und Glückseligkeit (*sat-cit-ānanda*) zu verwirklichen.

(2) *Sāṃkhya* ist ein dualistisches Philosophiesystem und postuliert zwei Prinzipien, Bewußtsein (*puruṣa*) und Natur (*prakṛti*), welche als ewig voneinander getrennt angesehen werden. *Prakṛti* befindet sich in ständiger Veränderung (*pariṇāma*), ist aber für den *puruṣa* tätig. Ursache von Leid ist Unwissenheit (*avidyā*) und damit die Identifikation des *puruṣa* mit einem Teil der *prakṛti*, eben dem Geist-Körper-System. Das Loslösen aus dieser Identifikation führt zur Befreiung (*kaivalya*).

(3) *Tantra* verbindet Dualismus mit Monismus. Gemäß *tantra* gibt es zwei Prinzipien, *śiva* (Bewußtsein) und *śakti* (Energie), welche beide göttlich und in

Wahrheit ewig eins sind. Auch Schöpfung und Bindung gelten als göttlich. Sich getrennt zu sehen ist Ursache von Leiden. Einheit ist das Ziel des Lebens.

(4) Das *Yoga*system des *Patañjali* beruht philosophisch auf den Begriffen der *sāṃkhya*-Philosophie (wie *puruṣa, prakṛti, pariṇāma, avidyā, kaivalya,* s. o.). Es verbindet diese mit Elementen aus anderen Traditionen. Patañjali erkennt im Unterschied zum atheistischen *sāṃkhya* den persönlichen Gott (*īśvara*) an und sagt, daß Gottesverehrung schnell zur Befreiung führt. Er bezieht so die großen *Bhakti*-Traditionen mit ein. Patañjali beschränkt sich nicht wie *sāṃkhya* auf *viveka* und *vairāgya* (Unterscheidungskraft und Loslösung) als Mittel zur Befreiung, sondern gibt Übungen zum Beruhigen (*nirodha*) der Gedanken (*vṛttis*) im Geist (*citta*). Sind die Gedanken im Geist zur Ruhe gebracht, verwirklicht man sein wahres Wesen (II 2–3). An einigen Stellen benutzt Patañjali den *ātman*-(Selbst-)Begriff des *vedānta*. Mehrmals, insbesondere im 3. Kapitel, greift er auf Begriffe von *tantra* zurück, z. B. *nāḍī* (Energiekanal), *cakra* (feinstoffliches Energiezentrum), *udāna*, und *samāna* (Lebensenergien).

Ich erwähne, insbesondere in den späteren Kapiteln, relativ häufig den Ausdruck „Gott“. Dies soll kein Bezug zu einer konkreten Religion sein. Ich habe versucht, diesen Ausdruck so neutral zu verwenden, daß er mit christlichen Vorstellungen, mit Vorstellungen anderer Religionen wie auch mit abstrakten Konzepten wie „das Absolute“, „die Kosmische Energie“, „der Schöpfer“, „die Urmutter“, vereinbar ist.

Ich möchte allen an diesem Buch Beteiligten herzlich danken: den Kursteilnehmerinnen des Rāja Yoga-Seminars, Suguna Langer für die Niederschrift, die Bearbeitung und die Koordination, Cora Mecke, Radha Anni Attner, Frank Millhäuser für die Korrekturen, Silke Annette Kleemann für die Transkription der Sanskritausdrücke und die Überprüfung der Sanskritübersetzungen, Imogen Dalmann für das Zur-Verfügung-Stellen des Sanskrittextes der Aphorismen in wissenschaftlicher Transkription. Besonderer Dank gilt Helga Simon-Wagenbach für das Vorwort. Auf ihre Anregung habe ich nochmals die Bedeutung jedes einzelnen Sanskritworts überprüft, mich bei der Interpretation durchgängiger an die sāṃkhya- und Yogaphilosophie gehalten (und weniger an *vedānta*) und mich für die wissenschaftliche Transkription der Sanskritausdrücke entschieden. Des weiteren möchte ich Werner Vogel vom Verlag Via Nova danken, der mich ermutigt und inspiriert hat und der mit seinem Verlag der Menschheit einen großen Dienst tut, die himmlische Weisheit auf die Erde zu bringen. Mein Dank gilt auch meiner Frau Shivakami, die mich gerade in der letzten Phase viel unterstützt hat, sowie allen Mitarbeitern/innen des Yoga Vidya e.V., die sich bemüht haben, mich zu entlasten, so daß dieses Buch entstehen konnte. Mein größter Dank geht an meine Meister Swami Sivananda und Swami Vishnu-devananda, deren Segen allein mich zu diesem Buch inspirierte.

Ich wünsche allen Lesern, daß sie mit diesem Buch etwas Inspiration für ihren Weg bekommen. Für Kommentare, Fragen, Erfahrungsberichte, Kritik und Anregungen bin ich dankbar.

26. 2. 2001
Sukadev Bretz

Erläuterungen zu den Sanskrit-Begriffen[1]

Für die Sanskrit-Begriffe und Sanskrit-Namen wird die international gebräuchliche wissenschaftliche Umschrift verwendet.

Bei indischen Eigennamen wird teilweise davon abgewichen, z. B. „Krishna" statt „kṛṣṇa", „Swami Sivananda" statt „svāmī śivānanda".

Teilweise wird die eingedeutschte Schreibweise verwendet.

Bei einigen Sanskrit-Begriffen, die sich im Deutschen inzwischen üblicherweise so eingebürgert haben, wird vom ursprünglichen Geschlecht abgewichen und das im Deutschen vorherrschende verwendet, z. B. „das mantra" statt „der *mantra*", „die *āsana*" statt „das *āsana*".

Sanskrit-Begriffe sind in der Regel klein geschrieben, mit Ausnahme von Eigennamen („Krishna", „Bhagavad Gītā") sowie den meisten Wortzusammensetzungen mit „Yoga", z. B. „Rāja Yoga". Bei indischen Eigennamen gibt es verschiedene Schreibweisen, z. B. „das Yoga-Sūtra" oder „die Yogasūtras" oder „die Yoga Sūtras".

Die meisten Sanskrit-Worte haben oft sehr unterschiedliche Bedeutung. Bei neu auftauchenden Begriffen ist im Text jeweils in Klammern die gebräuchlichste in diesem speziellen Zusammenhang zutreffende Bedeutung angegeben.

Aussprachehinweise

a, i, u	kurze Vokale (wie Blatt, Witz, kurz)
ā, ī, ū, e, ai, o, au	deutlich lange Vokale (wie Bad, Sieg, Mut, Beet, Laie, Boot, Maul)
ṛ	vokalisches r (mit kurzem i-Nachklang)
kh, gh	gutturale Konsonanten (in der Kehle gesprochen, mit deutlichen h-Hauch)
ṅ	gutturales n (wie Klang)
c, j	palatale Konsonanten (tsch, dsch)
ch, jh	palatale Konsonanten (mit deutlichem h-Hauch)
ñ	palatales n (wie Banjo)
ṭ, ḍ	cerebrale Konsonanten (mit zurückgebogener Zunge)
ṭh, ḍh	cerebrale Konsonanten (mit deutlichem h-Hauch)
ṇ	cerebrales n (wie Anteil)
t, d	dentale Konsonanten (ganz vorne an den Zähnen)
th, dh	dentale Konsonanten (ganz vorne an den Zähnen, mit deutlichem h-Hauch)

1 angelehnt an bzw. entnommen aus „Der Weg des Yoga", Verlag Via Nova

ph, bh	labiale Konsonanten (vorne an den Lippen, mit h-Hauch)
y	wie j
v	wie w
ś	heller Zischlaut (Schiene, Zungenspitze nach unten)
ṣ	dunkler Zischlaut (Schuh)
ṃ	Nasal (etwas durch die Nase)
ḥ	Hauchlaut mit Nachklang des vorausgehenden Vokals (pādaḥ = gesprochen pādaḥa)

Einführung

Wichtige indische Schriften

Das Yoga Sūtra von Patañjali gilt als eine der wichtigsten Yogaschriften. Die vier bedeutendsten Yogaschriften sind

- die *Upaniṣaden*, die den *Jñāna Yoga* (Yoga des Wissens) betreffen,
- die *Bhagavad Gītā*, die alle Yogawege umfaßt, sich aber vor allem auf *Karma* und *Bhakti Yoga* (Karma Yoga = Yoga der Tat, des selbstlosen Handelns; Bhakti Yoga = Yoga der Verehrung) konzentriert,
- die *Haṭha Yoga Pradīpikā*, die den *Haṭha* und *Kuṇḍalinī Yoga* (Haṭha Yoga = Yoga der Körperstellungen, Kuṇḍalinī Yoga = Yoga der Energieerweckung und -lenkung) behandelt, und
- das *Yoga Sūtra* von Patañjali über den *Rāja Yoga*, den Yoga der Geisteskontrolle.

Patañjali selbst spricht übrigens nicht von Rāja Yoga, sondern von Yoga allgemein. Der Ausdruck *Rāja Yoga* stammt aus späteren Schriften. In der Haṭha Yoga Pradīpikā z. B. heißt es: „Wir üben Haṭha Yoga, um Rāja Yoga zu erlangen." Denn es ist sehr schwer, nur durch geistig-psychologische Techniken Kontrolle über den Geist zu bekommen. *Āsanas* (Körperstellungen) und *prāṇāyāma* (Atemübungen) können uns dabei helfen. So haben die Haṭha Yoga-Schriften den Ausdruck *Rāja* Yoga für die Sūtras von Patañjali populär gemacht. *Rāja* heißt wörtlich „Herrscher"; durch Rāja Yoga werden wir zum Herrscher über unseren Geist und unser Leben.

Das *Yoga Sūtra* wurden von einem Weisen namens *Patañjali* geschrieben. Über seine Person und sein Leben ist fast nichts bekannt, auch nur wenige mythologische Geschichten, was sehr außergewöhnlich ist, denn die Inder lieben es, Legenden zu erzählen. Möglicherweise hat er sich als Mensch bewußt im Hintergrund gehalten in der Vorstellung, nicht er als Person sei wichtig, sondern das Yogasystem, das dahintersteht und das er weitergibt. Patañjali ist nicht der Erfinder dieses Systems, sondern er hat altes, längst vorhandenes Wissen zusammengefaßt und geordnet. Die Rāja Yoga Sūtras sind etwa zwischen 600 vor und 200 nach Christus anzusiedeln. Da Patañjalis System mit dem Buddhismus große Ähnlichkeiten aufweist, nimmt man an, daß entweder Patañjali von der buddhistischen Tradition beeinflußt wurde oder umgekehrt Buddha von Patañjali. Die Meinungen, ob Patañjali vor oder nach Buddha gelebt hat, gehen auseinander.

Sūtras

Es gibt verschiedene Formen indischer Schriften. Sūtras sind die kürzeste und prägnanteste Weise, etwas zu sagen – nicht nur im Yoga, sondern auf allen Gebieten. Es gibt zum Beispiel das *Nāthya Sūtra* über indischen Tanz, es gibt *sūtras* über Politik u.s.w. Für den Jñāna Yoga ist zum Beispiel das *Brahma Sūtra* sehr bedeutend. Aber es kann nur dann ein *sūtra* geben, wenn die Tradition schon einige Jahrhunderte alt und reif dafür ist, in Sūtraform komprimiert zu werden. *Sūtra* bedeutet wörtlich „Schnur“ oder „Faden“, was vergleichbar im Deutschen als „Leitfaden“ bezeichnet wird.

Ein *sūtra* ist kein Lehrbuch, das man liest, und anschließend hat man alles verstanden. Es ist vielmehr als Leitfaden gedacht für den Lehrer, um dem Schüler den Rāja Yoga beizubringen, indem er Vers für Vers durchgeht. Und es ist ebenfalls ein Leitfaden für den Schüler. In früheren Zeiten war es üblich, daß die Schüler ein *sūtra* vollständig auswendig lernten, bevor der Lehrer irgendwelche Kommentare dazu abgab. Erst wenn der Schüler sie auswendig konnte, wurde er würdig erachtet, im Rāja Yoga unterwiesen zu werden. Das Yoga Sūtra ist übrigens nicht so schwer auswendig zu lernen, denn die Verse sind tatsächlich inhaltlich wie die Perlen auf einer Schnur aufgereiht. Man kann aus dem letzten Wort des jeweiligen vorhergehenden Verses fast schon den Anfang des folgenden Verses erraten.

Ein Sinn des Auswendiglernens besteht darin, daß der Text im Geist präsent ist. In früheren Zeiten gab es kaum Bücher. Die Inder haben auf Palmblätter geschrieben. Palmblätter sind schwierig zu präparieren und zu beschreiben und halten auch nur einige Generationen lang. Dann müssen sie neu abgeschrieben werden. Einer der Gründe, warum man so große Schwierigkeiten hat zu bestimmen, aus welcher Zeit eine indische Schrift stammt, ist, daß man auf kein Original mehr zurückgreifen kann, sondern nur auf wiederholte Abschriften. Man kann also nicht beurteilen, ob eine Schrift nun schon Tausende oder „nur“ Hunderte von Jahren alt ist. Die *sūtras* wurden vorgelesen, vom Lehrer erklärt und von den Schülern gelernt. So lernten die Schüler auch ihren Geist und seine Arbeitsweise kennen.

Das Yoga Sūtra lernt man hauptsächlich wegen seines Inhalts, man rezitiert es meist nicht wie etwa die Bhagavad Gītā oder die Upaniṣaden, die gleichzeitig *Mantra*charakter haben und durch ihre Klangschwingung wirken. Man findet es in Indien sehr häufig, daß die Bhagavad Gītā öffentlich rezitiert wird – sehr viel seltener das Yoga Sūtra.

Aufbau der Rāja Yoga Sūtras

Das Yoga Sūtra besteht aus vier Teilen, den sogenannten *pādas*. Pāda bedeutet wörtlich „Fuß“ oder im übertragenen Sinn Kapitel. Jedes Kapitel ist in Verse unterteilt, die ebenfalls als *sūtras*, Aphorismen, Verse, bezeichnet werden. Das Wort *sūtra* bezieht sich sowohl auf das Gesamtwerk wie auch auf jeden einzelnen Aphorismus. Die vier Füße, Kapitel, auf denen die sūtras stehen, sind:

- *samādhi pāda,*
- *sādhana pāda,*
- *vibhūti pāda,*
- *kaivalya pāda.*

Samādhi pāda wird oft auch als „Theorie des Geistes“ bezeichnet. In diesem ersten Kapitel beschreibt Patañjali, welche Stufen des Bewußtseins und welche Arten von *samādhi* (überbewußter Zustand) es gibt und wie der Geist funktioniert bzw. was er ist. Er behandelt der Reihe nach, was Yoga ist, dann die verschiedenen Gedanken im Geist, die verschiedenen Weisen, wie man den Geist beherrschen kann, die verschiedenen *samādhi*-Stufen (*savitarka, nirvitarka, savicāra, nirvicāra, sānanda* und *sasmitā*) als Formen von *saṃprajñāta samādhi* und schließlich *asaṃprajñāta samādhi*. Weiterhin schreibt er über die Hindernisse auf dem Weg, Hinweise zu deren Überwindung und schließlich nochmals über *samādhi* und die Folgen von *samādhi*.

Das zweite Kapitel hat als Hauptthema *sādhana*, die spirituelle Praxis. Patañjali beschreibt dort zunächst den sogenannten *kriyā yoga*, Praktiken, die auch ein Anfänger tun kann (*kri* = tun), dann die *kleśas*, die Ursachen des Leidens, was *karma* ist, sowie Teile der Yoga-Philosophie, die aus dem *sāṃkhya*-System stammt. Dabei geht es um die Fragen: Was ist diese Welt, warum bin ich überhaupt in dieser Identifikation, was ist der Sinn des Ganzen, was ist Bindung und was ist Befreiung? Der bekannteste Teil des Yoga Sūtras, die acht Stufen des Yoga, findet sich ebenfalls im zweiten Kapitel. Speziell die ersten fünf Stufen – *yama, niyama, āsana, prāṇāyāma, pratyāhāra* – sowie ihre Wirkungen, wenn wir diese Stufen (Glieder) üben, sind hier beschrieben.

Die Kapitel sind nicht so systematisch, wie die Überschriften dies vermuten lassen, eben weil es *sūtra*-Stil ist und als Leitfaden zur Unterweisung und für die Praxis dient. Es würde unter diesem Gesichtspunkt keinen Sinn machen, das erste Viertel nur mit Theorie zu füllen, das zweite nur mit Praxis. Im ersten Teil überwiegt zwar die Theorie und im zweiten die Praxis, aber gleichzeitig findet sich im ersten Kapitel auch Praxis und im zweiten auch Theorie. Trotzdem ist das Hauptthema des ersten Kapitels die Theorie des Geistes und des zweiten Kapitels die spirituelle Übung. Letzteres umfaßt sowohl die eigentlichen Praktiken (*yama, niyama, āsana, prāṇāyāma, pratyāhāra*) als auch die Lebenseinstellung des Yogi.

Das dritte Kapitel beschreibt die höheren Stufen des Rāja Yoga, nämlich *dhāraṇā, dhyāna* und *samādhi*, also Konzentration, Meditation und Überbewußtsein und deren Auswirkungen. Der größte Teil des 3. Kapitels behandelt die Auswirkungen, die es mit sich bringt, wenn man in der Lage ist, den Geist ganz auf etwas zu konzentrieren. Wer zu einer großen Konzentration fähig ist, erhält außergewöhnliche Fähigkeiten. Daher ist das 3. Kapitel ganz faszinierend. Es wird in den

Kommentaren oft vernachlässigt in der Vorstellung, das alles sei nur für sehr weit entwickelte Menschen. Oder es heißt, die *siddhis* (übernatürliche Fähigkeiten), die dabei entstehen, seien doch nur Hindernisse auf dem spirituellen Weg, mit denen man sich als Aspirant gar nicht so sehr abgeben solle. Aber da Patañjali ein Viertel seines ganzen Werkes diesem Thema widmet, kann es wohl doch nicht ganz so sein.

Swami Vishnu-devananda, mein Lehrer, hat während eines fortgeschrittenen Kurses einige Aphorismen aus diesem dritten Kapitel erläutert und gezeigt, daß sie nicht nur *siddhas* (großen Meistern) vorbehalten sind, sondern auf jeder Entwicklungsstufe ganz praktisch anwendbar sind, um bestimmte Probleme zu lösen und Hindernisse im Geist wegzuräumen. Indem wir lernen, uns zu konzentrieren, kommen alle möglichen Fähigkeiten. Patañjali sagt im Grunde genommen, daß Konzentration alles ist. Und das gilt auf allen Stufen der Entwicklung. Konzentrationstechniken sind nicht nur für Menschen, die tatsächlich *samādhi* erreichen, sondern auch für spirituelle Aspiranten, die ernsthaft auf dem Weg sind und Konzentration üben wollen. Swami Vishnu sagte immer: „Für einen Yogi mit Konzentration ist nichts unmöglich", oder „Konzentration ist der erste Schritt der Meditation", „Ein zerstreuter Geist ist unfähig zu meditieren". Er forderte uns immer wieder auf, im Alltag, im ganz Banalen, konzentriert zu sein. Diese Konzentration kann man im täglichen Leben mit Hilfe der anstehenden Aufgaben entwickeln. Umgekehrt kann man auch die Schwierigkeiten des täglichen Lebens besser bewältigen, wenn man konzentriert ist.

Swami Nityānanda, ein Schüler von Swami Sivananda, der heute in Delhi eine Schule für Kinder aus den Armenvierteln betreibt, pflegt, wenn er um Ratschlag gebeten wird, zu sagen: „Concentrate, just concentrate" – nicht auf etwas konzentrieren, sondern einfach nur konzentrieren, immer ganz konzentriert sein, dann kommt alles andere von selbst.

Wenn wir eine so starke Konzentration entwickeln, entsteht Macht, und Macht korrumpiert. Patañjali beschreibt hier ganz großartige Dinge: Wie wir zum Beispiel den Geist anderer Menschen kennenlernen und beeinflussen, Vergangenheit und Zukunft sehen, unsere früheren Leben erfahren, größer, kleiner, unsichtbar, schwer, leicht u.s.w. werden können – was sowohl wörtlich zu verstehen ist als auch im übertragenen Sinn. Ich will das in diesem Buch mehr im übertragenen Sinn interpretieren: Wie diese Techniken uns schwergewichtig machen, so daß wir wahrgenommen werden, wenn wir etwas zu sagen haben. Oder wie sie uns unsichtbar machen, so daß wir von anderen Menschen in einer bestimmten Situation nicht wahrgenommen werden. Es ist aber auch durchaus wörtlich zu nehmen. Ich selbst habe mehrmals erlebt, wie Swami Vishnu in die Zukunft sehen konnte, daß er hellseherische Fähigkeiten hatte und Ereignisse, die eigentlich unmöglich waren, möglich gemacht hat. Wenn er eine Vision hatte, spielte es keine Rolle, ob es äußerlich möglich war oder nicht – es hat sich einfach manifestiert.

Die Gefahr für einen erwachenden Aspiranten dabei ist, daß sein Ego sich aufbläst. Daher sagt auch Patañjali, die *siddhis*, die sich dabei entwickeln, sind Nebenwirkungen, Hindernisse, denn sie verstärken das Ego. Je fortgeschrittener man ist, desto weniger wird man die übernatürlichen Kräfte benutzen. Allerdings für den, der fortschreitet, aber noch nicht so sehr weit gekommen ist, ist es gut, diese Techniken zu üben, um die Konzentration weiterzuentwickeln und seinen Geist zum Instrument Gottes werden zu lassen.

Bei all dem müssen wir Hingabe zu Gott üben, uns bewußt sein, auch wenn wir unsere Konzentrationsfähigkeit benutzen, sind wir Diener Gottes und stellen all unsere Fähigkeiten als Werkzeug Gottes zur Verfügung. Vor diesem Hintergrund spricht nichts dagegen, sein inneres Instrument zu verbessern. Wir entwickeln diese Fähigkeiten, um ein besserer Diener Gottes zu werden, und nicht, um ein dickes Ego zu bekommen. Nicht: „Das habe ich toll gemacht", sondern: „Gott wirkt durch mich hindurch". Man muß sich immer als Kanal Gottes sehen und alles, was man an Fähigkeiten bekommt und erreicht, als Gnade Gottes empfinden.

Das vierte Kapitel ist *kaivalya*, die Befreiung. Es enthält einiges über Befreiung, aber relativ unzusammenhängend auch über alle möglichen anderen Themen. Es gab eine Theorie, nach der das vierte Kapitel nicht von Patañjali sein könne, weil hier ein Aphorismus auf den anderen folgt, ohne daß sie miteinander etwas zu tun hätten. Laut der modernen Kommentatoren soll es aber trotzdem von Patañjali sein. Er hat eben in dieses vierte Kapitel alles hineingebracht, was nicht in die Logik und Aufeinanderfolge von Versen der ersten drei Kapitel hineingepaßt hat, aber trotzdem wichtig ist. Er spricht zum Beispiel nochmals über *siddhis*, die übernatürlichen Kräfte, und deren mögliche Ursachen. Er geht erneut auf *karma* ein, auf den Unterschied zwischen *citta* und *puruṣa* (Geist und Selbst), auf das Wesen des Gedankens, die Philosophie der Wahrnehmung, und er endet natürlich mit *kaivalya*, der Befreiung.

1. Kapitel

Samādhi Pāda – Theorie des Geistes

I.1 Atha yogānuśāsanam

atha = jetzt, nun; ***Yoga*** = Yoga, Einheit, Vereinigung; ***anuśāsana*** = Erklärung, Auslegung

Nun wird Yoga erklärt.

Yoga geschieht immer im Jetzt. Jetzt wollen wir üben. Jetzt ist der richtige Moment. Wenn du mal dazu neigst, etwas aufzuschieben, kannst du dir selbst sagen: „*atha*", jetzt, nicht morgen. Jetzt wird Yoga erklärt und praktiziert.

I.2 Yogaś citta-vṛtti-nirodhaḥ

Yoga = Yoga; ***citta*** = Geist, Verstand, Denksubstanz; ***vṛtti*** = Gedanken(welle), ***nirodha*** = Aufhören, zur Ruhe kommen, Beherrschung

Yoga ist das Zur-Ruhe-Bringen der Gedanken im Geist.

Der Geist ist wie das Wasser in einem See, auf dessen Grund ein Schatz ruht. Wenn das Wasser sich bewegt, entstehen Wellen, und wir können nicht auf den Grund schauen, um diesen Schatz zu sehen.

Nirodha ist das Zur-Ruhe-Kommen des Geistes, was als einer der fünf Grundzustände[2] des Geistes gilt.

Die 5 Grundzustände des Geistes:

• *nirodha*		ganz ohne Gedanken
• *ekāgratā*	↑	vollkommen konzentriert
• *vikṣipta*	↑	sammelnd
• *kṣipta*	↑	zerstreut
• *mūḍha*	↑	deprimiert/unklar

2 Ich folge hier insbesondere bei „*vikṣipta*" = „sammelnd" den Kommentaren von Swami Vishnu-devananda und Swami Vivekānanda. In manchen anderen Kommentaren wird *vikṣipta* als „verwirrt, zerstreut" übersetzt. Was im folgenden als *vikṣipta* bezeichnet ist, würde in anderen Kommentaren der ersten (unteren) Stufe von *ekāgratā* entsprechen. Was in diesem Text als *ekāgratā* bezeichnet ist, entspricht der höchsten Form von *ekāgratā*. Diese Unterschiede in der Interpretation ändern jedoch nichts an der praktischen Anwendbarkeit.

Um es mit dem Seevergleich auszudrücken:

Im *mūdha*-Zustand ist das Wasser völlig verschmutzt. Man sieht gar nichts von dem Schatz, der unten liegt. Wir sind gar nicht bei unserem Selbst, sondern sehr weit davon entfernt. Das führt zu Traurigkeit, Verzweiflung, Depression. Es dominieren Gedanken und Gefühle wie „Ich kann nicht", „Ich will nicht", „Keiner mag mich", „Alles hat keinen Sinn". Man hat nur noch den Wunsch, sich in ein Mauseloch zu verkriechen, entweder für alle Ewigkeit oder mindestens so lange, bis es wieder besser wird. Das ist *mūdha.*

Kṣipta, der zerstreute Zustand, ist, wenn man ständig an etwas anderes denkt und alles vergißt, was wichtig ist. Man möchte dann zum Beispiel gleichzeitig Wäsche aufhängen, mit dem Kind spielen, Yoga praktizieren, dazwischen nach dem Essen schauen, lesen, fernsehen, jemanden anrufen... und inzwischen springt die Katze in die Wäsche, und das Kind schreit.

Vikṣipta ist das Bemühen um Konzentration. Nehmen wir als Beispiel diesen Text. Folgt man ihm gar nicht, ist es *mūḍha*. Denkt man dabei dauernd an alles mögliche andere, dann ist es *kṣipta*. Bemüht man sich, dem Inhalt zu folgen und es taucht nur ab und zu ein anderer Gedanke auf, dann ist es *vikṣipta*.

Und wenn man vollkommen konzentriert ist, ohne irgendeinen anderen Gedanken zu haben und ohne sich selbst noch zu spüren, dann ist es *ekāgratā*, Einpünktigkeit, das, was die Psychologie heute als „Flow"-Erfahrung bezeichnet. Man ist voll konzentriert, man fließt mit, es fließt einfach, das Ego spielt keine Rolle. Es ist mir bei Swami Vishnus Vorträgen oft so gegangen, daß ich sie inhaltlich einfach aufgenommen habe, die einzelnen Worte waren ganz unwichtig, es kam einfach so, es war ein Fluß von Weisheit und Liebe. Das kann bei allen möglichen Tätigkeiten passieren, zum Beispiel beim *Mantra*singen. Nicht mehr ich singe, sondern es geschieht einfach. Manche erleben es am Computer, Handwerker erfahren es bei der Arbeit, Köche beim Kochen. *Ekāgratā* tritt immer dann ein, wenn es kein Bemühen um Konzentration gibt, sondern wenn sie einfach geschieht.

Schließlich folgt *nirodha*, wo es gar keinen Gedanken mehr gibt.

Das erste Kapitel spricht dann noch verschiedene Stufen von *ekāgratā* an, also wie wir uns voll konzentrieren können und welche Erfahrungen dabei kommen. Im täglichen Leben ist *ekāgratā* eine Folge von *vikṣipta*, des Bemühens um Konzentration. Und zwar führt entspanntes, absichtsloses *vikṣipta* zu *ekāgratā*. Wenn man achtsam und ganz losgelöst ist, wird man plötzlich ganz konzentriert.

Dieses Modell hilft, sich mit gewissen Gemütszuständen weniger zu identifizieren. Wenn man zum Beispiel sagt: „Ach, ich bin heute so kaputt!" oder „Ich bin so deprimiert!", „Mir geht es wieder so schlecht!", dann klingt das schon sehr vernichtend. Schon allein der Gedanke daran macht einen noch deprimierter oder läßt es einem noch schlechter gehen. Sagt man aber „Mein *citta* ist in *kṣipta*", dann ist das nicht so tragisch. Nicht „Ich bin deprimiert", sondern „Mein *citta* ist in *mūḍha*" – und dann kann ich ja etwas daran ändern, kann überlegen, was hilft, aus diesem *mūḍha*-Zustand heraus in *kṣipta* zu kommen und aus *kṣipta* in *vikṣipta*. Um das zu trainieren und dir bewußt zu machen, kannst du mal als Übung eine oder zwei Wochen lang ein Tagebuch führen, in dem du aufschreibst: Wie lange war ich jeden

Tag in *mūḍha*, wie lange in *kṣipta*, in *vikṣipta* u.s.w.? Wer oder was hat die Übergänge erzeugt?

Wie kann man sich nun von einem Zustand in den anderen versetzen? Das ist individuell und je nach Situation verschieden. Manchmal geschieht es automatisch durch äußere Einflüsse. Angenommen, man fühlt sich schlecht, und jemand klopft einem plötzlich auf die Schulter und sagt: „Was du da gestern gemacht hast, das war ja richtig toll!", dann wird man meist aus *mūḍha* herausgehoben. Manchmal ist man aber so tief verstrickt, daß selbst das nichts nützt. Manchmal führt auch äußerer Druck aus *mūḍha* heraus, zum Beispiel, wenn man sehr viel zu tun hat und keine Zeit bleibt, sich selbst zu bemitleiden.

Es gibt drei Ursachen, warum man sich schlecht fühlen kann oder in den *mūḍha*-Zustand hineinkommt: Es kann ein äußerer Grund sein, ein innerer Rhythmus, oder es geschieht einfach ohne erkennbaren Anlaß.

Eine wichtige Aufgabe eines Aspiranten (Yogaschüler; jemand, der auf dem spirituellen Weg ist) liegt darin, dafür zu sorgen, nicht zu lange in *mūḍha* und *kṣipta* zu bleiben. Das hängt von einer gewissen Grundzusammensetzung unseres Unterbewußtseins ab. Wenn viel *tamas* (Trägheit, Dunkelheit) im Unterbewußtsein ist, ist man relativ viel in *mūḍha*. Herrscht *rajas* (Aktivität) vor, ist man relativ viel in *kṣipta*. Wenn *sattva* (Reinheit) überwiegt, ist man eher in *vikṣipta* und auch in *ekāgratā*. Wenn man sich nicht bemüht und an sich arbeitet, bleibt der Grundzustand im Leben relativ konstant. Menschen haben unabhängig von äußeren Veränderungen einen gewissen Glückslevel; das hat auch die moderne Psychologie festgestellt. Bei einer vollkommenen Veränderung im Leben wird man ein paar Monate lang durcheinandergeschüttelt, dann pendelt sich der innere Gemütszustand wie vorher ein. Die Vorstellung, durch die Veränderung äußerer Umstände glücklich zu werden, stimmt also nicht so ganz. Äußere Veränderungen können eine Hilfe sein, damit wir besser an der inneren Transformation arbeiten können. Das kann dann auch sehr schnell gehen, denn wir arbeiten im Yoga auf mehreren Ebenen, um auch innerlich etwas zu verändern. Auch die verschiedenen āsana- und prāṇāyāma-Praktiken erhöhen *sattva* in uns. Ist mehr *sattva* und mehr Energie da, fällt es leichter, in *vikṣipta* oder *ekāgratā* zu kommen und zu bleiben. Auch Meditieren und Mantrasingen sind Gelegenheiten, mehr *sattva* zu schaffen.

Wenn du mal in einer depressiven Stimmung bist, kannst du überlegen, was du konkret tun kannst. Je nach Situation kann die Antwort heißen, einfach mal entspannen oder dich mit etwas Bestimmtem beschäftigen, dich reinigen oder ein paar Runden *prāṇāyāma* machen. Manchmal reicht es auch aus, dem Geist zu sagen: „Das ist jetzt eine Depression, die will ich nicht", und den Geist davon abzubringen, das heißt also, Nicht-Identifikation und Umschalten.

Wenn man zerstreut ist, wenn der Geist unruhig ist und vieles gleichzeitig machen will, dann hilft es manchmal aufzuschreiben, was alles zu tun ist, Prioritäten zu setzen und dann eins nach dem anderen zu erledigen.

Es gibt verschiedene Gründe, warum der See in Bewegung kommen kann:

Der Wind, der bläst und das *citta* durcheinanderbringt, ist letztlich unser *prāṇa* (Lebensenergie). Ist das *prāṇa* unruhig, wird auch das *citta* unruhig.

Der zweite Grund sind Boote auf dem See, also äußere Ereignisse, die Unruhe erzeugen.

Fische bewegen sich von unten herauf, das sind Eindrücke aus dem Unterbewußtsein, die an die Oberfläche kommen und den See aufwühlen.

Wenn man die Gründe für die Bewegung ausschaltet, also nicht mehr so zwanghaft auf äußere Ereignisse reagiert, wenn man sein Unterbewußtsein langsam reinigt – das ist ein langanhaltender Prozeß – und sein *prāṇa* harmonischer macht, wird der See langsam ruhiger. Dann kommt man öfter zu *vikṣipta* und *ekāgratā*, dann allmählich zu *nirodha* und schließlich auch zu *„tadā draṣṭuḥ svarūpe 'vasthānam"*, wo „der Sehende in seinem wahren Wesen ruht". – Aber bis dahin dauert es eine Weile!

I.3 Tadā draṣṭuḥ svarūpe 'vasthānam

tadā = dann; ***draṣṭuḥ*** = der Sehende, der Wahrnehmende; ***svarūpa*** = eigene Natur, wahres Wesen; ***avasthāna*** = Niederlassung, Bleibe

Dann ruht der Wahrnehmende (Sehende) in seinem wahren Wesen.

Sind die Gedanken, die *vṛttis*, ruhig, dann ruht man in seinem wahren Wesen, in der eigentlichen Natur. Wir sind nicht der Geist, wir sind nicht die Gedanken, wir sind reines Bewußtsein, Bewußtsein jenseits der Gedanken, was als *sat-cit-ānanda*, Sein-Wissen-Glückseligkeit, erfahrbar ist.

I.4 Vṛttisārūpyamitaratra

Vṛtti = Gedankenwelle; ***sārūpya*** = Identifikation, Gleichheit, Ähnlichkeit; ***itara*** = anders, verschieden; ***itaratra*** = in anderen Zuständen, ansonsten

In allen anderen Zuständen (als nirodha), identifiziert sich der Wahrnehmende mit seinen Gedanken.

Je mehr man sich mit den Gedanken identifiziert, um so stärker werden sie. Wenn man sich weniger auf die Gedanken einläßt, verschwinden sie auch leichter wieder. Wenn ein Gedanke kommt und man wenig mit ihm anfangen kann, dann ist er schnell wieder weg. Wenn aber ein Gedanke auftaucht, mit dem man sich sofort identifiziert, dann wird er sehr stark. Trotzdem sagt Patañjali, eine gewisse Identifikation sei immer da, sowie man anfängt zu denken. Ohne Identifikation gäbe es keine Gedanken und ohne Gedanken keine Identifikation.

Bis jetzt hat Patañjali darüber gesprochen, was Yoga ist und welche Konsequenzen es hat, wenn wir nicht in *nirodha* sind. Im folgenden beschreibt er die verschiedenen Formen von *vṛttis*.

I.5 Vṛttayaḥ pañcatayyaḥ kliṣṭākliṣṭāḥ

vṛttayaḥ (Mehrzahl von ***vṛtti***) = Gedankenwellen; ***pañcatayyaḥ*** = fünffältig; ***kliṣṭa*** = schmerzvoll, leidhaft; ***akliṣṭa*** = nicht schmerzhaft

Es gibt fünf Arten von Gedankenwellen. Einige davon sind schmerzhaft, andere nicht.

Alle Gedanken sind entweder *kliṣṭa*, schmerzhaft, oder *akliṣṭa*, nicht schmerzhaft. Er erwähnt also keine freudvollen Gedanken. Freude, *ānanda*, ist nur im Selbst. Die Gedanken an sich sind nicht freudvoll. Wenn Patañjali von Gedanken spricht, beinhaltet das immer auch die Emotion. *Vṛtti* ist Gedanke einschließlich Worte, Bilder und Gefühle. Gedanken und Emotionen sind zwei Aspekte von *vṛtti*, die nicht so unterschiedlich sind, wie es von manchen westlichen Psychologen angenommen wird. Wenn ich zum Beispiel „Baum" sage oder denke, ist das mit bestimmten Gefühlen verbunden. Wenn ich „Panzer" sage, fühlt sich das ganz anders an, und „Maikäfer" gibt wieder einen ganz anderen Eindruck. Es gibt keine Gedanken, die gänzlich vom Gefühl losgelöst sind. Mit Worten und Bildern kann man Gefühle hervorrufen, die man nicht in Worte fassen kann. Grundsätzlich sind immer alle drei Aspekte vorhanden. Manchmal weiß man nicht, was zuerst da ist. Man kann Worte sagen oder denken, beispielsweise Affirmationen, was zu Bildern und Gefühlen führen kann. Oder ein Gefühl kommt auf, das bestimmte Bilder erzeugt, die wiederum mit Worten verbunden sind.

Man kann hier drei Menschentypen unterscheiden. Typ eins denkt in Worten; ihm fällt es leicht, Affirmationen zu wiederholen oder logisch nachzudenken. Der zweite Typ denkt in Bildern; ihm fällt es leicht, etwas zu visualisieren. Der dritte fühlt vor allem; er kann sich zum Beispiel leicht auf das Herz oder eine andere Körperregion konzentrieren. Dies merkt man auch im Sprachgebrauch: „Das fühle ich halt, ich kann es nicht in Worte fassen." „Siehst du das denn nicht ein?" „Das klingt gut, oder?" Bei manchen Menschen haben alle drei Anteile gleiches Gewicht oder auch nur zwei davon. Alle Meditations-, Enspannungs- und Energielenkungstechniken arbeiten mit einem oder mehreren dieser drei Gedankenaspekte. Es gibt zum Beispiel Entspannungstechniken, die mehr über Worte funktionieren („Ich entspanne meine Füße ..."), über Bilder (Traumreisen) oder rein über das Fühlen (in die verschiedenen Körperteile hineinfühlen). Meditationstechniken arbeiten mit Worten (vor allem *mantras*), Bildern (sich *Shiva, Krishna, Jesus*, das Symbol für *oṃ* oder *yantras* vorstellen) und dem Gespür (ins Herz oder in den Punkt zwischen den Augenbrauen hineinfühlen). Meistens macht man Kombinationen, um den Geist als Ganzes anzusprechen.

Vṛtti schließt also alle drei, Wortgedanken, Bildgedanken und Gefühle, ein. Und weil eben die Gefühle mit eingeschlossen sind, kann man sagen, Gedanken sind entweder schmerzvoll oder nicht. Wenn der Gedanke die Freude des Selbst nicht widerspiegelt, kann er schmerzhaft sein. Ist ein Gedanke schön, erhaben, freudvoll, dann ist er Spiegel unseres eigenen Selbst.

Nagt ein Hund an einem Knochen, der nicht ganz glatt ist, verletzt er sich die Zunge und blutet. Da er Blut liebt, leckt er noch mehr und je länger er leckt, desto besser schmeckt es ihm, weil er immer mehr Blut bekommt. Er denkt, es ist der Knochen, der ihm schmeckt, aber in Wirklichkeit kommt der Genuß von seiner eigenen Zunge. Ähnlich ist es bei uns. Wir denken, wir erhalten Freude von äußeren Objekten, aber in Wahrheit kommt die Freude nur aus uns selbst heraus.

Ein Beispiel dafür ist die Geschichte von der Frau, die einen wertvollen Ring von ihrem Mann geschenkt bekommt, den sie sich schon lange gewünscht hat und der ihr immer besonders gut gefallen hat. Warum ist die Frau in dem Moment glücklich, wo sie das Geschenk auspackt und den Ring sieht? Nicht wegen des Rings an sich – sonst bräuchte sie künftig nur noch den Ring zu tragen und ihn anzuschauen, um immer glücklich zu sein. Auch nicht, weil der Mann an sie gedacht hat („Er liebt mich ja so…!"), denn sonst bräuchte sie ja nur immer mit ihm zusammen sein. Natürlich ist sie auch darüber glücklich, denn es nimmt ihre Ängste und befriedigt ihr Bedürfnis nach Liebe. Aber das allein ist es nicht. In Wirklichkeit ist sie glücklich, weil ihr Wunsch erfüllt ist. Und weil ein großer Wunsch erfüllt ist, sind im Moment keine anderen Wünsche da, und sie kommt zur Ruhe. Die anderen *vṛttis* kommen weitgehend zum Stillstand, so daß die Freude des wahren Selbst durchscheinen kann. Weil wenig Gedanken da sind, strahlt das Glück des Selbst heraus. Und das Selbst ist *sat-cit-ānanda*, Sein, Wissen und Glückseligkeit, wobei in *ānanda* (Wonne) immer auch *prema* (Liebe) enthalten ist. Also auch scheinbar weltliches Glück kommt in Wahrheit vom Selbst. Aber da man es den Objekten zuschreibt, die vergänglich sind, erscheint das Glück vergänglich. Wenn wir dagegen direkt zu *puruṣa*, zum innersten Selbst kommen, ist das Glück dauerhaft.

Man kommt mit einer gewissen Zusammensetzung der *vṛttis*, mit einem bestimmten Temperament, zur Welt, aber man kann daran arbeiten, das zu verändern. Das Grundtemperament kann man schon beim Baby erkennen. Gewisse Dinge sind angeboren, und vieles wird durch Erziehung und Erfahrung geprägt. Und nicht nur dieses Leben, sondern auch frühere Leben haben uns geprägt. Aber im *Rāja Yoga* wollen wir etwas verändern. Man muß nur wissen, daß bestimmte Veränderungen länger dauern. Manches geht gerade am Anfang sehr schnell, wenn im früheren Leben schon etwas in dieser Richtung vorhanden war. Kommt man in diesem Leben wieder ins Yoga hinein, können Veränderungen sehr schnell und sehr gründlich eintreten. Der Fortschritt wird bedächtiger, langsamer, wenn man an den Punkt kommt, den man in früheren Leben erreicht hatte.

I.6 Pramāṇāviparyayavikalpanidrāsmṛtayaḥ

pramāṇā = rechtes Wissen; ***viparyaya*** = falsches Wissen, Irrtum; ***vikalpa*** = Einbildung, falsche Vorstellung, „Wortirrtum"; ***nidrā*** = Schlaf; ***smṛti*** = Erinnerung

Die fünf Arten von Gedankenwellen sind korrektes Wissen, Irrtum, Einbildung, Schlaf und Erinnerung.

I.7 Pratyakṣānumānāgamāḥ pramāṇāni

pratyakṣā = direkte Wahrnehmung; ***anumāna*** = Schlußfolgerung; ***āgama*** = Zeugnis, Überlieferung, Aussage anderer, Schriftwissen; ***pramāṇa*** = rechtes Wissen

Direkte Wahrnehmung, Schlußfolgerung und Aussagen anderer führen zu rechtem Wissen.

Schauen wir zuerst das korrekte Wissen an. Dazu will ich zunächst auf die Theorie des Geistes in seinen vier verschiedenen Aspekten eingehen.

Der Geist als Ganzes wird in der *vedānta*-Philosophie als *antarkāraṇa* bezeichnet, als inneres Instrument (*kāraṇa* = Werkzeug, Instrument, Ursache; *antar* = innen), im Unterschied zum *bahirkāraṇa*, dem äußeren Instrument. Das ist der Körper. Beide sind nicht unser Selbst, sondern nur Instrumente – sehr wertvolle Instrumente, aber eben nur Instrumente; wir **sind** nicht der Körper und nicht der Geist. Das muß man sich immer wieder vor Augen führen im täglichen Leben. Körper und Geist sind meine Instrumente, um mich auszudrücken, um Erfahrung zu sammeln, um die göttliche Energie durchzulassen und zu erfahren.

Das *antarkāraṇa* besteht aus vier Teilen:

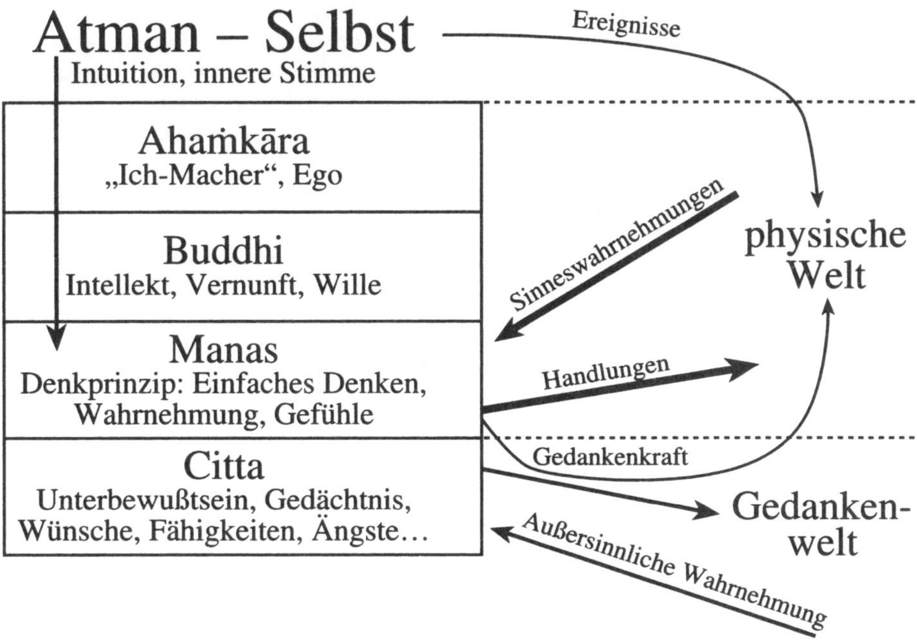

Citta im engeren Sinne (im *vedānta*-System) bezieht sich nur auf das Unterbewußtsein. In einem weiteren Sinn (im *sāṃkhya*-System) ist *citta* der ganze Geist, entspricht also dem *antarkāraṇa*. In „*yogaś citta vṛtti nirodhaḥ*" = „Yoga ist das Zur-Ruhe-Kommen der Gedanken im Geist", ist mit *citta* der gesamte Geistkomplex gemeint. Aber im Zusammenhang mit dem *antarkāraṇa*-Modell steht *citta* nur für das Unterbewußtsein.

Manas ist das Denkprinzip an sich.

Buddhi ist sehr schwer zu übersetzen, am ehesten mit Vernunft.

Ahaṃkāra ist das Ego, die Ursache des „Ich bin", der Identifikation.

Unser normales Wissen ist geprägt durch diese vier Bestandteile des Geistes.

Die Sinnesorgane oder Organe des Wissens, die *jñāna indriyas*, wirken durch Sinneswahrnehmungen auf *manas* ein. So funktioniert z.B. das Sehen: Schwingungen kommen auf die Augen. Die Pupille dreht alles um, verkleinert es, projiziert es auf die Netzhaut, in der Netzhaut wird es umgewandelt, in elektrische Ströme umgesetzt. Diese werden durch den Sehnerv auf das Gehirn projiziert, dann entstehen im Sehnerv nochmals andere elektrische Ströme, die im *manas* in ein Bild umgewandelt werden. Wie der Prozeß, durch den diese elektrischen Impulse als Bild wahrgenommen werden, genau abläuft, kann die moderne Wahrnehmungspsychologie bis heute nicht erklären. Yogis würden sagen, das geschieht auch nicht mehr im physischen Körper, sondern im Astralkörper, denn Bilder spielen sich auf der Astralebene ab, sind eine Funktion von *manas*.

Anschließend geht *manas* ins Unterbewußtsein und fragt: „Was ist das?" *Citta*, das Unterbewußtsein, bringt alle möglichen Vorstellungen hoch, die dem Gesehenen entsprechen könnten. Dann tritt *buddhi*, das Urteilsvermögen, die Vernunft, in Aktion und sagt: „Ja, das ist dieses oder jenes bzw. dies könnte es sein," oder „Nicht genügend Information." Dann kommt der *ahaṃkāra*, das Ego, und sagt: „Ich weiß, das ist DAS". Man identifiziert sich damit, und wenn man darin bestätigt wird, freut man sich.

Es kann aber auch falsch sein, denn die Sinne können uns täuschen, wie wir das zum Beispiel von optischen Täuschungen her kennen:

<--------->   >---------<

Der rechte Strich sieht länger aus. Da wir aber wissen, daß die Striche genau gleich lang sind, wird unser *buddhi*, die Vernunft, in diesem Fall sagen, das kann nicht sein, beide Striche müssen gleich lang sein. Ein anderes Beispiel ist die Perspektive in der Malerei.

Unser Wissen kann uns täuschen, nicht nur durch die Sinneswahrnehmungen, sondern auch durch die Interpretationen, die wir hineinlegen. Menschen interpretieren ununterbrochen. Wenn zum Beispiel jemand einmal nachdenklich ist und deshalb nicht grüßt, denkt man vielleicht: „Er hat etwas gegen mich, was habe ich falsch gemacht?" u.s.w. Oder jemand hat sich über irgend etwas geärgert, und viele Menschen beziehen das sofort auf sich, interpretieren den Gesichtsausdruck, den Ton etc. Jemand ist gestreßt und daher im Moment für unsere Begriffe nicht freundlich genug, und sofort haben wir das Gefühl, er spiele Machtspielchen oder so ähnlich. Das kommt, wenn man alles auf sich selbst bezieht, und hängt auch mit dem eigenen Selbstbewußtsein, dem Selbstwertgefühl und dem eigenen Gemütszustand zusammen. Das Ego braucht Bestätigung. Wenn es sehr schwach ist, sucht es ständig Bestätigung von außen. Wenn es diese Bestätigung nicht findet, fühlt es sich unsicher. Man kann jetzt natürlich daran arbeiten, sein Selbstwertgefühl zu stärken. Eine andere Möglichkeit ist, weiterzugehen und zu versuchen, die Verbindung zu Gott oder zum eigenen Selbst aufzubauen. Dann können wir lernen, gleichmütig zu bleiben, auch wenn die Dinge äußerlich gerade nicht so schön sind oder nicht optimal laufen. Gott ist immer gleich und beständig.

Wir müssen uns immer bewußt machen, daß unser Geist uns täuscht. Swami Vishnu hat gerne gesagt: „Never trust your mind" (Traue nie deinem Geist!), oder „Mind your mind" (Achte auf deinen Geist!). Oft hält man einen auftauchenden Gedanken zu schnell für richtig. Von vielen Menschen in der spirituellen Szene hört man häufig, man müsse auf die innere Stimme hören – was in der Tat sehr wichtig ist. Aber man muß aufpassen, denn diese innere Stimme kann einen auch täuschen. Wenn sie rein ist, ist sie das richtige. Sie kann jedoch auch falsch interpretiert oder mit einer Emotion verwechselt werden. Das ist nicht so leicht auseinanderzuhalten.

Beim korrekten Wissen können wir drei verschiedene Formen unterscheiden:

Die **direkte Wahrnehmung** durch die *jñāna indriyas,* die Sinnes- und Wahrnehmungsorgane, **Schlußfolgerung** über den Intellekt und **Aussagen anderer**.

Aus welcher dieser drei Quellen stammt wohl der größte Teil unseres Wissens?

Der größte Teil unseres Wissens stammt aus Aussagen anderer, die man dann noch nachzuvollziehen versucht. Aber vieles übernimmt man aus zweiter Hand, ohne es selbst wirklich nachzuprüfen oder auch nachprüfen zu können. Woher wissen wir zum Beispiel, daß die Erde rund ist, wieviel Einwohner unser Wohnort oder unser Land hat, wie der Körper funktioniert, wie das Herz genau arbeitet u.s.w.? Wir haben es irgendwo gehört oder gelesen, versucht, es durch Wahrnehmung und logische Schlußfolgerung nachzuvollziehen. Aber selbst um die Erde geflogen sind wir nicht und haben auch nicht selbst den Brustkorb aufgeschnitten und versucht, das Herz zu untersuchen – und selbst wenn, wäre die Erkenntnis wahrscheinlich nicht sehr brauchbar.

Aussagen anderer können natürlich auch eine Quelle inkorrekten Wissens sein. Ebenso kann unsere Schlußfolgerung falsch sein. Man kann auf falsche Weise intellektuelle Schlüsse ziehen, oder man kann jemandem trauen, der etwas Unwahres sagt.

Und gerade auf dem spirituellen Weg erfahren wir vor allem am Anfang das meiste durch Aussagen anderer, also von spirituellen Meistern, deren Schülern oder aus Büchern. Aus logischer Schlußfolgerung oder direkter Wahrnehmung herauszubekommen, wie die *āsanas* gehen, ist nicht möglich. Dazu müßte man schon selbstverwirklicht sein, so daß sie von alleine aus einem herauskommen. Aber im Normalfall geht man in eine Yogastunde und bekommt die *āsanas* erklärt, in welcher Reihenfolge sie zu üben, wie lange sie zu halten sind und worauf zu achten ist – und das ist zunächst einmal eine Zeugenaussage und Beobachtung. Dann übt man selbst, und das führt natürlich zu eigener Erfahrung, so daß eine direkte Wahrnehmung hinzukommt. Man stellt fest: „Das tut mir gut.“ Und dann kommt vielleicht noch die Schlußfolgerung dazu: „Das tut mir gut, also muß der Yogalehrer irgendwie recht haben und in Ordnung sein.“

Den größten Teil des Wissens auf dem spirituellen Weg bekommen wir von großen Meistern und manchmal auch von weniger großen Meistern, also über mehr oder weniger kompetente Aussagen anderer. Dabei muß man besonders aufpassen, wem man traut. Das ist einer der Gründe, warum Spiritualität manchmal in Verruf kommt. Es gibt genügend Leute, die das Vertrauen der Schüler ausnutzen und mißbrauchen – man denke zum Beispiel an die Massenselbstmorde einiger Gemeinschaften in Amerika oder die Giftgasanschläge in Japan vor einiger Zeit. Diese Leute sind von ihren Ideen überzeugt. Ob der Meister jeweils davon überzeugt ist, weiß man nicht. Er kann bewußt verführen oder eine Wahrnehmungsverzerrung haben. Und weil es schon immer Pseudomeister gegeben hat, geben die Yogis Kriterien an, die man prüfen und beachten muß, bevor man einen Meister annimmt. Und je höher der Anspruch des Meisters – also wenn er von sich sagt, er sei selbstverwirklicht –, desto höher muß man die Meßlatte anlegen. Umgekehrt, wenn ein Meister die Selbstverwirklichung erreicht hat, dann verlangt er von seinen Schülern mit Recht bedingungslosen Gehorsam. Wenn er sich dagegen selbst auch nur als einfacher Aspirant auf dem Weg bezeichnet, kann man ihm einige Fehler durchgehen lassen. Dabei muß der Schüler auch immer überlegen, was von dem Gesagten tatsächlich Weisheit ist und was auf Unvollkommenheit und menschlichen Irrtum des Lehrers zurückzuführen ist.

In jedem Fall, auch bei denjenigen, von denen es heißt, sie seien selbstverwirklicht, muß man Prüfungen anwenden. Man weiß es zwar nie ganz genau, denn es heißt: „It takes one to know one“, man muß also selbst verwirklicht sein, um zu erkennen, ob jemand anderes dies ebenfalls ist. Trotzdem gibt es einige Indizien, an denen man erkennen kann, ob jemand weiterentwickelt ist oder nicht. Das ist Aufgabe der *buddhi*. Man darf das Herz nicht zu früh sprechen lassen, sondern muß erst ein paar kritische Fragen stellen:

(1) Der Lehrer/die Lehrerin muß sich auf alte Schriften beziehen, die man auch selbst nachlesen kann – nicht irgendwelche obskuren Schriften, die er/sie angeblich irgendwo in einer Höhle gefunden hat und die leider niemandem zugänglich sind. Wenn ein Lehrer sagt: „Gestern ist mir *Krishna* erschienen und hat gesagt, die *Bhagavad Gītā* und die *Upaniṣaden* bzw. die Evangelien waren nur für das frühere Zeitalter, er verkündet jetzt das neue Evangelium“ – dann renne lieber weg!

Man muß also prüfen, auf welche Schriften sich das Ganze bezieht. Denn es gibt eigentlich nichts Neues auf dieser Erde. Der Fortschrittsglaube ist einer der Irrtümer unserer westlichen Zivilisation. Die westliche Psychologie hat vielleicht noch ein paar Sachen entdeckt, die uns die Grundlagen der Spiritualität etwas erklären können, aber sobald es zu tiefer Spiritualität kommt, hat sie gegenüber Patañjali, Buddha, den Upaniṣaden oder den altchristlichen Mystikern nichts Neues zu bieten.

(2) Die zweite Prüfung bezieht sich auf das ethische Verhalten. Wenn ein Meister toleriert, daß Gewalt angewendet wird, dann sollte man ihm nicht trauen! Man soll-

te sein ethisches Verhalten, die Einhaltung von *yamas* und *niyamas* (ethische Prinzipien, siehe zweites Kapitel), Nichtverletzen, Achtung der Menschenwürde und Menschenrechte prüfen. Man sollte schauen, inwieweit er verantwortungsvolle Ratschläge gibt und welche Folgen diese für die Schüler haben.

(3) Das dritte Kriterium ist, ob der Meister/die Meisterin selbst praktiziert, was er/sie predigt. Manchmal üben Meister andere Praktiken als die Schüler, aber sie sollten für sich selbst nicht zu viele Ausnahmen von den für andere aufgestellten Regeln machen.

(4) Er/sie sollte grundsätzlich ein einfaches Leben führen. Wenn der Meister in Luxus lebt und die Schüler am Hungertuch nagen, dann stimmt irgend etwas nicht.

(5) Der Meister muß dem Schüler die Verantwortung für den spirituellen Weg geben. Er muß dem Schüler klar sagen, daß er nicht die Arbeit für ihn tun kann, sondern daß er selbst praktizieren muß. Ein Lehrer, der sagt: „Ich mache alles für dich, du brauchst nichts zu tun", ist unglaubwürdig. Es gibt Lehrer, die behaupten: „Du brauchst nur bei mir zu sein, ich erwecke dir die *kuṇḍalinī* , alles andere geschieht von selbst." Allerdings darf man hier auch nicht nur nach dem ersten Eindruck urteilen, sondern muß unterscheiden, was zunächst einmal plakativ gesagt wird. Um Menschen ansprechen zu können, muß man letztlich vereinfachen, man kann nicht alles in die erste Information hineinschreiben. So gibt es auch Meister, von denen gesagt wird, sie erwecken die *kuṇḍalinī* . Aber wenn man genauer hinschaut, raten sie einem, zu meditieren, anderen zu dienen, das Herz zu öffnen, Liebe zu entwickeln u.s.w. Jeder kann selbst beurteilen, wie sich die Leute entwickelt haben, die eine Weile bei einer Organisation oder einem Meister gewesen sind, und kann sich überlegen, ob das die Richtung ist, in die er sich selbst auch entwickeln möchte.

Swami Sivananda hat humorvoll den „SB 40"-Test empfohlen, um einen selbstverwirklichten Meister zu prüfen. „SB" für „shoe beating" und „40" für 40 mal. Wenn jemand von sich sagt: „Ich bin ein großer Meister", dann soll man einen alten Schuh nehmen und ihn 40 mal damit schlagen – nicht zu stark, aber schon merkbar! Wenn er dann immer noch lächelt und sagt: „Ich bin ein selbstverwirklichter Meister", dann ist er es tatsächlich. Swami Vishnu hat immer, wenn er uns das erzählte, hinzugefügt: „Aber ich bin kein selbstverwirklichter Meister!"

All das muß man beachten und prüfen, weil eben auf dem spirituellen Weg vor allem am Anfang viel auf Vertrauen basiert. Je niedriger der Anspruch des Lehrers, desto mehr kann man durchgehen lassen, aber man muß immer darauf achten, daß es authentisch ist.

Eine andere Quelle des Wissens ist die direkte Wahrnehmung. Es gibt drei Arten der direkten Wahrnehmung:

- Die **sinnliche Wahrnehmung** über die *jñāna indriyas,* die Sinnesorgane: Sehen, Hören, Riechen, Schmecken, Fühlen. Sie können zu Sinnestäuschungen führen oder auch zu Fehlinterpretationen.
- Die unterbewußte oder **instinktive Intuition**, d.h., irgendwelche Ahnungen oder Gefühle.

Diese Ahnungen und Gefühle können echt sein, sie können aber auch täuschen, wenn sie gefärbt oder gefiltert sind. Auf der Ebene des Unterbewußtseins sind wir nicht auf die sinnliche Wahrnehmung angewiesen. Wir können Gedanken wahrnehmen, in die Vergangenheit und in die Zukunft gehen.

- Daneben gibt es auch noch eine höhere Form der Intuition, nämlich die **überbewußte Intuition**, die wirklich aus dem *puruṣa*, dem Selbst, kommt.

Sie kann auch vom *guru* (Lehrer) kommen oder in Form einer Vision von einem großen Meister, der einem klar sagt, was zu tun ist. Vielleicht hat man auch die Vision einer Manifestation Gottes wie Jesus, Krishna oder Shiva. Oder man spürt einfach: Das ist meine Aufgabe, so ist es.

Diese überbewußte Intuition stellt sich ein, wenn *buddhi* und *ahamkara* zur Ruhe kommen. Eine überbewußte Intuition erkennen wir im Gegensatz zu einer Ahnung daran, daß sie uns zu unserem eigenen Selbst bringt, uns für unser eigenes Selbst öffnet. Und das Selbst, der *puruṣa*, ist *sat-cit-ānanda*, Sein, Wissen und Glückseligkeit. Überbewußte Intuition ist immer verbunden mit einem Gefühl der Ausdehnung, der Unendlichkeit und der Verbundenheit als einem Aspekt des reinen Seins (*sat*), sowie mit reinem Wissen (*cit*), das man vorher nicht hatte und das kein intellektuelles, sondern intuitives, direktes Wissen ist, und schließlich mit Wonne, Liebe, Licht (*ānanda*), auch mit Kraft und Energie. Es kann sein, daß das eine oder andere Gefühl stärker ausgeprägt ist, aber im Prinzip sollte von allen dreien etwas dabei sein; dann ist es um so weniger vom Unterbewußtsein gefiltert. Wenn nur ein Aspekt stark fühlbar ist, dann ist es vielleicht schon gefiltert und nicht ganz klar. Dann ist es eher eine instinktive Intuition. Wenn wir eine solche überbewußte Intuition haben, sollten wir ihr folgen. Wir müssen nur aufpassen, wie wir sie interpretieren. Auch wenn wir wissen, was wir machen sollen, ist noch längst nicht klar, auf welche Weise. Und es heißt auch nicht, daß diese Intuition dann alles für uns macht. Um sie umzusetzen, muß man anschließend seinen Verstand und seine Fähigkeiten benutzen.

Als ich zum Beispiel vor etwa neun Jahren gerade die Yogazentren von Swami Vishnu-devananda verlassen hatte und mich im Sivananda-Ashram in Rishikesh aufhielt, wußte ich nicht so recht, was ich mit dem Rest meines Lebens anfangen sollte. Ich hatte dann eine Vision von Swami Sivananda, in der er mir klar gesagt hat, ich solle nach Deutschland zurückkehren, in Frankfurt ein Yogazentrum eröffnen, in fünf Jahren werde es einen *āśram* (wörtl. „Einsiedelei"; Yoga-Seminarhaus, Ort, wo Yoga gelebt und gelehrt wird) geben, und dann würde sich auch noch einiges andere entwickeln. Ich war vorher jahrelang in Amerika gewesen und wollte eigentlich nicht mehr nach Deutschland zurück. Aber nach dieser Vision hatte ich keine Wahl. Wenn Swami Sivananda mir das sagt, dann mache ich es natürlich. Gut, die Vision war klar. Aber als ich dann nach Frankfurt kam, war es bei weitem nicht so, daß alles von selbst gegangen wäre. Ich mußte mit Maklern Kontakt aufnehmen, verschiedene Objekte anschauen, Mietverträge abschließen, nach einem halben Jahr waren alle Finanzreserven erschöpft. Aber Schritt für Schritt ging es dann doch voran, und etwa fünf Jahre später entstand tatsächlich das Haus Yoga Vidya. Aber auch das kam nicht von selbst. Sondern es kam auch wieder diese Intuition, jetzt ist es Zeit, sich um einen *āśram* zu kümmern. Dann muß wieder der Intellekt arbeiten und alles in die Wege leiten. Es reicht nicht aus, nur eine solche

Wahrnehmung zu haben, sondern es müssen Taten folgen. Aber man kann loslassen, beten und bekommt dann Führung auch bei der praktischen Umsetzung.

Joseph Campbell, der in Amerika die alten Mythen durch eine eigene, sehr populäre Fernsehsendung salonfähig gemacht hat, sagt: „Follow your bliss", also folge dem, was ein Gefühl der Freude und Wonne in dir auslöst.

Wenn wir auf dem Weg fortschreiten, nimmt diese höhere Intuition irgendwann den Hauptstellenwert ein, wie wir Entscheidungen treffen. Swami Vishnu hatte sehr viele solcher Eingebungen und hat danach gehandelt. Manchmal kam es dabei auch zu Fehlschlägen. Also selbst bei jemandem wie ihm ist das nicht immer ganz sicher. Wobei man nicht sagen kann, ob er wirklich daneben gelegen hat oder ob es ihn nur zu einer bestimmten Erfahrung führen sollte und uns alle damit auch. Er hatte auch keine Schwierigkeiten, sofort loszulassen, wenn er gemerkt hat, daß etwas nicht geht. Und dann kam bald die nächste Geschichte! Aber er hat eben dadurch, daß er der Intuition gefolgt ist und ihr vertraut hat, immer mehr Zugang zum Göttlichen bekommen.

Die direkte Wahrnehmung umfaßt also die sinnliche Wahrnehmung, die instinktive und die überbewußte Intuition. An späterer Stelle, sowohl am Ende des 1. wie auch im 3. Kapitel sagt Patañjali, nur die unmittelbare Wahrnehmung aus der Intuition heraus ohne den Umweg über die Sinne ist die eigentliche, richtige direkte Wahrnehmung. Sinneswahrnehmung an sich ist irriges Verstehen, birgt Fehlerquellen in sich. Wir können die Wahrheit nicht über Sinne wahrnehmen, auch nicht über das Denken. Selbst wenn uns Meister davon erzählen, verstehen wir sie immer noch nicht. Es braucht die direkte Wahrnehmung, *pratyakṣa*, die eigene, unmittelbare Erfahrung der Wahrheit. Wahrnehmung im überbewußten Zustand, in *samādhi*, unter Ausschaltung der Sinne und Gedanken, läßt uns die Wirklichkeit direkt wahrnehmen.

In *manas* werden die einfachen Gedanken widergespiegelt. Intuition kommt dann, wenn *ahaṃkāra* und *buddhi* durchlässig sind. Ein Ziel muß also sein, unser Ego auszudünnen. Und auch unser Intellekt muß mal Ruhe geben, denn im Grunde genommen steht er uns im Weg – wie auch das *citta* – , wenn wir zu *puruṣa*, unserem Selbst, kommen wollen. Nur dann kann wahrhafte Intuition oder direkte Wahrnehmung der Wirklichkeit entstehen.

Die *buddhi* hat besonders wichtige Funktionen.

Als niedrige *buddhi* hilft uns die praktische Vernunft bei der Bewältigung unserer Alltagsaufgaben. Wenn wir zum Beispiel ein Bild aufhängen wollen, müssen wir überlegen, wie wir das am besten machen: Aus was für einem Material besteht die Wand, kann ich einfach einen Nagel einschlagen, oder brauche ich eine Bohrmaschine oder Spezialnägel, wen könnte ich fragen, wo bekomme ich die nötigen Werkzeuge und Hilfsmittel u.s.w. Man benutzt also das logische Denken, um etwas zu erreichen. Die meisten Menschen benutzen ihren Intellekt nur dafür. Wenn sie etwas haben wollen, wird der Intellekt in Bewegung gesetzt, um es zu bekommen.

Aber der höhere Intellekt ist ein anderer, nämlich *viveka*, die Unterscheidungskraft. Sie ist sehr wichtig auf dem spirituellen Weg. *Viveka* gibt es auf verschiedenen Ebenen: zum einen die grundlegende Unterscheidungskraft zwischen dem Wirklichen und dem Unwirklichen, dem Ewigen und dem Vergänglichen, zwischen dem, was uns glücklich macht, und dem, was uns Leid bringt. Was ist wirklich wichtig angesichts der Tatsache, daß wir irgendwann diesen physischen Körper verlassen? Was macht mich wirklich glücklich? Manche Menschen laufen ihr Leben lang hinter dem Glück her, ohne nachzudenken. Ein Yogi denkt zuerst nach und begibt sich dann auf die Suche. Dazu benutzen wir die Unterscheidungskraft der *buddhi*. Sie ist auch dazu da, die anderen Quellen der Wahrnehmung zu überprüfen. Und, wie bereits erwähnt, setzen wir die Unterscheidungskraft ein, ehe wir uns einem Meister anvertrauen.

Wenn wir schließlich einen Meister gefunden haben, der vollkommen ist, müssen wir bei allem, was er sagt, überlegen und unterscheiden lernen, was es überhaupt bedeutet. Manchmal interpretiert man auch zuviel in eine Aussage oder eine Handlung hinein. Swami Vishnu hat gerne die Geschichte erzählt, in der ein Meister zum Baden an den Fluß ging. Um seine Kleider vor den vielen Affen, die dort waren, zu schützen, verbarg er sie unter einem Sandhügel. Kurz danach kamen seine Schüler ebenfalls zum Fluß. Sie hatten nicht gesehen, daß der Meister seine Kleider vergraben hatte. Sie sahen nur den Sandhügel und hielten dies für eine besondere rituelle Handlung. Also gingen sie alle hin und bauten ebenfalls Sandhügel. Als der Meister nach seinem Bad aus dem Fluß kam, dauerte es eine ganze Weile, bis er den richtigen Hügel mit seinen Kleidern wiedergefunden hatte....

Ist der Meister nicht ganz so perfekt, müssen wir unsere Unterscheidungskraft einsetzen, um zu beurteilen, was von dem, was er tut und lehrt, tatsächlich eine Manifestation von Weisheit ist und was einfach nur menschliche Unzulänglichkeiten sind, die er noch hat.

Auch bei einer höheren Erfahrung, einer Intuition, Inspiration oder Vision, müssen wir mit unserer Unterscheidungskraft nochmals überlegen, ist es tatsächlich eine Intuition oder einfach nur eine Emotion, was hat es zu bedeuten und wie setze ich es im richtigen Sinn am besten um.

Der Intellekt spielt also immer eine große Rolle. Er kann uns aber auch in die Irre führen.

Wie zum Beispiel im 2. Kapitel der *Bhagavad Gītā*, wo *Arjuna* (der Schüler) *Krishna* (dem Lehrer) genau erklärt, warum er nicht kämpfen sollte und nicht kämpfen will. Gleichzeitig ist er aber trotzdem nicht sicher und sagt zu *Krishna*: „Oh Krishna, bitte, ich weiß nicht, was richtig ist und was meine Pflicht ist. Nimm mich an, der ich mich dir hingebe. Nimm mich als Schüler an, ich nehme zu dir Zuflucht." Aber nachdem er so darum gebeten hat, belehrt und geführt zu werden, sagt er paradoxerweise: „Ich will nicht kämpfen". Der Schüler geht zum Meister: „Bitte sage mir, was ich tun soll, aber ich mache lieber das ..." – Und *Krishna* lächelt liebevoll. Das machen Meister oft. Man kommt ganz verzweifelt zu ihnen, und sie lächeln einfach und sagen dann etwas sehr Einfaches. In den wenigsten Fällen geben sie eine eindeutige Antwort.

Ich kann mich noch an meine vielleicht erste „große" spirituelle Krise erinnern. Ich hatte ja recht früh, mit 16 Jahren, begonnen zu meditieren. Mit 17 entdeckte ich den Yoga und habe dann viel praktiziert. Meistens bin ich schon um vier Uhr oder früher aufgestanden, habe vor der Meditation zwei Stunden *prāṇāyāma* geübt, nach der Meditation nochmals *āsanas* und *prāṇāyāma*, tagsüber studiert und bei Arbeiten im Yogazentrum, in das ich eingezogen war, mitgeholfen, und abends wieder meditiert. Aber nach ein paar Jahren war ich mit meinem spirituellen Fortschritt unzufrieden. Ich fing an zu denken: Ich praktiziere so viel, aber die Selbstverwirklichung läßt auf sich warten. Ich spüre weder die kuṇḍalinī, noch mache ich tiefe Meditationserfahrungen – während andere oft von ihren wunderbaren Erfahrungen erzählten! Schließlich begann ich an allem zu zweifeln, an meiner eigenen Praxis, ob ich wohl den richtigen Weg gewählt hatte usw. Die Leiterin des Zentrums wußte von meinen Zweifeln und empfahl mir, Swami Vishnu zu fragen. Gut, als also Swami Vishnu das nächste Mal nach München kam, gingen wir wie immer alle zu ihm, es wurde *satsaṅg* (Zusammensein mit Weisen, mit Gleichgesinnten auf dem spirituellen Weg) gehalten, gemeinsam meditiert und gesungen, und anschließend sprach er mit den Teilnehmern. Da sagte die Leiterin zu mir: „So, und jetzt fragst du ihn!" Ich war damals ziemlich schüchtern und wagte eigentlich kaum, mit Swami Vishnu zu reden. Naja, jedenfalls habe ich ihm dann meine Probleme in Kurzform geschildert. Da hat er zuerst einmal gelacht und zu den anderen gesagt: „Hier ist ein Junge, der keinen inneren Frieden findet. Was machen normalerweise Jungen in seinem Alter? Sie gehen in die Disko, rauchen, betrinken sich oder nehmen Drogen (alles Sachen, die ich nie im Leben gemacht habe!), aber er sucht die Lösung im Yoga!" Ich war leicht irritiert und habe mich ausgelacht und nicht ernstgenommen gefühlt. Aber dann hat er mir noch gesagt: „Was du machst, ist richtig. Du mußt nur Geduld üben." Dann hat er die Geschichte vom Mangobaum erzählt, der viele Jahre braucht, bis er Früchte trägt und den man nicht zwingen kann, schneller zu wachsen. Aber ich solle alle Praktiken so fortsetzen wie bisher. Vielleicht könne ich ja einmal in der Woche einen Morgenspaziergang machen statt zu meditieren. Am nächsten Morgen ging ich natürlich gleich hinaus. Es regnete in Strömen, aber dieser meditative Spaziergang in der morgendlichen Stille ist mir als ein wunderbares Erlebnis in Erinnerung geblieben!

Es ist eben auch die Kunst, wenn Schüler einen um Rat fragen – und wenn man länger Yoga praktiziert oder gar unterrichtet, wird man öfter um Rat gefragt –, daß man zwar Mitgefühl zeigt, aber trotzdem versucht, das Ganze von einer höheren Warte aus zu sehen, um einen übergeordneten Ratschlag geben zu können. Dem anderen ist nicht gedient, wenn man selbst vor lauter Mitgefühl auch traurig und niedergeschlagen wird.

Und so sagt Krishna im 11. Vers des 2. Kapitels der Bhagavad Gītā zu Arjuna: „Weise Worte sprichst du, oh Arjuna, doch nicht zu Beklagende beklagst du. Die Weisen klagen nicht um Leben oder Tod der Wesen, denn in Wahrheit waren weder du noch ich noch diese Fürsten jemals nicht, noch werden jemals wir nicht sein in dem, was hierauf folgt." Er holt Arjuna aus seiner Froschperspektive heraus, in der er nur die engen Wände des Froschbrunnens sieht. Natürlich sagt er ihm nicht nur: Es ist egal, was du machst, es spielt keine Rolle. Sondern er erklärt ihm anschließend 16 Kapitel lang, nach welchen Grundsätzen und wie er handeln kann, ohne

Verhaftung und ohne Ego. Und ganz zum Schluß sagt er: Es spielt in Wirklichkeit doch keine Rolle, was du machst. Opfere einfach alles nur Gott.

Bei allen drei Arten des Wissenserwerbs müssen wir aufpassen. Unser Geist führt uns in die Irre. Auch unser logisches Denken kann uns in die Irre führen.

Viele Menschen benutzen ihr logisches Denken nicht, um tatsächlich zu Schlußfolgerungen zu kommen, sondern um ihre emotional bedingten Haltungen und Einstellungen zu rechtfertigen. Ein typisches Beispiel sind hypnotische Experimente. Jemand führt eine Handlung aus, die ihm unter Hypnose suggeriert wurde, und findet dann im Nachhinein eine logische, vernünftige Erklärung dafür, warum er das tut. Unser Geist ist oft nicht wirklich rational. Wir benutzen unser logisches Nachdenken selten dazu, wirklich die Wahrheit über die Dinge herauszufinden, sondern eher, um etwas irgendwie rational erscheinen zu lassen, das eigentlich nicht rational ist.

Da wir jetzt einiges über korrektes Wissen gelernt haben, wissen wir natürlich auch das Gegenteil, nämlich was *viparyaya*, also inkorrektes Wissen, Irrtum, ist.

I.8 Viparyayo mithyājñānamatadrūpapratiṣṭham

viparyaya = Irrtum, falsches Wissen; ***mithyā*** = falsch, täuschend; ***jñāna*** = Wissen, Auffassung; ***atad*** = nicht seiner eigenen; ***rūpa*** = Form, Natur; ***pratiṣṭhā*** = ruhend, beruhend, paßt

Irrtum ist getäuschtes Wissen und paßt nicht zur Natur der Sache.

I.9 Śabdajñānānupātī vastuśūnyovikalpaḥ

Śabda = Wort; ***jñāna*** = Wissen; ***anupātī*** = darauffolgend; ***vastu*** = Wirklichkeit; ***śūnya*** = frei, leer, ohne Bezug; ***vikalpa*** = Einbildung, wörtliche Täuschung, Wortirrtum

Einbildung entsteht aus einer Wortfolge ohne Bezug zur Wirklichkeit.

Vikalpa, Einbildung, auch als „wörtliche Täuschung" oder „Wortirrtum" übersetzt, ist neben richtigem und irrigem Verstehen die dritte Form der Gedankenwellen. Eigentlich ist es schwer zu übersetzen. *Vikalpa* ist etwas, was dem Menschen ganz eigen ist, denn nur der Mensch hat Worte und wird durch Worte sehr stark beeinflußt. *Vikalpa* bezieht sich auf Affirmationen, Suggestionen, auf Luftschlösser-Bauen und auf Lob und Tadel.

Der erste Aspekt von *vikalpa* ist Lob und Tadel. Wenn zum Beispiel jemand sagt: „Du Esel!", dann hat dies in der Wirklichkeit keine Korrelation. Man bekommt deswegen weder längere Ohren noch ein graues Fell. Man könnte jetzt darüber stehen und einfach denken, derjenige, der das sagt, hat seinerseits ein irriges Verständnis.

Aber trotzdem beeinflußt es einen irgendwie. Oder wenn einem jemand sagt: „Das ist nicht richtig gemacht", dann reagieren wir unsererseits nicht nur mit der neutralen Feststellung: „Aha, der hat gesagt, das ist nicht richtig gemacht" – denn seine Aussage kann ja entweder korrektes oder irriges Wissen widerspiegeln. Für uns ist es gleichzeitig noch etwas anderes, nämlich Lob oder Tadel. Die Jungsche Psychologie würde sagen: Der Selbstwert wird getroffen. Man ärgert sich über das Gesagte oder fühlt sich in Frage gestellt. Das ist eine Art von *vikalpa*. Wir identifizieren uns mit den Worten. Wir nehmen nicht nur die Worte als solche und überprüfen den Wahrheitsgehalt, sondern wir identifizieren uns mit der Aussage, wir beziehen die Worte auf uns selbst, denn das Ego hat den Wunsch nach Bestätigung.

Es kommt natürlich auch darauf an, wer etwas sagt. Als ich zum Beispiel früher Yoga unterrichtet habe, meinte einmal ein anderer Yogalehrer, die Art und Weise, wie ich die Stunde gebe, sei nicht ganz richtig. Das hat mir wenig ausgemacht. Ich hatte das Gefühl, ich habe mehr Erfahrung, die richtige Lehrerausbildung, und er hat nicht bei einem indischen Meister gelernt. Als aber meine erste Lehrerin eine Yogastunde bei mir genommen und gesagt hat: „Das hast du nicht richtig unterrichtet, so kann man das nicht machen", da war das für mich wie ein Stich ins Herz. Und als mich Swami Vishnu einmal kritisiert hat, da war es wie ein Stich ins Herz und das Messer noch einmal herumgedreht…

Man sollte nicht nur von Tadel, sondern auch von Lob unabhängig werden.

Kennst du das Gabelstaplerprinzip? – Einen Menschen hochheben, um ihn dahin zu bringen, wo man ihn haben will. Wenn du jemanden zu etwas motivieren willst, ist die beste Methode, ihn mehrmals zu loben.

Eine kleine Anekdote, die ich als Leiter eines amerikanischen Yogacenters erlebt habe: In Amerika spielen Kreditkarten im bargeldlosen Zahlungsverkehr eine große Rolle, so wie hier zum Beispiel die Einzugsermächtigung. Um Kreditkarten als Zahlungsmittel annehmen zu können, braucht man die Genehmigung seiner Bank. Die Bank lehnte ab. Ich führte Verhandlungen, sie prüften es noch einmal und lehnten wieder ab. Ich erzählte die Sache einem Schüler des Yogacenters, der von Beruf Rechtsanwalt war. Er sagte: „Ich zeige dir, wie man so etwas macht." Zuerst hat er Informationen gesammelt und erfahren, daß die Bank einen neuen Direktor bekommen hatte. Er hat den neuen Bankdirektor angerufen und ihm erst einmal Honig um den Mund geschmiert, ihm erzählt, er hätte so viel Positives über ihn gehört etc. Dann hat er so ganz beiläufig erwähnt, daß vor kurzem ein kleiner Irrtum mit der Genehmigung der Kreditkarten für das Yogazentrum passiert sei – das ging aber fast am Rande. Zwei Tage später hatten wir die Bestätigung, daß wir künftig Kreditkarten annehmen können. Anstatt also der natürlichen Reaktion nachzugeben, d.h. zu schimpfen, zu drohen, die Bank zu wechseln etc., erreicht man das Gewünschte oft leichter durch Loben.

Wenn man für andere etwas zum Guten bewirken will, kann man diese Methode durchaus benutzen. Es ist sicher besser, jemanden zu loben und zu versuchen, ihn auf diese Weise in eine bessere Richtung zu bringen, als ihn anzubrüllen oder mit Machtkämpfen zum Ziel zu kommen. Aber man sollte andere nicht manipulieren, und man sollte auch selbst aufpassen, daß uns niemand manipuliert.

Nun gibt es zwei Möglichkeiten: Wir können unser Selbstwertgefühl aufbauen, dann brauchen wir weniger Lob und werden von Tadel unabhängiger. Oder wir können versuchen, uns immer mehr als Instrument Gottes zu fühlen, auch dann brauchen wir keine Selbstbestätigung von außen mehr. Wir geben uns Gott hin und spüren, nicht ich handle, sondern Gott handelt durch mich. Das macht uns unabhängiger und ist meiner Meinung nach der einfachere Weg.

Der zweite Aspekt von *vikalpa* sind Suggestionen. Man wird generell durch alles beeinflußt, was Menschen sagen. Dieses Phänomen macht sich auch die Werbung zunutze. Werbung ist ja nicht logisch, sondern suggestiv; zum Beispiel „Der Geschmack von Freiheit und Abenteuer" in einer Zigarettenwerbung – was für ein Irrsinn! Da wird jemand zum Sklaven eines Glimmstengels, verpestet die Umwelt und seine eigene Luft, ruiniert seine Lungen, macht sich unfähig zu sportlicher Leistung, und das Ganze soll Freiheit und Abenteuer sein! Trotzdem assoziieren die Menschen diese Zigarette mit Freiheit und Abenteuer.

Was andere Menschen sagen, beeinflußt uns. Nicht weil es logisch ist, sondern weil Worte eine Wirkung haben.

Die tiefe Wirkung von Worten habe ich bei einem Schlüsselerlebnis mit Swami Vishnu erfahren. Es war das zweite Mal, daß ich bei einer Yogalehrer-Intensivausbildung vier Wochen lang übersetzt und für die deutsche Gruppe die *āsana*-Unterrichtstechniken und die *Bhagavad Gītā* unterrichtet hatte. Am Ende des Kurses ging ich zu Swami Vishnu, um mich zu verabschieden. Swami Vishnu fragte mich, was ich jetzt machen werde. Ich erzählte ihm, daß ich jetzt in das Wiener Yogazentrum ginge. Er bat mich, zunächst vor dem Bild von Swami Sivananda zu meditieren und den Segen des Meisters zu erbitten. Dabei hatte ich eine sehr tiefe spirituelle Erfahrung. Ich weiß nicht, wie lange ich dort saß, aber der Anzahl von Insektenstichen nach muß es ziemlich lange gewesen sein. Schließlich kam ich aus der Meditation heraus und verneigte mich vor Swami Vishnu. Er legte seine Hand auf meine Stirn, rezitierte das *oṃ tryaṃbakam* (Heil- und Schutzmantra) und sagte: „And when you come to Vienna teach a lot of classes, make a lot of money, and turn Vienna topsyturvy" („Wenn du nach Wien kommst, gib viele Yogastunden, sorge dafür, daß Geld hereinkommt" – denn das Zentrum war hoffnungslos verschuldet und stand eigentlich kurz vor dem Bankrott – „und stelle Wien auf den Kopf!"). Diese Worte haben mich beflügelt und gründlich verändert. Vorher war ich eigentlich ein schüchterner Mensch und habe mich selten getraut, den Mund aufzumachen. Dies wurde jetzt doch etwas anders. Und tatsächlich blühten sowohl das Yogazentrum als auch ich in wenigen Wochen richtig auf…

Worte von großen Meistern haben natürlich eine besonders starke Wirkung. Aber auch Worte von anderen Menschen haben eine Wirkung und unsere eigenen Worte auch. Psychologen sprechen in diesem Zusammenhang vom sogenannten inneren Dialog. Wie spreche ich mit mir selbst? Manche Menschen sprechen oft und ständig destruktiv zu sich selbst: „Du Esel, was hast du da wieder gemacht? Du taugst ja gar nichts! Du bringst nie etwas fertig!" Dadurch wird man beeinflußt. Man muß darauf achten, wie man selbst zu sich spricht, wie andere zu einem sprechen und wie man selbst zu anderen spricht. Welche Suggestionen gebe ich den anderen? Worte haben Kraft.

Es gibt eine einfache Technik, die Patañjali im zweiten Kapitel ausführt: Wenn man merkt, daß man zu sich selbst Worte spricht, die nicht positiv sind, muß man den entgegengesetzten Gedanken erzeugen. Denkt man also zum Beispiel: „Das packe ich nie", muß sofort die Gegensuggestion kommen: „Durch die Gnade Gottes schaffe ich's!" oder „Das ist zuviel!" – „Wenn Gott mir Aufgaben gibt, wird er mir auch die Kraft geben, sie zu erfüllen." Die Gegensuggestionen müssen nicht so überheblich klingen wie: „Ich schaffe alles!" Dasselbe Prinzip gilt natürlich auch, wenn andere uns negativ beeinflussen. Es kann eine verheerende Wirkung haben, wenn man sich etwas vornimmt und jemand sagt: „Das schaffst du nie." Eine solche negative Suggestion sollte man nie ohne Gegensuggestion lassen, sonst wirkt sie auf unterbewußte Weise. Das heißt nicht, daß wir sofort auftrumpfen und dem anderen sagen müssen: „Dir werde ich's zeigen, das schaffe ich schon!" – das wäre höchstens der Beweis für ein gesundes Ego. Die Reaktion eines ungesunden Ego wäre: „Na ja, vielleicht hat er ja recht, ich versuche es besser erst gar nicht." Viele Menschen werden so künstlich niedergehalten – im geschäftlichen und sozialen Umfeld, oft sogar vom Partner. Wiederhole statt dessen geistig: „Durch die Gnade Gottes werde ich es schaffen." Zusätzlich zu Gegensuggestionen auf negative Äußerungen kann man natürlich auch positive Affirmationen sprechen. Es ist zwar nicht so, daß Affirmationen unbedingt alles bewirken können. Sie haben jedoch eine große Wirksamkeit, die wir nutzen können. *Vikalpa* heißt also, wir identifizieren uns mit den Worten, auch wenn sie in der Wirklichkeit keine Grundlage haben.

I.10 Abhāvapratyayālambanā vṛttirnidrā

abhāva = Abwesenheit; ***pratyaya*** = Inhalt des Geistes; ***ālambana*** = Stütze, Grundlage, Abhängigkeit; ***vṛtti*** = Gedankenwelle; ***nidrā*** = Schlaf

Die vṛtti (Gedankenwelle) ohne konkreten Geistesinhalt wird Schlaf genannt.

Auch der Schlaf gilt als Gedankenwelle. Wenn dem nicht so wäre, wären wir im Schlaf in *nirodha*, im gedankenlosen Zustand der Selbstverwirklichung. Aber nachdem wir geschlafen haben, fühlen wir uns zwar ausgeruht, jedoch sind wir nicht klüger, weiser als vorher. Durch Schlafen selbst erreichen wir keine Befreiung, keine Erlösung. Daher ist auch Schlaf eine *vṛtti*, ein gedanklicher Zustand, bei dem sonst kein anderer Gedanke im Geist ist.

I.11 Anubhūtaviṣayāsaṃpramoṣaḥ smṛtiḥ

anubhūta = (von) Erfahrenem; ***viṣaya*** = Gegenstand; ***asaṃ*** = kein, nicht, ohne; ***pramoṣa*** = Diebstahl, Wegnehmen; ***asaṃpramoṣa*** = „Nicht-Diebstahl", nicht fliehen, behalten; ***smṛti*** = Erinnerung

Erinnerung ist das Behalten vergangener Erfahrungen.

Alle vergangenen Erfahrungen kommen im Geist hoch; daher ist auch die Erinnerung eine *vṛtti*, eine der fünf Hauptformen von Gedanken.

I.12 Abhyāsavairāgyābhyāṃ tannirodhaḥ

abhyāsa = Übung; ***vairāgyābhyāṃ*** = Wunschlosigkeit, Nichtanhaften, Leidenschaftslosigkeit; ***tan*** = ununterbrochen; ***nirodha*** = Ruhe, Beherrschung des Geistes

Übung (abhyāsa) und Nichtanhaften (vairāgya) führen zur Ruhe des Geistes (nirodha).

Das ist dasselbe, was Krishna im 6. Kapitel der Bhagavad Gītā sagt. Er spricht erst davon, was Meditation ist und daß der Yogi Gleichmut entwickeln soll. Wenn er gleichmütig geworden ist gegenüber Lob und Tadel, Hitze und Kälte, Schmerz und Vergnügen, ist er reif für die Ewigkeit. Arjuna sagt darauf sinngemäß: „Oh Krishna, das schaffe ich nie. Es ist leichter, den Wind mit bloßen Händen festzuhalten als den Geist zu beherrschen." Krishna gibt ihm die gleiche Antwort wie Patañjali: „Ja, Arjuna, wahrlich ist es schwer, den Geist zu beherrschen, aber durch Übung und Nichtanhaften, durch *abhyāsa* und *vairāgya*, ist der Geist unter Kontrolle zu bringen."

In den nächsten Aphorismen erfahren wir Näheres darüber:

I.13 Tatra sthitau yatno 'bhyāsaḥ

Tatra = dort, hier, um das; ***sthitau*** = ständig; ***yatna*** = Anstrengung, Bemühung; ***abhyāsa*** = Übung

Abhyāsa (Übung) ist ständige Bemühung um diese (Ruhe des Geistes).

Alle Anstrengungen, die man macht, um die Gedanken zu beherrschen, sind *abhyāsa*. Es gibt nicht nur eine oder zwei bestimmte Übungen und auch nicht nur die hier in den Yoga Sūtras aufgeführten, sondern alles, was dazu dient, den Geist zu beherrschen, ist *abhyāsa*. Das heißt, die ständige Bemühung – wir haben keine

Pause! Die Übung beginnt mit dem Aufwachen am Morgen und hört am Abend mit dem Einschlafen auf. Irgendwann übt man sogar im Schlaf weiter...

„Ständige Bemühung“ heißt jetzt nicht, daß wir uns dauernd verkrampft anstrengen, sondern wir versuchen, die Vorstellung Gottes, die Grundhaltung von selbstlosem Dienst und einer positiven Lebenseinstellung, den ganzen Tag über aufrechtzuerhalten, ob wir nun Geschirr spülen, meditieren, *āsanas* machen, spazierengehen, mit unserem Kind zusammen sind, im Büro arbeiten, ein paar freundliche Worte mit dem Postboten wechseln u.s.w. Wir bemühen uns immer wieder, dieses Bewußtsein des Göttlichen aufrechtzuerhalten oder hervorzurufen und unseren Geist positiv, gleichmütig, zu stimmen.

Abhyāsa heißt nicht, den Geist den ganzen Tag beherrschen zu müssen. Es ist die Bemühung darum. Viele Menschen sind zu erfolgsorientiert und haben einen zu großen Perfektionsdrang. Das Bemühen ist wichtig, nicht das, was dabei herauskommt. Wir bemühen uns; dann gelingt es manchmal, und es gelingt manchmal auch nicht. Kann man wirklich vollkommen sein? Man kann nur vollkommen sein, wenn man seine Ansprüche sehr niedrig ansetzt und nur wenig tut. Dann ist man darin vollkommen. Wenn man seine Ansprüche hoch setzen und viel machen will, kann man nie vollkommen sein. Unser Ziel ist die Selbstverwirklichung. Es gibt kein großartigeres Streben. Bis dahin gibt es unglaublich viel zu tun. Es ist manchmal besser, eher viel zu tun, hoch zu streben, und das weniger perfekt. Das macht auch demütig.

Darin hat Swami Vishnu seine Schüler geschult. Er hat uns manchmal mehr Aufgaben gegeben, als wir eigentlich bewältigen konnten. Es war dann nicht möglich, alles zu erledigen. Es ging einfach nicht. Wir haben uns bemüht, und oft ist es auch irgendwie hingekommen, manchmal aber auch nicht. Ich kann mich erinnern, einmal hat er den Auftrag gegeben, in drei Tagen einen Tempel zu bauen. Der Tempel stand dann auch, aber er war weit davon entfernt, perfekt zu sein! Es war kein riesiger kunstfertiger Bau mit Schnitzereien und so, sondern eine einfache Holzhütte, in die eine Krishna-Statue nach einem ausgefeilten alten Ritual hineingestellt wurde.

Diese Überlegung hilft auch für das *sādhana* (spirituelle Praxis). Außer den wenigen vollkommenen Meisterinnen und Meistern ist man darin nicht vollkommen. Trotzdem sollte man seine Ideale deswegen nicht senken. Manche Menschen denken: „Ach, ich schaffe die Selbstverwirklichung sowieso nicht. Mir reicht es aus, wenn ich am Tag ein bißchen meditiere, *mantras* singe und gesund lebe, mich gut fühle und einigermaßen im Frieden mit meinen Mitmenschen lebe. Die vollkommene Selbstbeherrschung und die Einheit mit dem Unendlichen – das liegt für mich sowieso nicht im Bereich des Möglichen.“ Wenn man sich so programmiert, verliert man das Ziel aus den Augen. Wir können noch nicht vollkommen sein, aber wir können uns darum bemühen. Die ständige Bemühung, unseren Geist zum Göttlichen zu bringen, ist *abhyāsa*.

Patañjali sagt in diesem Vers, wir sollen uns bemühen, „die Einschränkung der Gedankenwellen fest zu begründen“. Das muß man sich vor Augen führen. Es heißt also nicht einmal, wir sollen uns ständig bemühen, den Geist zu beherrschen, sondern wir sollen uns ständig bemühen, uns zu bemühen. Er macht es uns in gewisser Hinsicht einfach: ständige Bemühung, zur Verwirklichung zu kommen, aber ohne Verhaftung. Sich nicht aus der Ruhe bringen lassen. Sich nicht ständig vorwerfen: Das hat nicht geklappt und jenes nicht, und was ich da gemacht habe, war auch nicht so gut.

I.14 Sa tu dīrghakālanairantaryasatkārāsevito dṛḍhabhūmiḥ

Sa = das, das gleiche; ***tu*** = in der Tat, jedenfalls; ***dīrgha*** = lang; ***kāla*** = Zeit; ***nairantarya*** = ohne Unterbrechung; ***satkāra*** = mit Ernsthaftigkeit, voller Hingabe; ***āsevita*** = geübt, befolgt, fortgesetzt; ***dṛḍha*** = fest; ***bhūmi*** = Grund, Fundament

Sie (die Übung) bekommt ein festes Fundament, wenn sie lange Zeit ohne Unterbrechung und mit aufrichtiger Hingabe ausgeführt wird.

Viele Menschen praktizieren jahrelang Yoga, aber nur ab und zu. Wenn man ohne Unterbrechung zwanzig Jahre lang Yoga praktiziert, dann ist das Bewußtsein des Göttlichen schon etwas weiter entwickelt. Vom Yoga gibt es keine Pause. Der spirituelle Weg ist so, wie wenn man eine Kugel den Berg hochschiebt. Was passiert, wenn wir eine Pause machen und die Kugel loslassen? – Sie rollt den Berg wieder hinunter, zumindest ein Stück. Es gibt natürlich Ausnahmefälle, wo jemand plötzlich die Selbstverwirklichung erreicht, wenn entsprechende *saṃskāras* (Eindrücke im Unterbewußtsein) aus früheren Leben vorhanden sind. Aber im Normalfall müssen wir die Kugel den Berg hochschieben und dürfen sie nicht wieder loslassen. Wir sollten uns auf dem spirituellen Weg nicht eine Weile ausruhen. Lange Zeit bedeutet also bis zur Verwirklichung!

Und was heißt eigentlich „Selbstverwirklichung“? Die Antwort des Yoga lautet: *yogaś citta vṛtti nirodhaḥ* – im Geist sind keine Gedanken mehr, wir ruhen in unserem wahren Wesen und haben die Einheit erreicht mit dem Unendlichen. Dann sind wir befreit. *Kaivalya* (Freiheit; reines Bewußtsein) ist erreicht. Es gibt keine Notwendigkeit mehr für uns, daß noch etwas geschieht.

Im System der sieben *bhūmikās*, den sieben Stufen der Erkenntnis, werden drei Stufen von Selbstverwirklichten erwähnt. Auf der fünften *bhūmikā*, *asaṃśakti* („durch nichts berührt“) arbeitet der Yogi das *karma*, das für diesen Körper vorgesehen ist, bewußt ab. Aber er weiß, nicht er handelt, sondern Gott handelt durch ihn. Ein solcher Yogi wird als *jīvanmukta*, lebendig Befreiter, bezeichnet und hat das sogenannte Doppelbewußtsein: Zum einen ist er sich des Göttlichem hinter allem bewußt, zum anderen hat er aber auch noch ein *sattviges* (rein, erhoben) Ego. Er kann das ganze Universum im allgemeinen spüren und gleichzeitig parallel diesen seinen besonderen Körper und diesen seinen Geist. Der *jīvanmukta* macht nichts mehr wirklich aus eigenem Willen, sondern weil das *karma* es erfordert. Sein Körper und Astralkörper haben noch ein *karma*, das ablaufen muß, und dazu ist es notwendig, daß er zwischendurch in sein Ego hineingeht. Und er weiß, das *karma* dieses Körpers läuft ab als Teil des göttlichen Willens. Er spürt den Körper, kann auch Emotionen und alles andere empfinden, aber er weiß, daß dies nur ein Teil von ihm ist. So ähnlich, wie wir den ganzen Körper und gleichzeitig auch einen Finger als Teil davon spüren können. Wenn es notwendig ist, den Finger zu bewegen, dann bewege ich den Finger. Ich spüre mich zwar immer noch als der ganze Körper, aber ich bewege halt nur den Finger. Gleichzeitig geht aber auch mein Herzschlag weiter, ohne daß ich mich darum zu kümmern brauche, der Atem geht weiter, der Magen erfüllt seine Funktion u.s.w. Ähnlich ist es beim *jīvanmukta*. Er weiß, für diesen Körper hat er eine besondere Aufgabe, aber er ist gleichzeitig auch eins mit allem. Alles läuft ab und ist der göttliche Wille. So wie die Funktionen des Körpers ablaufen, ohne daß man eigentlich etwas davon merkt, so läuft der größte Teil des Lebens, des Universums überhaupt, ab. Einiges kann der *jīvanmukta* zwar auch beeinflussen, wenn er merkt, daß es notwendig ist oder die göttliche Energie will, daß er etwas von einem übergeordneten Standpunkt aus ausführt. Aber ansonsten bewegt er diesen kleinen Körper, diesen kleinen Geist und handelt durch sie, bis deren *karma* abgelaufen ist. Auf der sechsten *bhūmikā, padarthabhāvani*, ist nur wenig *karma* übrig. Wenn nur noch wenig *karma* da ist, dann läuft es ab, ohne daß man etwas dazutun muß. Es geschieht einfach. Das Doppelbewußtsein verschiebt sich mehr in Richtung auf das kosmische Universum. Dann handelt der Mensch tatsächlich nicht mehr aus eigenem Antrieb, sondern muß von außen dazu gebracht werden. Wenn man ihm dann nichts zu essen gibt, ißt er nichts mehr. Er merkt auch nichts. Solange das *karma* für den Körper noch da ist, wird er auch nicht sterben. Der Körper braucht dann einfach nichts. Er wird auch keine Vorträge geben, es sei denn, man bittet ihn darum. Wenn man ihn um etwas bittet, macht er es auch. Er ist eigentlich ein Spielball von dem, was Menschen oder das Schicksal von außen an ihn herantragen. Die siebte und letzte *bhūmikā* ist *turīya*, die endgültige Befreiung. Der Yogi tut nichts mehr, er verschmilzt mit dem Absoluten, er existiert nicht mehr als Persönlichkeit, er ist eins mit Gott, immer *sat-cit-ānanda*, Sein, Wissen und Glückseligkeit.

Ein Beispiel für den *padarthabhāvani*-Zustand („sieht Brahman überall“) ist die Geschichte von *Jada Bharata*. Er war in seinem früheren Leben ein König gewesen und hatte dort bereits die Vorstufen der Selbstverwirklichung erreicht. Um nun in diesem Leben alle Anhaftungen zu vermeiden, entschied er sich, mit niemandem zu sprechen. Als er unterwegs war, begegnete er einem König, der in einer Sänfte getragen wurde. Einer der Sänftenträger hatte sich den Fuß verknackst, und so baten die anderen ihn, ob er nicht die Sänfte mittragen würde. Während sie weitergingen, sprang Jada Bharata plötzlich hoch, weil auf dem Weg eine Schnecke war, die er erst spät gesehen hatte. Die Sänfte bewegte sich unsanft, und der König bekam eine Beule. Das wiederholte sich noch einige Male mit verschiedenen Tieren wie Ameisen, Kröten usw., die Jada Bharata am Weg sah und nicht zertreten wollte. Schließlich sprang der König aus der Sänfte, nahm sein Schwert und rief zornig: „Weißt du nicht, wer ich bin? Ich bin der Herr über Leben und Tod, und du wagst es, das zu tun?“ Nun öffnete Jada Bharata zum ersten Mal den Mund und sagte: „Oh großer König, du denkst du bist Herr über Leben und Tod und kannst noch nicht einmal deinen eigenen Geist beherrschen. Du kannst vielleicht diesen Körper töten, aber das Selbst kannst du nicht töten."

Abhyāsa ist also die Bemühung über lange Zeit ohne Unterbrechung um diesen Zustand der Befreiung. Sicher wird es am Anfang Unterbrechungen geben, ab und zu denkt man an etwas anderes, manchmal muß man sich auch entspannen –, aber grundsätzlich sollte man jeden Tag meditieren, die Praktiken ausführen, über einen langen Zeitraum, ohne ein paar Wochen oder Monate auszusetzen. Es gibt Zeiten, wo wir die Praktiken intensivieren, und es gibt Zeiten, wo man weniger *āsanas, prāṇāyāma* und Meditation übt, dafür mehr im Rahmen des täglichen Lebens handelt. Aber insgesamt sollte man jeden Tag diese Praktiken durchführen und an den Gedanken, an der Bewußtheit des Göttlichen, arbeiten. Das ist wichtig. Dann wird es irgendwann tatsächlich ohne Unterbrechung sein, mit aufrichtiger Hingabe und Begeisterung, *satkāra*, nicht nur mechanisch.

Ist man schon längere Zeit auf dem spirituellen Weg, besteht die Gefahr, daß die Praxis irgendwann einmal mechanisch wird. Praktiziert man jahrelang jeden Tag die gleiche *āsana*-Reihe, muß man ab einem bestimmten Punkt mit Langeweile kämpfen, oder man fängt an, während des Übens andere Gedanken zu spinnen. Dann ist es besonders wichtig, sich immer wieder zu vergegenwärtigen, warum man überhaupt übt, sich zu konzentrieren, bewußt zu atmen, *mantras* (Sanskritwort oder -vers) zu wiederholen, eventuell auch die Praxis etwas zu ändern, damit der Geist wieder neuen Enthusiasmus bekommt. Die Praktik sollte von ganzem Herzen kommen, nicht halbherzig sein.

Bei den meisten Menschen, die regelmäßig üben, gibt es auch Trockenperioden. Und es ist besser, mechanisch zu üben als gar nicht. Es ist besser, nur dazusitzen und in der Meditation über Gott und die Welt nachzudenken – oft mehr über die Welt als über Gott –, als sich gar nicht hinzusetzen. Andere haben Phasen, wo sie in der Meditation zwischendurch einnicken. Es ist besser, dies durchzustehen als ganz aufzuhören. Man sollte dafür sorgen, daß diese Perioden nicht zu lange dauern. Dazu muß man erst einmal prüfen, ob es einen Grund dafür gibt. Es kann sein, daß man in seinem Eifer den Schlaf zu sehr reduziert hat und somit einfach mehr Schlaf braucht. Oder man ist aus irgendeinem Grund niedergedrückt. Man kann angehende Diabetes haben, die behandelt werden muß. Unreinheiten können sich im Körper angesammelt haben, so daß man mehr *kriyās* (Reinigungsübungen) machen sollte. Es kann aber auch sein, daß der Geist einfach gegen die Monotonie streikt. Wichtig ist, sich immer wieder zu bemühen, sich neu zu motivieren, zu versuchen, neuen Enthusiasmus aufzubringen. Anstelle der normalen Reaktion nachzugeben – die Praxis gefällt einem nicht, also wird aufgehört oder etwas ganz anderes gemacht –, ist es klüger, sich zu überlegen, was man tun könnte, um die Praktiken (wieder) befriedigender zu machen.

Es heißt ja, alle Antworten sind eigentlich in uns. Die Kunst ist, die richtigen Fragen zu stellen, dann kommen auch die Antworten. Schon allein dadurch, daß man regelmäßig praktiziert, entsteht im Lauf der Zeit ein immer stärkerer Wunsch danach. Man fühlt sich einfach nicht mehr wohl, wenn man einmal nicht geübt hat.

Oft passiert es, daß das Energieniveau sinkt, wenn die Praktiken eine Weile etwas reduziert wurden, weil man einfach weniger Zeit hatte. Hat man weniger Energie, sinkt auch die Motivation zu praktizieren, und so bewegt man sich in einer Abwärtsspirale. Man hat keine Lust zu praktizieren, sondern eher das Gefühl, sich mal ausruhen und entspannen zu müssen, weil man so hart gearbeitet hat. Gut, das kann man sich auch mal kurze Zeit gönnen. Aber dann muß man *viveka*, die Unterscheidungskraft, einschalten und sich klarmachen, daß der Wunsch, weniger zu praktizieren, daher kommt, daß man eine Weile weniger praktiziert hat und infolgedessen das Energieniveau gesunken ist. Und wie bringe ich das Energieniveau wieder hoch? Nicht, indem ich weiterhin nichts mache, sondern indem ich wieder vermehrt praktiziere. Und wenn die eigene Anstrengung nicht ausreicht, sucht man sich eben Hilfe und geht zum Beispiel eine Weile in einen *āśram*, an einen Ort, wo die gesamte Energie und Atmosphäre hilfreich, unterstützend und aufbauend wirken.

Swami Sivananda hat in einem seiner Bücher geschrieben: „Es mag Tage geben im Leben eines Aspiranten, wo er keine Zeit hat zu essen. Es mag Tage geben, wo er keine Zeit hat zu schlafen. Aber es sollte keinen Tag geben, wo er keine Zeit hat zu meditieren. Denn ein Tag ohne Meditation ist wie zwei verlorene Tage." Die Kugel, die wir hochschieben, rollt dann ein ganzes Stück wieder hinunter. *Paramahaṃsa Yogānanda* war da noch radikaler. Er sagt, ein Tag ohne Meditation ist eine Woche Rückschritt. Das ist zwar nicht so ganz wörtlich zu nehmen, aber es ist schon sehr wichtig, jeden Tag zu meditieren. Mit den *āsanas* mal einen Tag auszusetzen, ist nicht ganz so tragisch. Aber die Meditation sollte man wirklich täglich üben – ohne Unterbrechung und mit aufrichtiger Hingabe.

Als *Śri Karthikeyan*, ein Meister aus dem Sivananda-Ashram in Rishikesh, der unser Seminarhaus ein-, zweimal im Jahr besucht und Vorträge hält, das letzte Mal hier war, ist mir nochmals richtig klargeworden, für wie wichtig *satsaṅg*, das Zusammensein mit Weisen und anderen spirituellen Menschen, im traditionellen Yoga gehalten wird. Dem Yoga wird oft vorgeworfen, er mache einsam oder sei Nabelschau. Aber im klassischen Yogasystem ist das überhaupt nicht der Fall. Vielen Menschen mit emotionalen und schweren anderen Problemen hat Śri Karthikeyan empfohlen, ein paar Wochen hierher in den Ashram zu kommen. Wenn man eine Weile hier ist, verschwinden die Probleme von selbst. Die Umgebung und der Umgang mit positiven, spirituellen Menschen, in Verbindung mit einem disziplinierten Tagesablauf, heilen sehr stark.

Dabei mußte ich daran denken, daß wir hier tatsächlich öfter wirklich verzweifelte Menschen haben. Sie haben eine Trennung oder sonstige psychische Krisen hinter sich bzw. stecken mittendrin, wissen nicht, was sie im Leben wollen oder leiden unter körperlichen oder seelischen Krankheiten. Nach ein paar Wochen kann man guten Gewissens sagen, daß sie mit einem ganz neuen Lebensgefühl wieder hinausgehen. Gerade Menschen mit großen psychischen Schwierigkeiten leben in einer spirituellen Umgebung mit positiven Menschen richtig auf.

Auf der psychischen Ebene ist *satsaṅg* also etwas sehr Wichtiges. Leider bietet unsere Gesellschaft auf diesem Gebiet nicht sehr viel. Es gibt zwar die stationäre Therapie, aber dort ist die Mehrheit der Menschen psychisch gestört. Alkoholiker sind dann zum Beispiel nur mit Alkoholikern zusammen, so daß es auch eine riesige Rückfallrate gibt. Es ist schon allein nützlich und wohltuend, eine Weile lang aus der gewohnten Umgebung herausgerissen zu werden, um seinen Geist in neue Bahnen zu lenken und zu schulen. Aber eigentlich wäre es gut, wenn es mehr Gemeinschaften von positiven Menschen gäbe, wo Menschen in psychischen und sonstigen Schwierigkeiten einfach dazustoßen und eine Zeitlang mitleben könnten. Das war früher in Großfamilien durchaus üblich. Wenn es beispielsweise einem Kind nicht gut ging, lebte es ein paar Wochen woanders, vielleicht bei der Großmutter oder wurde von einem anderen Teil der Familie eine Weile aufgenommen, um sich zu erholen und ihm etwas Distanz zu verschaffen. Es wäre schön, wenn es so etwas auch für Erwachsene gäbe – ein positives, erhebendes Umfeld. Das gilt auf der emotionalen und noch mehr auf der spirituellen Ebene. Wenn es einem spirituell nicht so gut geht, muß man die Gesellschaft anderer spiritueller Menschen suchen, idealerweise für ein paar Tage oder Wochen in einen Ashram, ein Kloster oder eine spirituelle Gemeinschaft ziehen. Das erhebt.

I.15 Dṛṣtānuśravikaviṣayāvitṛṣṇasya vaśīkārasaṃjñāvairāgyam

Dṛṣta = gesehen, sichtbar; ***ānuśravika*** = gehört von anderen; ***viṣaya*** = Objekt; ***tṛṣṇa*** = Gier, Durst; ***vitṛṣṇasya*** = der, welcher aufgehört hat zu dürsten; ***vaśīkāra*** = der gleiche; ***saṃjñā*** = Bewußtseinszustand; ***vairāgya*** = Nichtanhaften, Losgelöstsein, Entsagung, Verhaftungslosigkeit

Vairāgya (Nichtanhaften) ist der Bewußtseinszustand, in dem das Verlangen nach sichtbaren und unsichtbaren Objekten aufgehört hat.

I.16 Tatparaṃ puruṣakhyāterguṇavaitṛṣṇyam

Tat = das; ***paraṃ*** = höchste; ***puruṣa*** = Selbst, Seele; ***khyāti*** = Verständnis, Verwirklichung, Bewußtheit; ***guṇa*** = Eigenschaft der Natur; ***vaitṛṣṇya*** = Freiheit von der Gier

Der höchste Zustand des Nichtanhaftens entsteht durch Erkenntnis des Selbst und ist frei von Gier nach den Eigenschaften der Natur.

Vairāgya (Wunschlosigkeit) ist eines der vier Mittel zur Befreiung, eines der Charakteristika im *subeca*-Zustand (Sehnsucht, Suche nach Wahrheit), der ersten Stufe der sieben *bhūmikās*. Zu *subeca* gehören:

- *viveka*, Unterscheidungskraft,
- *vairāgya*, Nichtanhaften oder Wunsch- bzw. Leidenschaftslosigkeit,
- *ṣaṭsaṃpāt*, die sechs edlen Tugenden, und
- *mumukṣutva*, tiefes Verlangen nach Befreiung.

Hier greift Patañjali besonders *vairāgya* heraus. In den vorherigen Versen hat er gesagt, daß die Kontrolle der *vṛttis* durch *abhyāsa* und *vairāgya* herbeigeführt wird. *Vairāgya* wird auf einer Ebene erreicht durch Willensanstrengung und zum zweiten auf einer tieferen Ebene als Zustand von Nichtanhaften, der aus dem Bewußtsein des *puruṣa* kommt. *Puruṣa* ist das eine Selbst Gottes. Wenn man in diesem Bewußtsein ist, entsagt man den drei Eigenschaften der Natur. Das funktioniert auch, wenn man noch nicht im höchsten Zustand ist. Wenn man sich tieferer Schichten seiner selbst bewußt ist, wenn das Göttliche spürbar wird oder durchschimmert, dann fallen verschiedene Wünsche von selbst weg. Das kennst du vielleicht aus eigener Erfahrung. Irgendwann hast du mit Yoga angefangen, vielleicht, um gesund zu werden oder zu bleiben, weil es Spaß gemacht hat, um Spannungen loszuwerden, aus Neugier, um etwas gegen Streß zu unternehmen, oder weil du einfach das Gefühl hattest, es wäre gut, mal einen Yogakurs zu machen. Den ersten Yogakurs machen Leute aus den verschiedensten Gründen. Manchmal wird man auch irgendwie geführt und weiß nicht warum. Manchmal hat man ein konkretes Problem, und manchmal schleppt einen ein Freund oder eine Freundin hin. Anschließend hilft einem das Yoga, etwas mehr zu sich selbst zu kommen. Und plötzlich fallen alle möglichen Sachen ab. Es ist zum Beispiel ein verbreitetes Phänomen, daß etwa drei Viertel der Menschen, die Yoga üben, von selbst aufhören zu rauchen, ohne daß sie sich darum bemühen. Es geschieht einfach. Etwas weniger, aber mindestens auch die Hälfte, werden bei regelmäßiger Yogapraxis zum Vegetarier oder Fast-Vegetarier. Der Wunsch, Fleisch zu essen, hört mehr oder weniger von selbst auf. Es geschieht einfach, da man sich tieferer Schichten seiner selbst bewußt wird.

Wenn man regelmäßig meditiert, fallen verschiedene andere Verhaftungen von selbst weg. Wenn man durch Übungen allmählich Zugang zu seinem wahren Wesen bekommt, fallen eine ganze Reihe von Verhaftungen an die drei *guṇas*, die drei Eigenschaften, die allem Existierenden innewohnen, ab. Und beim vollen Bewußtsein *puruṣas*, bei der vollen Selbstverwirklichung, gibt es überhaupt keine Wünsche mehr. Man ist vollkommen wunschlos. Man handelt nicht mehr, um etwas zu erreichen, sondern ist nur noch ein Instrument in den Händen Gottes oder des Kosmischen.

Viele Menschen erwarten, daß auf dem Yogaweg.alles so von selbst geschieht. Das stimmt aber nicht. Wir zäumen öfter das Pferd von hinten auf. Eine andere Übersetzung des 15. Verses ist: „*Vairāgya* kommt durch Meisterung des Willens". Wir müssen manchmal auch unsere Willenskraft einsetzen. Willenskraft ist eine Manifestation von *buddhi*. Wie wir schon gesehen haben, ist die Unterscheidungskraft, *viveka*, ein Ausdruck von *buddhi*. Und die Energie hinter der Unterscheidungskraft ist die Willenskraft. Das ist im Deutschen schwierig zu erklären, da im Deutschen oft Wunsch und Wille mehr oder weniger gleichgesetzt werden.

Der Wille (*icchā śakti*) ist die Kraft, mit der wir das umsetzen, was wir für richtig halten; und zwar sowohl das, was wir aufgrund von *viveka* für richtig halten, als auch das, was aus einer tieferen Intuition kommt. Manchmal fühlt man irgendwie intuitiv: Das muß ich tun und das muß ich lassen, das sollte ich nicht mehr tun. Die

Intuition kommt mehr vom Bewußtsein des *puruṣa* her. Wenn man beispielsweise feststellt: „Immer wenn ich etwas Bestimmtes esse, geht es mir anschließend schlecht", kommt die *viveka* und sagt: „Also muß ich aufhören, das zu essen", woraus man dann dank der Willenskraft Konsequenzen zieht. Das Verlangen muß zuerst einmal bewußt gemeistert werden. Nicht alles fällt von selbst ab.

Man stellt zum Beispiel fest, immer wenn man eine Tafel Schokolade gegessen hat, fühlt man sich eine Stunde später abgeschlafft. Man merkt, daß es einem tatsächlich nicht guttut. Also kommt jetzt die bewußte Entscheidung: „Ich sollte keine Schokolade mehr essen – oder höchstens noch an meinem Geburtstag oder am Geburtstag anderer Leute ein kleines Stückchen." Man hat diese Entscheidung getroffen. Was passiert anschließend? Natürlich kommt der Wunsch nach Schokolade!

Der Geist ist zufrieden, wenn er weiß, da gibt es jemanden, der Herr im Hause ist. Aber das muß er erst lernen, so wie wir einem Hund beibringen müssen, bei Fuß zu gehen. Das geschieht typischerweise durch Lob und Tadel. Tadel geht relativ einfach. Wenn der Hund abhaut, gibt man ihm einen kurzen Ruck mit dem Halsband. Das macht man mehrmals immer dann, wenn er weggeht, obwohl man „Fuß" gesagt hat. Und wenn er folgt, lobt man ihn. Wenn man das zwei, drei Tage lang konsequent gemacht hat, geht der Hund immer neben einem, wenn man „Fuß" sagt. Dann muß man vielleicht noch ab und zu einmal einen Ruck geben, und irgendwann braucht man gar keine Leine mehr. Aber man muß konsequent sein. Und das können die wenigsten Menschen. Noch nicht einmal gegenüber ihrem eigenen Hund.

So ist es auch mit unserem Geist. Was wir uns vorgenommen haben, tun wir. Weshalb wir uns auch nicht zuviel vornehmen dürfen. Wenn man dem Hund innerhalb einer Woche Fuß, Platz, Sitz, Pfote geben, auf Kommando Stöckchen holen beibringen will, wird er rebellieren. Er weiß dann gar nicht mehr, was er überhaupt noch machen soll.

Natürlich muß man ihn auch loben, wenn er es richtig gemacht hat. Und Lob muß nicht immer über das Essen gehen. Das einfachste Lob ist, ihn zu streicheln und zu sagen: „Ja, guter Hund, das hast du gut gemacht." Auf diese Weise können wir auch unser Unterbewußtsein loben. Wenn wir uns beispielsweise entschieden haben, eine Woche oder einen Monat keine Schokolade zu essen, darf es keine Ausnahme davon geben. Lieber erst mal etwas Kleines vornehmen, aber das Unterbewußtsein auf jeden Fall daran gewöhnen: Was auch immer man sich vornimmt, muß man auch tun. Das gilt auch für die spirituelle Praxis. Besser ist es, sich am Anfang eher wenig vorzunehmen, es aber konsequent auszuführen. Wenn man es gemacht hat, darf man sich ruhig mal auf die Schulter klopfen, geistig oder körperlich. Manche Menschen haben Angst, es würde ihr Ego erhöhen, wenn sie zu sich selbst sagen: „Das hast du gut gemacht." Es erhöht das Ego nur, wenn man sich damit identifiziert. Man kann seinen Geist loben, indem man ihm sagt: „Danke, liebes Unterbewußtsein, das hast du gut gemacht, du hast jetzt eine Woche lang auf Schokolade verzichtet oder eine Woche lang täglich *āsanas* gemacht, ich bin zufrieden mit dir." Man muß ihn nicht unbedingt dadurch belohnen, daß man ins beste

Restaurant oder ins Kino geht. Meistens reicht es aus, wenn man sich einen Moment Zeit nimmt, vielleicht in der Meditation, sich hinsetzt und sagt: „Ja, liebes Unterbewußtsein, ich bin zufrieden mit dir, das ist gut, was du gemacht hast." Manche Menschen legen sich zuviel auf, wollen zu schnell immer mehr vom Unterbewußtsein. Das ist nicht gut, irgendwann folgt darauf eine totale Gegenreaktion.

Das ist oft so bei spirituellen Aspiranten. Sie machen etwas, und das geht gut. Also nehmen sie sich noch mehr vor. Das klappt auch. Sie nehmen sich noch mehr vor. Klappt auch. Noch mehr *āsanas*, noch mehr *prāṇāyāma*, noch mehr Meditation, noch weniger Zeit für dieses, noch weniger Zeit für jenes ... Und irgendwann rebelliert das Unterbewußtsein, so daß nichts mehr klappt. Und was macht man, wenn nichts mehr klappt? Man geht ins Café und ißt Schokoladenkuchen. Jetzt hat das Unterbewußtsein die Lektion gelernt: Wenn ich alles tue, was mein Herr will, dann werde ich bestraft und muß mehr und mehr machen. Tue ich es dagegen nicht, werde ich belohnt. Also, die Lektion ist ganz klar. Es ist so einfach, und weil es so einfach ist, denkt man in den wenigsten Fällen daran.

Wir nehmen uns also etwas vor, tun es eine Weile ganz konsequent und belohnen unser Unterbewußtsein dafür. Aber wir nehmen uns nicht zuviel vor. Wir nehmen uns kleine Dinge vor und schauen, wie es geht.

Ich empfehle oft Anfängern, sich zunächst vorzunehmen, jeden Tag drei Minuten zu meditieren. Wenn man Lust hat, kann man ja länger meditieren. Aber drei Minuten macht man auf jeden Fall jeden Tag. Das ist möglich, und wenn man konsequent eine Woche lang jeden Tag drei Minuten meditiert hat, weil man es sich vorgenommen hat, stärkt das den Willen ungemein.

Wenn das Verlangen auf diese Weise allmählich kontrolliert wird, verschwindet es irgendwann auch ganz. Den meisten Menschen geht es zum Beispiel so, wenn sie eine Weile lang kein Fleisch mehr gegessen haben. Sie haben dann keine Lust mehr darauf, das Verlangen danach verschwindet. Auch wenn man radikal auf Süßigkeiten verzichtet, verschwindet der Wunsch danach. Er mag ab und zu vielleicht noch einmal hochkommen, dann verschwindet er ganz. Es ist nicht so, daß man gar keine Süßigkeiten mehr essen darf. Aber man kann sich beweisen, daß es geht und daß man Herr über den Wunsch ist.

Im zweiten Kapitel kommt Patañjali auf dieses Thema nochmals an zwei Stellen zurück: Einmal bei der Behandlung von *tapas*, Askese, und zum anderen bei *saṃtoṣa*, Zufriedenheit. Das spielt im Rāja Yoga eine große Rolle.

I.17 Vitarkavicārānandāsmitārūpānugamātsaṃprajñātaḥ

vitarka = Denken; ***vicāra*** = überlegen, nachdenken; ***ānanda*** = Glück, Freude; ***asmitā*** = Ich- Gefühl; ***rūpa*** = eigene Natur; ***anugamāt*** = in Verbindung; ***saṃprajñāta*** = *samādhi* mit Erkenntnis.

Saṃprajñāta samādhi (samādhi mit Erkenntnis) wird von Denken, Überlegen, Freude und reinem Ich-Gefühl begleitet.

Alternative Übersetzung:

> Die vier Stufen von saṃprajñāta samādhi (samādhi mit Dualität) sind vitarka, vicāra, sānanda und sasmitā.

Das ist eine abstrakte Rāja Yoga-Meditationstechnik in vier beziehungsweise sieben Stufen.

Große Meister führt diese Technik sofort zu *samādhi*, aber auch wir können sie ab und zu ausprobieren, selbst wenn wir keine großen Meister sind und nur Vorstufen üben können.

Es gibt verschiedene Interpretationen dieser *samādhi*-Zustände und Meditationstechniken. Eine davon, die Śri Karthikeyan erklärt hat, ist:

	Sāṃkhya-Philosophiesystem			**Vedānta-Philosophie**
	asaṃprajnāta	=	reines Sein, ohne Dualität	nirvikalpa samādhi (Selbstverwirklichung)
saṃprajñāta	sasmitā ⇧	=	kosmisches Ego	īśvara (kosmisches Ich + Wonne)
	sānanda ⇧	=	mit Wonne	
	nirvicāra ⇧	=	jenseits aller Veränderungen, Kosmisches Gemüt als Ganzes	hiraṇyagarbha (das kosmische Gemüt)
	savicāra ⇧	=	Identifikation mit dem kosmischen Gemüt und seinen Veränderungen	
	nirvitarka ⇧	=	Identifikation mit dem physischen Universum als organisches Ganzes, jenseits von Raum und Zeit	virātsvarūpa (das ganze Universum als mein Körper)
	savitarka	=	Identifikation mit dem physischen Universum in Raum und Zeit	

Savitarka ist Meditation über die physischen Elemente in Raum und Zeit, die Identifikation mit dem Universum der Erscheinungen in Raum und Zeit.

Man wird sich zunächst des Körpers bewußt und des Bewußtseins hinter diesem Körper. Dann geht man dazu über, festzustellen, daß dieser physische Körper nicht im abstrakten Nichts lebt, sondern in ständigem Austausch mit seiner Umwelt. Luft strömt in die Lungen, wird ein Teil des Körpers. Wir atmen Kohlendioxid aus, das in unseren Zellen entsteht. Warum sollten wir uns mit dem Kohlendioxid nur so lange identifizieren können, solange es beispielsweise in unserem Fuß ist? Wir können versuchen, die Luft in uns und draußen zu spüren. Man kann tatsächlich nicht nur den physischen Körper wahrnehmen, sondern auch die Luft darum herum. Ebenso kann man das Zwitschern der Vögel und das Rauschen der Bäume oder des Baches nicht nur hören, sondern sein Bewußtsein darauf ausdehnen.

Die westliche Theorie der Wahrnehmung würde sagen, daß von einem Objekt Klangschwingungen ausgehen, die in die Luft gelangen, sich als Welle bis zum Ohr fortpflanzen und dort die Gehörknöchelchen in Bewegung setzen. Dies führt zu verschiedenen Impulsen, die im Gehirn als Klang interpretiert werden.

Die *sāṃkhya*-Theorie sagt, unser Bewußtsein geht zum Objekt hin; dadurch werden wir uns des Objektes bewußt. Auch *Sheldrake* sagt – ohne sich auf die *sāṃkhya*-Philosophie zu beziehen –, daß es bestimmte Phänomene der Wahrnehmung gibt, die wir eigentlich mit unserer normalen westlichen Sichtweise nicht erklären können, sondern damit, daß man sich zu dem Objekt hin ausdehnt. Ich fand es sehr interessant, daß Sheldrake von einer ganz anderen Warte aus zu einer ähnlichen Aussage kommt, nämlich daß es nicht oder nicht allein so ist, daß Klangschwingungen in unser Bewußtsein eindringen, sondern daß unser Bewußtsein mittels der betreffenden Sinneswahrnehmung nach außen geht und wir die Dinge wahrnehmen, weil unser Bewußtsein zu ihnen geht.

Und das können wir ganz gezielt machen: Wir gehen mit dem Bewußtsein zu den Objekten, die wir sinnlich wahrnehmen: vielleicht die Erde, auf der wir sitzen, die Luft, die wir auf der Haut spüren (besonders wenn sie sehr warm oder kalt ist oder wenn es windig ist), und zu den Dingen, die wir hören. Man kann diese Meditation sogar mit offenen Augen in der Natur machen: sich hinsetzen, Dinge anschauen und versuchen, sie zu spüren, ihr Wesen zu erfassen, in sie hineinzugehen.

Schließlich geht *savitarka* so weit, daß wir das ganze Universum spüren. Wir spüren, ich bin das ganze Universum und das Unendliche hinter dem Universum.

Der nächste Schritt, *nirvitarka*, ist schwer zu erklären. *Nirvitarka* ist Identifikation mit dem Universum jenseits von Raum und Zeit, das Erfassen des Prinzips des Körpers beziehungsweise des Universums an sich. Wir identifizieren uns mit dem Bewußtsein hinter der Gesamtheit des Universums.

In *savitarka* versuchen wir zwar auch, das physische Universum als organisches Ganzes wahrzunehmen, aber wir nehmen auch seine Veränderungen wahr. Wir konzentrieren uns darauf, das Universum mit allen seinen Veränderungen als ein organisches Ganzes bewußt zu spüren. Bezogen auf den eigenen Körper könnte man sagen, in *savitarka* nimmt man seinen eigenen Körper mit all seinen Veränderungen wahr, in *nirvitarka* stellt man fest, der Körper ist doch ein Ganzes, jenseits aller Veränderungen.

Diese beiden Bewußtseinszustände, *savitarka* und *nirvitarka*, lassen sich auch in der *vedānta*-Philosophie ausdrücken. Die Identifikation mit dem physischen Universum als Ganzes ist *viratsvarupa*. „Das ganze Universum ist mein Körper“ – das ist die Erfahrung dieser Meditation, darin mündet sie.

Die gleiche Unterscheidung gibt es bei den nächsten beiden Stufen, *savicāra* und *nirvicāra*. *Savicāra*, mit Nachdenken, heißt, wir identifizieren uns mit dem Prinzip des Nachdenkens im Universum, also mit dem kosmischen Gemüt.

Wenn man den Körper wahrnimmt, nimmt man auch Emotionen und Gedanken wahr. Wir können das eigene Gemüt, das kosmische Gemüt oder die Psyche einschließlich Gedanken und Emotionen wahrnehmen und dabei feststellen, daß unsere Emotionen und Gefühle nicht unabhängig von anderen Emotionen und Gefühlen sind. Dann können wir versuchen, andere Wesen und Objekte zu erfühlen, nicht mehr ihren Körper, sondern ihre Gedanken und Emotionen. Dann gehen wir noch einen Schritt weiter und fühlen: „Ich bin das Bewußtsein hinter allen Gedanken und Gefühlen." Hinter dem gesamten Universum gibt es nicht nur einen abstrakten Geist, sondern auch ein Gemüt auf der Gefühls- und *prāṇa*-Ebene. Dieses Gemüt versuchen wir als Ganzes zu fühlen. Das ist dann der *savicāra*-Zustand, die Identifikation mit dem kosmischen Gemüt. Wir dehnen unser Bewußtsein aus und fühlen das gesamte Gemüt hinter der Schöpfung. Wir fühlen die kosmischen Gedanken und Emotionen, die kosmische Energie in allen ihren Veränderungen. Wir können nicht jede einzelne Veränderung spüren, aber wir merken: Da ist Veränderung, da ist Rhythmus.

Nirvicāra bedeutet, daß wir alle Bindungen überschreiten. Wir spüren das kosmische Gemüt an sich als eine allumfassende Wirklichkeit, die irgendwie eine Einheit bildet.

Der Erfahrung von *savicāra* und *nirvicāra* entspricht *hiraṇyagarbha* in der *vedānta*, dem kosmischen Geist („cosmic mind", nicht das, was man englisch mit „spirit" bezeichnen würde; die Unterscheidung im Deutschen ist schwierig, da es für beides nur ein Wort gibt), im Sinne von kosmisches Gemüt.

Die nächste Stufe, *sānanda* (mit Wonne), ist eigentlich die Konsequenz aus dem Vorhergehenden. Wenn es uns gelingt, uns als das Gemüt hinter allem, was geschieht, zu fühlen, ist das mit Wonne und Liebe verbunden. *Ānanda*, Wonne, schließt immer *prema*, Liebe, ein und umgekehrt ist Liebe immer auch Wonne. Manchmal fragt man sich bei der abstrakten *vedānta*-Philosophie, wo die Liebe hinter dem Ganzen bleibt. Die Liebe ist in *ānanda* enthalten. Wenn wir uns auf der körperlichen, geistigen und emotionalen Ebene eins fühlen mit allen Wesen, dann entsteht ganz natürlicherweise eine umfassende Liebe und Wonne, ähnlich, wie auch Jesus gesagt hat: „Liebe deinen Nächsten wie dich selbst." Mein Selbst ist in mir wie auch im Nächsten.

Auf dieser Stufe der Meditation hört man auf, das ganze Wesen, das kosmische Gemüt, zu spüren. Statt dessen nimmt man einfach diese allumfassende Liebe und Wonne wahr.

Das führt zum nächsten Schritt, *sasmitā*, der Identifikation mit dem kosmischen „Ich bin".

Asmitā werden wir noch im Rahmen des zweiten Kapitels als individuelles Ego kennenlernen. Dort gilt es als Teil der *kleśas*, der Ursachen des Leidens.

Aber hier ist *asmitā* nicht als individuelles Ego gemeint, sondern als kosmisches Ego, als das kosmische Gefühl „Ich bin". Dieses kosmische „Ich bin"-Gefühl mündet schließlich in den letzten Teil, in *asaṃprajñāta*.

Die unteren sechs Stufen gelten als *saṃprajñāta* = mit Bewußtsein. *Prajña* heißt Erkenntnis, *samprajña* = mit Erkenntnis. Dabei machen wir konkrete Erkenntnisse.

Asamprajñāta heißt „ohne Erkenntnisse": Wir machen keine Erkenntnisse, sondern sind reines Bewußtsein. Wir sind einfach: die Erfahrung reinen Seins. Dies schließt auch weiter Wonne ein, schließt auch weiter das kosmische Ich ein, das reine Selbst, *puruṣa*, transzendiert sie aber alle. Das ist der *nirodha*-Zustand oder, wie man im *Jñāna Yoga* in der *vedānta*-Philosophie sagen würde, der Zustand von *nirvikalpa samādhi*, die Selbstverwirklichung.

Selbst wenn wir noch keine spirituellen Meister sind, können wir diese Meditationstechnik üben und andeutungsweise ihre Stufen erfühlen, auch wenn sie nicht sofort zu echtem *asamprajñāta samādhi* führt. Es ist uns vielleicht möglich, das Bewußtsein auszudehnen, zu merken: „Ich bin das Bewußtsein hinter dem physischen Universum, ich bin das Bewußtsein hinter dem kosmischen Gemüt." Vielleicht gelingt es uns nicht gleich auf der ganzen kosmischen Ebene, aber doch so, daß wir mindestens unsere Umgebung und deren Emotionen, Gedanken, Gefühle, *prāṇa* (Energie), erfühlen können. Das können wir immer weiter ausdehnen, bis wir *sānanda*, die Liebe und Wonne dahinter spüren. Vielleicht gelingt es uns, *sasmitā*, das Bewußtsein, das „Ich bin"-Gefühl, zu erleben und einen Moment lang im reinen Sein zu verharren.

All diese Schritte sind zunächst nur das Bemühen um Konzentration, *dhāraṇā*. Es kann uns gelingen, auf jeder Ebene voll zu verschmelzen in *dhyāna* (Kontemplation), und schließlich wird es wirklich *samādhi* (überbewußter Zustand).

Es gibt also die vier Stufen von *samprajñāta samādhi: vitarka, vicāra, ānanda, sasmitā*, die später noch weiter unterteilt werden in *savitarka und nirvitarka* sowie *savicāra* und *nirvicāra*.

Statt sie nun auf dieser kosmischen Ebene zu betrachten, kann man diese Stufen auch als konkrete Meditationsthemen auffassen, wie es Swami Vishnu-devananda gerne machte:

- *Vitarka* in diesem Sinne ist Meditation über Gegenstände, die wir aus dem physischen Universum kennen, zum Beispiel eine Kerzenflamme, das Meer, einen Klang, also Elemente in Raum und Zeit.
- *Vicāra* ist Meditation über Elemente außerhalb des physischen Universums, also Urprinzipien, Archetypen o. ä. Dazu gehören beispielsweise *mantras* (Sanskritklang, -formel, -vers) oder *cakras* (Energiezentren) oder Götter. *Śiva* zum Beispiel ist keine Gestalt, die es auf der physischen Ebene gibt, sondern ein kosmisches Prinzip im ganzen Universum.
- *Sānanda* und *sasmitā* sind dann noch subtiler. Meditationsgegenstand auf der sānanda-Ebene ist Liebe, reine Liebe zu Gott, und *sasmitā* bedeutet, ganz in das umfassende Gefühl des „Ich bin" hineinzugehen.

Wir können die Einteilung auch nach *kośas*, den Körperhüllen, vornehmen:

- Die *vitarka*-Meditation dreht sich um die *ānnamaya kośa* (Nahrungshülle) und spielt sich auf der Ebene des Physischen ab.
- In der *vicāra*-Meditation sind es Objekte in der *prāṇamaya kośa* (vitale Hülle, Lebensenergie), *manomaya kośa* (Geisthülle) und *vijñānamaya kośa* (intellektuelle Hülle). Dazu gehören beispielsweise die Eigenschaftsmeditation, die Energiemeditation oder auch Reflexion, Nachdenken.

- In *sānanda* und *sasmitą* befindet sich die Meditation auf der *ānandamaya kośa*-Ebene (Wonnehülle) und ist sehr abstrakt. Dann sind wir in diesem transzendentalen Gefühl von Wonne und reinem Sein. Trotzdem verbleibt dort immer noch ein Rest von „Ich bin“: Ich fühle Wonne, ich fühle Liebe“. Das heißt, es besteht noch Dualität, Getrenntheit, Zweiheit. Deshalb gehört es noch zu *saṃprajñāta*. *Asaṃprajñāta samādhi* tritt ein, wenn alle geistigen Aktivitäten aufhören. Es gibt kein Gefühl mehr von „Ich“, „Du“ oder „Ich erfahre“. Es bleibt nur reines Sein. Dies beschreibt Patañjali im 18. Vers.

I.18 Virāmapratyayābhyāsapūrvaḥ saṃskāraśeṣo'nyaḥ

virāma = aufhören, fallen lassen; ***pratyaya*** = Geistesinhalt; ***abhyāsa*** = Übung; ***pūrva*** = Vorherige, Unmanifestierte; ***saṃskāra*** = Eindrücke; ***śeṣa*** = übrig geblieben; ***anya*** = das andere (die andere Form von samādhi)

Asaṃprajñāta samādhi entsteht, wenn durch Übung alle geistigen Inhalte zur Ruhe gebracht wurden und nur unmanifestierte Eindrücke verbleiben.

Asaṃprajñāta samādhi ist die Selbstverwirklichung. Es gibt keinen Gedanken mehr.

Wenn wir das wieder auf die sieben *bhūmikās* (Stufen zur Vollkommenheit) beziehen, dann ist der Verwirklichte *asaṃśakti* („durch nichts berührt“), ein *jīvanmukta* (ein lebendig Befreiter). In *asaṃśakti* erreicht der Mensch *asaṃprajñāta samādhi*. Am Ende des Lebens, im *padarthabhāvani*-Zustand („sieht Brahman überall“) handelt er fast nicht mehr und in *turīya* (endgültige Befreiung) hört er ganz damit auf.

I.19 Bhavapratyayo videhaprakṛtilayānām

bhava = Ursprung, Geburt; ***pratyaya*** = Ursache, Sicherheit, Geistesinhalt; ***videha*** = körperlos; ***prakṛti*** = Natur; ***laya*** = Auflösung, Verschmelzung; ***prakṛti layana*** = verschmolzen mit ***prakṛti***

Asaṃprajñāta samādhi kommt von Geburt an zu denen, die früher Körperlosigkeit oder Verschmelzung mit prakṛti erlangt haben.

Es gibt Menschen, die praktisch mit einem solchen Bewußtsein geboren werden und relativ schnell in diesem Leben ohne größere Anstrengung die Verwirklichung erreichen. Und zwar deshalb, weil sie in einem früheren Leben eine hohe Stufe der Verwirklichung erreicht haben.

Wenn sich ein Mensch auf der vierten Stufe des Wissens befindet, auf *sattvāpatti* (Reinheit des Geistes), ist er in *saṃprajñāta samādhi* (Selbstverwirklichung mit Bewußtsein). Von dort gelangt er weiter zu *asaṃśakti* („durch nichts berührt") und erreicht als *jīvanmukta* (lebendig Befreiter) die Selbstverwirklichung. Oder es besteht die Möglichkeit, nach dem Tod in *videhamukti* einzugehen, in den befreiten, körperlosen Zustand. Dann erfährt man die letzten Stufen des Bewußtseins nach dem Tode.

Nun gibt es auch noch eine andere Möglichkeit. Wenn man die Stufe von *sasmitā samādhi* erreicht hat, wo man sich als das Ich hinter dem ganzen Universum identifiziert, kann man sich mit der gesamten *prakṛti* (Schöpfung) identifizieren, anstatt direkt weiter zu *puruṣa*, zum eigentlichen göttlichen Selbst, zu gehen. Man fühlt sich als das Bewußtsein hinter dem ganzen Universum und gleichzeitig als das ganze Universum an sich. Dann erreicht man die Selbstverwirklichung in dem Moment, wo das ganze Universum aufhört zu bestehen, am Ende des Schöpfungszyklus. Bis dahin fühlt man sich eins mit dem Universum und hört erst dann auf zu existieren, wenn das Universum aufhört zu bestehen. Es kann aber auch sein, daß man sich eine Weile mit dem ganzen Universum identifiziert, dann aber erkennt, daß man doch lieber die Verwirklichung erreichen will. In diesem Fall nimmt man nochmals einen Körper an, weil das schneller geht als zu warten, bis das Universum aufhört.

Wenn ein Meister schon sehr weit gekommen ist, kann es sein, daß er die Verwirklichung schrittweise nach dem Tod erreicht, was allerdings sehr lange dauert. Eine andere Möglichkeit ist, daß er diese höheren Stufen von Körperlosigkeit, *videha* oder *prakṛti layana*, die Verschmelzung mit *prakṛti*, erreicht hat und sich entscheidet, nochmals auf diese Welt zurückzukehren. Dann erreicht er die Befreiung relativ schnell.

Der Weise *Ramaṇa Maharishi* zum Beispiel kam sehr schnell zu *asaṃprajñāta samādhi*. Er war um die sechzehn, als er plötzlich das Gefühl hatte zu sterben. Seine Beine, Arme und Hände wurden gefühllos, sein Atem hörte auf, das Herz stand still. Und trotzdem merkte er, daß er immer noch lebte. Zwar war sein Körper tot, er spürte ihn nicht mehr, aber es waren immer noch Gedanken da. Er dachte: „Wenn ich schon sterbe, dann sterbe ich auch richtig und höre auf zu denken." Er brachte die Gedanken zum Stillstand und hatte sofort die Erfahrung von *samādhi*. Nach diesem Erlebnis kam er doch wieder ins Leben zurück. Anschließend lief er von zu Hause weg und begab sich in eine Höhle. In der Höhle haben die Ratten ihn angefressen, bis er von jemandem gefunden wurde, der ihn pflegte. Er war sich all dessen nicht bewußt. Schließlich entstand um ihn herum ein Ashram. Manchmal sprach er ein paar Worte, aber nur sehr wenige. Die meisten Schüler, die zu ihm kamen und Fragen hatten, setzten sich einfach zu ihm, und ihre Fragen erledigten sich von selbst. *Ramaṇa Maharishi* hat kein systematisches gründliches *sādhana* (spirituelle Praxis) gemacht, um seine Natur zu transformieren; es kam bei ihm ganz spontan und natürlich.

So auch bei *Anandamayi Ma*, von der es heißt, sie sei schon als Selbstverwirklichte auf die Welt gekommen.

I.20 Śraddhāvīryasmṛtisaṃādhiprajñāpūrvaka itareṣām.

śraddhā = Glaube; ***vīrya*** = fester Wille oder Energie; ***smṛti*** = Erinnerung; ***samādhi-prajñā*** = klares Bewußtsein, Wissen wesentlich für *samādhi;* ***pūrvaka*** = dem vorangeht; ***itareṣā*** = für andere

Für andere kommt asaṃprajñāta samādhi durch Glauben, Energie, Erinnerung und klares Bewußtsein.

Um zu *asaṃprajñāta samādhi* zu kommen, sind vier Dinge nötig.

Das erste ist **Glaube**. Wir müssen Vertrauen haben. Zwar brauchen wir zu Anfang des Weges eine gesunde Skepsis, aber immerzu an allem zu zweifeln, führt uns auch nicht weiter. Wir müssen prüfen: Macht das Ganze Sinn? Beruht es auf alten Schriften? Dann müssen wir uns bis zu einem gewissen Grad darauf einlassen, glauben oder auch um Glauben bitten. Anschließend machen wir dann eigene Erfahrungen.

Als zweites müssen wir natürlich **Energie** hineinstecken. Von nichts kommt nichts, wie es so schön heißt. Alles, was wir an Energie in unsere spirituelle Praxis investieren, bekommen wir vielfach zurück. Es ist also ein „Engelskreis" – im Unterschied zum „Teufelskreis". Wir strengen uns beispielsweise an, unser Leben *sattvig* (rein) zu gestalten. Dabei stoßen wir auf Widerstände unterschiedlicher Art: innere Widerstände, eigenes *tamas* (Trägheit), das eigene Unterbewußtsein und äußere Widerstände. Man hat wenig Zeit, andere Menschen erwarten etwas anderes. Aber wir tun es trotzdem. Und weil wir es machen, bekommen wir mehr Energie. Und weil wir mehr Energie haben, können wir noch mehr Energie hineinstecken u.s.w.

Und wir müssen uns immer wieder daran **erinnern**, wozu wir das alles machen. Es geht so schnell zu vergessen, was eigentlich unser Ziel im Leben ist. Man vergißt es im Laufe des Tages, wenn man seine Arbeiten erledigt, wenn man sich mit Menschen auseinandersetzt, wenn man schläft. Wir müssen uns immer wieder daran erinnern, unser *sādhana* (spirituelle Praxis) regelmäßig zu machen, und auch daran, wozu wir das Ganze tun. Wir müssen uns daran erinnern, das *mantra* auch zwischendurch zu wiederholen. Wir müssen uns erinnern, uns an Gott zu erinnern.

Und natürlich brauchen wir klares **Bewußtsein**. Wir müssen bewußt durch die Welt gehen, die Gegenwart bewußt erfahren. Wenn wir bewußt leben, bewußt *āsanas* und *prāṇāyāma* machen, bewußt mit Menschen sprechen, bewußt die Lektionen des täglichen Lebens lernen, können wir sehr schnelle Fortschritte machen.

Man kann diesen Vers auch auf die vier Hauptaspekte des Yoga beziehen:

- Glauben ist *Bhakti Yoga*.
- Energie ist *Karma Yoga*, denn wir müssen ins tägliche Leben Energie hineinstecken.
- Erinnerung gehört zum *Rāja Yoga*, denn im Rāja Yoga sind diese Techniken erläutert, an die wir uns immer wieder erinnern müssen.

- Klares Bewußtsein brauchen wir im *Jñāna Yoga*, wo wir versuchen, bewußt durchs Leben zu gehen, unsere *viveka*, die Unterscheidungskraft, und die Intuition zu schulen.

I.21 Tīvrasaṃvegānāmāsannaḥ

Tīvra = stark; ***saṃvegāna*** = Intensität; ***āsannaḥ*** = nahe

Den intensiv Strebenden ist samādhi nahe.

I.22 Mṛdumadhyādhimātratvāttato'pi viśeṣaḥ

Mṛdu = mild, sanft; ***madhya*** = mittelmäßig; ***adhimātratvāt*** = intensiv, mächtig; ***tataḥ*** = von ihm, nach dem; ***api*** = auch, sogar; ***viśeṣa*** = Abstufung, Unterscheidung

Das Streben kann mäßig, mittelmäßig oder intensiv sein.

Wir sollten zwar allen Wünschen entsagen, aber es gibt einen, den wir verstärken sollten, und das ist der Wunsch nach Befreiung. Viele Menschen wollen die Befreiung, aber gleichzeitig auch noch so viele andere Dinge. Du kannst einmal grundsätzlich überlegen: Was will ich im Leben noch erreichen, und worauf wäre ich bereit zu verzichten – wirklich zu verzichten? Der Grad der Priorität des Wunsches nach Befreiung bestimmt, wie schnell es mit der Verwirklichung geht. Nur wenn der Wunsch nach Befreiung mindestens 50 % deines Strebens ausmacht, wird die Befreiung schnell kommen. Ist der Wunsch nach Befreiung niedriger als 50 %, ist er weniger wichtig als all die anderen Sachen. Ist er hingegen wichtiger als alle anderen Dinge, dann ist der Weg zur Befreiung da. Denn wenn er mehr als 50 % deines gesamten Strebens ausmacht, dann bestimmt dieser Wunsch alle deine Entscheidungen, dein tägliches Leben, dein ständiges Denken und Fühlen.

Den Wunsch nach Befreiung kann und sollte man auch kultivieren. Fünf Wege dahin möchte ich erwähnen:

(1) Eine Möglichkeit dafür ist **satsaṅg**, das Zusammensein mit anderen auf dem Weg, wenn möglich sogar mit selbstverwirklichten Meistern. In der Gegenwart von selbstverwirklichten Meistern entsteht der Wunsch: So möchte ich auch sein. Es gibt auch den sogenannten indirekten *satsaṅg*. Das heißt, Bücher von oder über selbstverwirklichte Meister/innen zu lesen oder Videos über diese Meister/innen anzuschauen. Das inspiriert und erhebt. Wenn man nicht physisch mit einem Meister zusammen sein kann, dann kann man es über Bücher, Videos oder Kassetten tun. *Satsaṅg* ist sehr wichtig, eine Quelle der Inspiration. Regelmäßig mit anderen spirituellen Suchern zusammen zu praktizieren, vielleicht auch in einen Ashram zu gehen und dort zu üben, hilft, den Wunsch nach Befreiung zu erhöhen.

(2) Eine zweite Weise, den Wunsch nach Befreiung zu verstärken, ist *vicāra*, Unterscheidung zu üben, das Leben zu studieren. „Look into the defects of material life" („Studiere die Unzulänglichkeiten des äußerlichen Lebens"), wie Swami Sivananda sagt. Das ist zwar ein unpopulärer Aspekt des Yoga. Lieber ist uns die Betrachtungsweise, daß Yoga das Leben befriedigend macht, unserem Leben Erfüllung gibt. *Viveka* (Unterscheidungskraft) üben heißt letztlich, zu erkennen, daß das Leben mit dem Tod endet. Was ist wirklich sinnvoll vor dem Hintergrund, daß die äußere Welt mit dem Tod aufhört? Alles, was wir auf der physischen Ebene aufbauen, werden wir irgendwann verlieren. Die *Manu Smṛti* – eine alte Schrift von einem Meister namens *Manu* – sagt:

Es gibt drei Arten von Dingen auf dieser Welt:

Erstens die materiellen Dinge, ohne die der Mensch kommt, die er im Leben anhäuft und ohne die er wieder geht. Wir kommen nackt und wir gehen nackt. Wir nehmen nichts mit. Noch nicht einmal einen Pfennig oder Aktien und auch kein Gold. Nichts an materiellen Werten ist sicher. Aber es ist ganz sicher, daß wir auf der materiellen Ebene alles verlieren werden. Vieles verliert man sogar noch im Leben. Viele Menschen, die Geschäfte aufgebaut haben, sind gescheitert. Häuser, die Menschen sich gebaut haben, sind eingestürzt. In Kriegsgebieten oder bei Naturkatastrophen verlieren die Menschen alles. Wer sagt, daß uns das nicht auch so gehen kann? Wir denken immer, uns passiert das nicht. Es kann aber schnell passieren, und sei es nur durch eine Wirtschaftskrise. In der Volkswirtschaftslehre ist es sehr wohl bekannt, daß unsere Wirtschaft innerhalb von zwei Jahren zusammenbrechen kann, wenn ungünstige Umstände zusammenkommen. Deshalb sollten wir uns überlegen, ob es sich wirklich lohnt, auf dieser Ebene so viel Energie, Zeit, Gedanken und Gefühle zu investieren.

Dann gibt es etwas, mit dem kommen wir, das verändert sich im Laufe des Lebens und wenn wir gehen, nehmen wir es anders mit. Das ist unser Charakter und unser *karma*. Wir kommen mit einem bestimmten Charakter und unserem *karma* auf die Welt. Schon Babys haben ihre eigene Persönlichkeit. Bei derselben Mutter und demselben Vater, in gleichen Lebensumständen, sind Kleinkinder deutlich unterschiedlich. Und hoffentlich entwickeln wir im Lauf des Lebens unseren Charakter auf positive Weise. Wenn wir schon die Selbstverwirklichung nicht erreichen, sind wir mindestens am Ende unseres Lebens eine positivere, liebevollere, willensstärkere Persönlichkeit. Und hoffentlich haben wir viel Gutes getan, wenn es uns schon nicht gelungen ist, das ganze Leben nur *niṣkamya karma yoga* auszuführen, also vollkommen wunsch- und verhaftungslos zu handeln. Wir haben hoffentlich wenigstens etwas getan, um positives *karma* zu erzeugen. Das Ziel des Yogis ist es natürlich, gar kein *karma* zu erzeugen, auch kein positives. Aber wenn wir schon *karma* erzeugen, weil es uns nicht gelingt, unser Ego ganz zurückzunehmen, dann wollen wir wenigstens gutes *karma* erzeugen. Swami Vishnu hat manchmal im Scherz gesagt: „Die beste Investition sind Spenden und gute Werke, denn das bekommt man ganz sicher wieder zurück, sogar mit Zinsen. Was wir in den Aktienmarkt investieren, verlieren wir ganz sicher, todsicher, nämlich spätestens mit dem Tod."

Und das dritte ist: Wir kommen mit etwas, das sich nicht verändert, und wir gehen auch damit. Das ist unser Selbst. Das Selbst, mit dem wir kommen und gehen, ist ewig, ohne Anfang und Ende, unberührt und unveränderlich.

Das sollten wir uns öfter vor Augen führen, vor allem dann, wenn wir wieder im Begriff sind zu glauben, daß wir irgend etwas unbedingt brauchen. Wir sollten uns fragen: „Macht mich das wirklich glücklich?“ Und schrittweise werden wir erkennen: „So glücklich macht es mich gar nicht.“ Vielleicht tun wir es trotzdem, weil unser Unterbewußtsein nicht ausreichend davon überzeugt ist. Manche Wünsche muß man sich einfach erfüllen. Aber nachher, wenn man es erreicht hat und feststellt, daß es einen wirklich nicht glücklich gemacht hat, kann man seinem Geist sagen: „Siehst du, ich hab's dir ja gesagt.“ Vor allen Dingen verlieren wir so die Besessenheit, mit der Menschen ihren Wünschen folgen. Viele denken, sie brauchen unbedingt dies oder jenes, um glücklich zu sein. Aber in Wirklichkeit braucht man keine konkreten äußeren Objekte. Natürlich ist es wichtig, ein Dach über dem Kopf und etwas zu essen zu haben, zu wissen, man ist auch am nächsten Tag noch seines Lebens relativ sicher. Aber über diese existentiellen Grundbedürfnisse hinaus ist alles andere nicht so wichtig.

Durch solche Reflexion gewinnt man eine große innere Sicherheit. Und als nächstes führt sie einen zu der Überlegung: „Wonach lohnt es sich wirklich zu streben? Was macht mich wirklich glücklich?“ – Und das ist nur der Wunsch nach Befreiung, nach Selbstverwirklichung, Gottesverwirklichung, Erfahrung der Liebe Gottes, wie auch immer wir es ausdrücken wollen. Das ist es, was glücklich macht. Indem wir also *viveka*, Unterscheidungskraft, entwickeln und gleichzeitig auch *vairāgya*, Wunschlosigkeit, können wir den Wunsch nach Befreiung kultivieren.

(3) Wir können den Wunsch nach Befreiung durch **Gebet** erhöhen: „Oh Gott, ich habe so viele Wünsche. Bitte erhöhe in mir den Wunsch nach Befreiung.“

(4) Als vierter Weg gilt ***Karma Yoga***. Es heißt, wenn wir gutes *karma*, gute Handlungen, ausführen, ohne etwas zu erwarten, dann ist das Resultat ein gesteigerter Wunsch nach Befreiung. Wenn wir jemandem etwas Gutes tun mit der Vorstellung, dafür belohnt zu werden, erhalten wir tatsächlich irgendwann irgendeine Art von Belohnung. Wenn wir dagegen jemandem helfen, weil es einfach nötig war, weil es die Situation erforderte und wir gerade da waren, also im Sinn einer wirklichen Karma-Yoga-Handlung, dann manifestiert sich das in einem gesteigerten Wunsch nach Befreiung.

(5) Dasselbe gilt für ***Bhakti-Yoga-Übungen***. Wenn wir *pūjas* (Verehrungsrituale) ausführen, *mantras* singen, innere Hingabe und Demut üben, zieht das die Gnade Gottes an, die sich dann als gestärkter Wunsch nach Befreiung äußert.

I.23 Īśvarapraṇidhānādvā

Īśvara = Gott; ***pranidhāna*** = Hingabe; ***vā*** = oder, auch

(Schneller Erfolg kommt) auch durch Hingabe an Gott.

Hier erscheint erstmals das Konzept von *īśvara*, Gott. Patañjali erläutert nicht weiter, wer oder was Gott ist. Denn das Rāja-Yoga-System beruht auf der *sāṃkhya*-Philosophie, einem der sechs klassischen Philosophiesysteme. *Sāṃkhya* ist eigentlich ein atheistisches System, in dem zwar nicht gesagt wird, daß es keinen Gott gibt, sondern das Thema wird einfach nicht erwähnt.

Patañjali als Praktiker hat nun aber beobachtet, daß Menschen, die einen starken Glauben an Gott haben, Gott verehren und Gott hingegeben sind, die Selbstverwirklichung sehr schnell erreichen. Hingabe an Gott ist eine der schnellsten Möglichkeiten zur Selbstverwirklichung. Und er hat auch festgestellt, daß längst nicht alle Menschen, die Gott verehren, zur Befreiung kommen, sondern daß es einer bestimmten Einstellung dazu bedarf. Es gab immer schon auch in Indien Menschen, deren Glauben eher fanatisch oder nur rein äußerlich war. Allerdings wurden Religionszwistigkeiten in der Regel über Diskussionen ausgetragen. Bis zum Einfall der Moslems waren Religionskriege in Indien relativ unbekannt. Aber fanatischer oder nicht-verinnerlichter Glaube führt eben nicht zur Befreiung.

Deshalb hat Patañjali beobachtet und definiert, wie die Gottesverehrung beschaffen sein muß, bei der man die Befreiung erreicht:

I.24 Kleśakarmavipākāśayairaparāmṛṣṭaḥ puruṣaviśeṣa īśvaraḥ

> ***kleśa*** = Leid, Ursache des Leides; ***karma*** = Handlung; ***vipāka*** Wirkung der Handlung; ***āśayaiḥ*** = Samenkeime, in denen Wünsche schlummern; ***aparāmṛṣṭaḥ*** = unberührt; ***puruṣa*** = Seele, Zentrum göttlichen Bewußtseins; ***viśeṣa*** = besonders; ***īśvara*** = Gottheit
>
> **Īśvara ist ein besonderes Bewußtseinszentrum frei von Leid, Karma und Wünschen.**

Hingabe an Gott führt da zur Befreiung, wo wir uns Gott vorstellen als

- unberührt von Leiden. Gott leidet nicht, auch wenn er in seinen Verkörperungen zu leiden scheint
- nicht dem *karma* unterworfen
- wunschlos.

Die Vorstellung, daß Gott leidet oder es uns übelnimmt, wenn wir ihn nicht verehren, führt uns nicht zur Befreiung. Gott braucht keine Verehrung und auch keine Opfergaben. Gott hat nicht den Wunsch, daß alle Menschen Christen oder Moslems oder Hindus werden. Gott erwartet auch nicht von uns, daß wir dieses oder jenes tun, und wenn wir es nicht tun, ist er uns böse. Natürlich gibt es das Gesetz des *karmas*. Aber es ist nicht so, daß Gott Wünsche oder Vorlieben hätte. Gott ist frei von Leiden, frei von *karma* und frei von Wünschen. Gott bevorzugt weder Hindus noch Moslems noch Christen. Gott in seinem höchsten Aspekt hat auch nicht den Wunsch, daß mehr Menschen Yoga praktizieren.

Gottesverehrung hilft dem Menschen zur Befreiung, aber nicht Gott. Es heißt zwar, daß Gott uns sucht und, wenn wir einen Schritt zu ihm hin machen, hundert Schritte auf uns zugeht. Aber das ist nicht ein Wunsch, den er hat, sondern es liegt in der Natur Gottes, in seiner allumfassenden, bedingungslosen Liebe.

Patañjali verliert also nicht viele Worte darüber, was *īśvara* ist. Ob er weiblich oder männlich, persönlich oder unpersönlich, Schöpfer der Welt ist oder nicht, bleibt dahingestellt. Wir können ihn uns auf verschiedene Weisen vorstellen.

Patañjali gibt noch drei weitere Aphorismen über *īśvara*:

I.25 Tatra niratiśayaṃ sarvajñabījam

tatra = in Ihm; ***niratiśayaṃ*** = das Höchste, Unübertroffene; ***sarvajña*** = der Allwissende; ***bīja*** = der Same, das Prinzip

In Ihm ist der Same der Höchsten Allwissenheit.

Wir können alles Wissen erfahren, wenn wir uns auf *īśvara* beziehen. Wir können entweder zum höchsten Wissen kommen, indem wir meditieren und in uns selbst hineingehen, denn in uns selbst ist alles Wissen. Oder wir können zu Gott beten. Wenn wir zu Gott beten, wird er uns führen und uns alles Wissen bringen.

I.26 Sa pūrveṣāmāpi guruḥ kālenānavacchedāt

sa = Er; ***pūrveṣām*** = von den Alten, von den Vorherigen; ***api*** = auch, sogar; ***guru*** = Lehrer; ***kāla*** = Zeit; ***anavacchedāt*** = nicht begrenzt

Er ist der ursprüngliche Lehrer, unbegrenzt durch Zeit.

Īśvara selbst ist der ursprüngliche *guru* (Lehrer). Die *guru paraṃparā* (Schüler-Lehrer-Tradition) in der Schule Sivanandas beginnt bei *Narāyaṇa. Narāyaṇa* ist *Vishnu*, also eine Manifestation von *īśvara*. Die *Haṭha Yoga Guru Paraṃparā* fängt bei *Shiva* an. Alle *guru paraṃparās* in Indien fangen letztlich mit Gott an, indem ursprünglich ein Lehrer die Weisheit direkt von Gott empfangen hat. So ist Gott der Lehrer aller Lehrer.

Unabhängig davon können wir direkten Zugang zu Gott und göttliche Führung erhalten, indem wir zu Gott beten.

Wenn wir vor wichtigen Entscheidungen stehen, die logisch nicht zu treffen sind, haben wir drei Möglichkeiten:

Wir können uns zum einen an unser Unterbewußtsein richten. Das Unterbewußtsein verfügt über bestimmte Erfahrungen und ein gewisses Wissen.

Noch besser wäre es, sich an das höhere Selbst zu wenden, aber oft ist beides schwierig, wenn wir etwas verzweifelt sind.

Den meisten fällt es dann leichter, sich an *īśvara*, an Gott, zu erinnern oder auch an den *guru*. Und wenn wir tief genug von Herzen beten, bekommen wir unweigerlich, in jeder Situation, überall, Führung – sei es in Form einer inneren Gewißheit oder sogar als Vision Gottes.

I.27 Tasya vācakaḥ praṇavaḥ

tasya = sein (d. h. *Iśvaras*); ***vācaka*** = das Bezeichnende, das Offenbarende; ***praṇava*** = das mantra Oṃ

Das Ihn offenbarende Wort ist Oṃ.

Eine weitere Weise, zu Gott zu kommen, ist die Mantrawiederholung. Patañjali nennt hier besonders *oṃ* als grundlegendes Mantra.

I.28 Tajjapastadarthabhāvanam

Tat-japa = seine ständige Wiederholung; ***tat*** = seine; ***artha*** = Bedeutung; ***bhāvanam*** = mit Gefühl, Hingabe, Versenkung

Ständige Wiederholung von Oṃ mit Gefühl und Bewußtsein seiner Bedeutung (führt zu īśvara bzw. samādhi).

Wenn wir Oṃ wiederholen, über Oṃ meditieren, führt uns das zu Gott und zu *samādhi*.

Das ist die dritte Meditationstechnik, die Patañjali anbietet. Die erste war die siebenstufige abstrakte saṃprajñāta-Meditation, die für sehr fortgeschrittene Schüler hilfreich ist und auch für weniger fortgeschrittene ab und zu. Als ausschließliche Meditationstechnik ist sie aber für die Mehrheit nicht geeignet, weil sie zu abstrakt ist.

Eine zweite Möglichkeit ist, einfach Gott zu verehren, abstrakt an Gott zu denken, über ihn zu meditieren, zu ihm zu beten.

Und die dritte, die er hier erwähnt, ist über Oṃ zu meditieren, und zwar mit Gefühl und Gewahrwerden der Bedeutung. Das gilt natürlich nicht nur für Om, sondern für die Meditation über jedes *mantra*.

Jetzt sagt er noch etwas Interessantes:

I.29 Tataḥ pratyakcetanādhigamo 'pyantarāyā-bhāvaśca

tatah = von ihr (dieser Übung); ***pratyak*** = Innenschau; ***cetanā*** = erleuchtet, ausgezeichnet; ***adhigamo*** = erhalten erreichen; ***api*** = auch; ***antarāya*** = Hindernisse; ***abhāva*** = Abwesenheit, Verschwinden; ***ca*** = und

Die Wiederholung von Oṃ verhilft zu erleuchteter Innenschau und zum Verschwinden aller Hindernisse.

Wenn man normalerweise über etwas nachdenkt, versinkt man meist schnell im Sumpf seiner Gedanken. Ist das Allgemeinbefinden beim Nachdenken gerade gut, dann ist es schön. Wenn es einem aber nicht so gut geht und man dann nachdenkt, kreisen die Gedanken beständig, und man sackt immer mehr in den Sumpf hinein. Wenn man dann ein *mantra* wiederholt, wird der Geist klarer. Wenn man mit diesem durch Meditation erhobenen Geist nachdenkt, kann die Antwort leichter kommen. Das bedeutet erleuchtete Innenschau.

Und Patañjali verspricht uns auch noch die Beseitigung aller Hindernisse. Wir brauchen nur Oṃ zu wiederholen, und alle Hindernisse sind beseitigt. Das klingt gut – ob es wohl ausreicht …?

Nach der indischen Unabhängigkeit kam einmal ein Politiker zu Swami Sivananda in den Ashram und zeichnete ihm ein vollständiges Bild aller Schwierigkeiten, vor denen Indien damals stand: Die Flüchtlinge, die aus Pakistan nach Indien geflohen waren. Die Moslems, die Angst hatten, daß die Hindus sich jetzt an ihnen rächen würden. Da waren die Konflikte zwischen den verschiedenen Bundesstaaten innerhalb Indiens. Die hohen Schulden und der Aufbau der Verwaltung. Die Engländer hatten Indien mehr oder weniger überstürzt verlassen, alle hohen Posten in der Verwaltung waren von Engländern besetzt gewesen, und niemand war darauf vorbereitet. Die ganze Verwaltung drohte zusammenzubrechen. Wie kann die Wirtschaft wieder auf die Beine kommen? Wie kommt man der Korruption bei? Die Gefahr eines Krieges mit Pakistan drohte u.s.w. Insgesamt ein riesiger Berg von Schwierigkeiten, vor dem das Land stand. Swami Sivananda hörte sich das alles aufmerksam und geduldig an, und als der Politiker ihn fragte, was die Lösung für all diese Probleme sein könnte, sagte Swami Sivananda im Brustton der Überzeugung: „Repeat the name of God. That is the only solution“ – „Wiederholen Sie den Namen Gottes, das ist die einzige Lösung.“ Der andere war erst mal wie vor den Kopf geschlagen. Er hatte erwartet, Swami Sivananda würde ihm großartige Ratschläge zu den einzelnen Problemen geben. Aber er sagte tatsächlich nur: „Wiederholen Sie den Namen Gottes ….“

Wenn die Probleme so groß sind, daß wir sie nicht lösen können, dann kann sie nur Gott lösen. Indem wir den Namen Gottes wiederholen, bekommen wir Zugang zu ihm. Dann kommt die Gnade Gottes, so daß wir fähig werden, das auszuführen, was nötig ist und was innerhalb unserer Möglichkeiten liegt. Außerdem befreit es uns von dem Gefühl, daß wir die Verantwortung für alles haben, daß wir alles ändern und tun müssen. Wir haben ohne Zweifel Aufgaben, und wir versuchen, sie so gut wie möglich zu erfüllen. Aber es ist Gottes Aufgabe, sich um diese Welt zu kümmern. Wir sind das Instrument dafür, und wir müssen offen sein, damit Gottes Gnade durch uns fließen kann, so daß wir auch in unübersichtlichen Situationen richtig handeln.

Auch auf vielen anderen Ebenen gibt es Hindernisse, die wir durch Mantrawiederholung überwinden können. Es ist immer wieder erstaunlich, wenn man das über eine gewisse Zeit ausprobiert: Konzentriert man sich auf das *mantra* und wiederholt es in schwierigen Situation etwas länger, dann verschwinden die Hindernisse. Es ist wirklich verblüffend, aber es ist tatsächlich so.

Und obwohl ich jetzt schon 20 Jahre lang *mantras* wiederhole, weiß ich bis heute nicht, wie sie eigentlich wirken, sondern nur, daß sie wirken. Ich halte zwar Vorträge über die Wirksamkeit von *mantras*, aber ihre Wirkungsweise an sich ist ein Mysterium.

Das sagt auch Śri Karthikeyan immer wieder, wenn er in unserem Seminarhaus ist: „Je länger ich lebe, desto mehr erkenne ich, die ganze Welt ist ein Mysterium. Das Leben ist ein Mysterium. Der Geist ist ein Mysterium. Gott ist ein Mysterium. Mantras sind ein Mysterium. Niemand weiß, wie alles funktioniert." Daß es wirkt, wissen wir; wie genau, darüber haben wir zwar verschiedene Theorien, zum Beispiel Klangschwingungen, Resonanz, cakras, prāṇa u.s.w., aber die Wirkung ist tiefer, als man logisch erfassen kann.

Und jetzt zählt uns Patañjali die Hindernisse auf, die es auf dem Weg gibt:

I.30 Vyādhistyānasaṃśayapramādālasyāvirati-bhṛāntidarśanālabdhabhūmikatvānavasthitatvāni cittavikṣepāste 'ntarāyāḥ

vyādhi = Krankheit; ***styāna*** = Stumpfsinn, geistige Trägheit, Steifheit, Rigidität; ***saṃśaya*** = Zweifel, Zögern; ***pramāda*** = Achtlosigkeit, Nachlässigkeit, Gleichgültigkeit; ***ālasya*** = Faulheit; ***avirati*** = Haften an Dingen, Gier, Verlangen nach Vergnügen; ***bhṛānti*** = Irrtum; ***darśana*** = Ansicht; ***alabdha-bhūmikatva*** = Nichterreichen einer Stufe, Unfähigkeit, einen Halt zu finden, Unfähigkeit zur Konzentration; ***anavasthitatvāni*** = Unstetigkeit, Unbeständigkeit; ***citta*** = Verstand; ***vikṣepa*** = Zerstreuung; ***te*** = sie; ***antarāya*** = Hindernis

Die Hindernisse für die Verwirklichung sind Krankheit, geistige Trägheit, Zweifel, Gleichgültigkeit, Faulheit, Verlangen nach Vergnügen, Täuschung, die Unfähigkeit zur Konzentration und Ruhelosigkeit des Geistes durch Ablenkungen.

Hier erwähnt Patañjali ein paar ganz typische Hindernisse, mit denen man sich auseinandersetzen muß. Wenn Menschen mir von ihrem Problem erzählen, reicht es oft aus, wenn ich ihnen sage, daß es den meisten Menschen so geht. Wenn sie wissen, das ist normal, andere haben das auch, können sie beruhigter damit umgehen.

Krankheit ist ein Hindernis aus verschiedenen Gründen. Zum einen natürlich, weil Krankheit uns schwächt. Wenn wir müde oder erkältet sind oder ein Bein gebrochen haben, ist es etwas schwer, sich zur Meditation hinzusetzen. Zum zweiten führt Krankheit aber auch oft zu Zweifeln am Yogaweg. Es gibt diese eigenartige Vorstellung, daß man nicht mehr krank wird, wenn man Yoga übt. Das wird bestärkt durch die teilweise etwas übertriebene Darstellung von Wirkungen der Yogaübungen in Yogabüchern – auch in denen von Swami Sivananda und Swami

Vishnu-devananda. Im Kapitel über Gesundheit im Buch „Göttliche Erkenntnis" von Swami Sivananda heißt es: „Gesundheit ist das Geburtsrecht des Menschen, und gesund sind wir dann, wenn wir die Gesetze der Natur beachten." Das ist der typisch indische Stil der Übertreibung. Es stimmt, daß wir weniger krank werden, wenn wir Yoga üben. In Amerika wurde eine Studie durchgeführt, die belegt, daß Menschen, die regelmäßig Yoga üben, nur ein Viertel der Krankheitskosten im Vergleich zum Durchschnitt verursachen. Das ist viel. Man könnte also die Gesundheitsvorsorgekosten auf ein Viertel reduzieren, wenn alle Yoga üben würden. Nur – Menschen, die Yoga üben, werden im Schnitt auch mindestens zehn Jahre älter als andere, so daß die Renten länger beansprucht werden. Folglich müßten die Krankenkassenbeiträge gesenkt und die Rentensätze erhöht werden. Es kann als gesichert gelten, daß Üben von Yoga in all seinen Aspekten – richtige Ernährung, Körperübungen, Entspannungstechniken, Atmung, positives Denken, gesunde Lebenseinstellung, Gottvertrauen, Sinn im Leben, gesunde Einstellung zum Schicksal und zum Streß – den Menschen erheblich gesünder macht und ein längeres Leben schenkt. Aber auch Yoga-Übende können Krankheiten bekommen.

Manche Krankheiten haben den Sinn, uns bestimmte Erfahrungen machen zu lassen, an denen wir wachsen. Diese Krankheiten suchen uns auch dann heim, wenn wir alles richtig machen im Leben. Andere Krankheiten kommen aus karmischen Gründen, weil wir in früheren Leben jemand anderem Krankheiten zugefügt haben oder ähnliches. Dann müssen wir uns mit der Krankheit abfinden. Und wieder andere kommen einfach deshalb, weil sie unseren Fortschritt beschleunigen.

In der Krankheit kann also durchaus eine Lektion liegen. Aber weil man dadurch oft träge wird und einem die spirituellen Praktiken wie *āsanas, prāṇāyāma* und Meditation schwerfallen oder ganz unmöglich werden, kommen viele Menschen dadurch ins Zweifeln am ganzen Weg. Deshalb sind Krankheiten in erster Linie Hindernisse, und wir bemühen uns insbesondere mit Haṭha-Yoga-Übungen, unseren Körper gesund zu halten. Aber es kommt nicht auf die physische Langlebigkeit an, sondern darauf, wie viele Erfahrungen wir machen, wieviel wir lernen.

Das nächste Hindernis ist **Trägheit**. Patañjali erwähnt gleich drei Aspekte davon, nämlich geistige Trägheit, Gleichgültigkeit und Faulheit. Von den neun Hindernissen, die er aufzählt, sind drei letztlich *tamas* (Trägheit, Dunkelheit). Wir müssen *tamas* überwinden. Das geschieht durch regelmäßige spirituelle Praxis.

Als nächstes Hindernis folgt **Zweifel**. Der Mensch hat ständig Zweifel. Es heißt, es gibt nur zwei Arten von Menschen, die nie Zweifel haben: Das eine sind die Fanatiker und die anderen die Selbstverwirklichten. Bis zur Verwirklichung schlagen wir uns immer wieder mit vielen kleinen Zweifeln herum und ab und zu auch mit einem grundsätzlichen, größeren. Die Hauptzweifel sind:

- Gibt es so etwas wie Selbstverwirklichung überhaupt?
- Kann ich es tatsächlich selbst erreichen?
- Befinde ich mich auf dem richtigen Weg dorthin?
- Ist der Mensch oder der *guru*, dessen Tradition ich folge, der Richtige? Kann er mich richtig führen?
- Ist das, was ich jetzt gerade praktiziere, überhaupt das richtige?"

Solche Fragen kommen oft auch noch nach Jahren der Praxis.

Wir müssen über Selbstverwirklichung lesen und hören und über Menschen, die sie selbst erreicht haben. Mit Menschen zu sprechen, die selbstverwirklichte Meister erlebt haben, oder vielleicht sogar persönlich einen zu treffen, verhilft uns zu der Gewißheit: Ja, es gibt sie tatsächlich, die Selbstverwirklichung. Auch die Überzeugung, mit der alle Meister sagen, daß es jeder erreichen kann, hilft uns. Wenn nicht in diesem Leben, dann im nächsten – aber wir können es erreichen!

Wir müssen uns zuerst gründlich Gedanken machen über den Weg, den wir gehen. Wir müssen überlegen, ob das der richtige Weg und der richtige Lehrer ist, oder wir spüren es einfach. Und wenn wir merken, im letzten Jahr oder in den letzten zwei Jahren habe ich diese und jene Fortschritte gemacht, dann wird es sicher auch weitergehen. Sehr nützlich dabei ist ein Tagebuch, in dem man seine Erfahrungen und Schwierigkeiten aufschreibt. Wenn man dann nämlich ein paar Jahre später sein Tagebuch liest und sieht, was für Schwierigkeiten man damals hatte, dann lächelt man und weiß: Ich bin doch erheblich gewachsen. Ohne Tagebuch vergißt man gern, mit welchen Problemen man sich vorher herumgeschlagen hat.

Und ab und zu muß man seinem Geist sagen, er soll aufhören mit seinen Zweifeln. Wenn man einmal einen Entschluß gefaßt hat, dann sollte man ihn auch ausführen. Hin und wieder kann man die Angelegenheit vielleicht nochmals gründlich überdenken, aber nicht ständig zweifeln. Es gibt Menschen, die sich ständig in Selbstzweifeln suhlen. Man muß einfach auch mal einen Entschluß fassen und sich notfalls sagen: „Von jetzt an übe ich ein halbes Jahr mal so; danach schaue ich: War es der richtige Weg? Habe ich Fortschritte gemacht?“ Und dann soll man dieses halbe Jahr auch durchhalten, ohne seinen Entschluß dazwischen ständig in Frage zu stellen. Wenn ein halbes Jahr zu lange ist, nimmt man sich halt nur einen Monat vor oder eine Woche, aber es ist wichtig, daß man einen Entschluß faßt und sich von Etappe zu Etappe durchwühlt.

Auch wenn es darum geht, eine Entscheidung zu treffen, kann man sich einen Zeitrahmen setzen und sich vornehmen: „Ich gebe mir bis dahin Zeit, dann treffe ich eine Entscheidung und halte mich auch daran.“ Notfalls muß man dann den Entschluß fassen, auch wenn man nicht ganz sicher ist. Dann kann man sich sagen: „Das erscheint mir als das richtige. Wenn sich nicht bis dann und dann etwas Erhebliches ändert, sehe ich das als Hinweis Gottes an und bleibe bei dieser Entscheidung.“

Gleichgültigkeit ist das nächste Hindernis. Diese „Es ist ja alles egal“-Mentalität und Wurstigkeit darf sich nicht einschleichen. Gleichmut ist etwas anders als Gleichgültigkeit. Gleichgültig ist *tamasig* (träge, dunkel), gleichmütig ist *sattvig* (rein, klar).

Faulheit ist ein großes Hindernis. Ohne regelmäßige Übung kommt man nirgendwo hin.

Verlangen nach Vergnügen taucht manchmal einfach so auf. Als spiritueller Aspirant überlegt man manchmal: Gibt es nicht doch zu vieles, worauf ich verzichtet habe?

Ich selbst meditiere seit meinem 16. Lebensjahr. Ich bin noch nie in meinem Leben betrunken gewesen, habe noch nie ausgelassen auf einer Feier mitgemacht, – außer bei spirituellen Festen, und die waren harmonisch und schön. Manchmal sagen Leute zu mir: „Wie kannst du überhaupt wissen, was du da verpaßt hast?" Gut, mir geht es jetzt nicht so, daß ich Angst habe, etwas zu verpassen oder verpaßt zu haben. Schon damals hat mir das nichts bedeutet. Ich habe die Menschen beobachtet, die das alles gemacht haben, und kam in relativ jungen Jahren zu dem Schluß, daß sie nicht wirklich glücklich sind. Ich kann mich erinnern, wie mich meine Cousine einmal in eine Disko mitgeschleppt hat. Kurz vorher hatte ich den „Steppenwolf" von Hermann Hesse gelesen, wo etwas über Tanzen vorkam, und so dachte ich, Ekstase über Tanzen zu erreichen, das müßte ja auch ganz schön sein. Dann habe ich das also ausprobiert ... – nun gut, von einem Diskobesuch allein klappt das wahrscheinlich auch noch nicht! Aber ich habe auch die anderen beobachtet, und es kam mir zu hohl vor. Wenn Ekstase durch Drogen induziert ist, wenn man Drogen oder Alkohol dazu braucht, ist es keine wertvolle Erfahrung und führt überdies anschließend nur zu einem Kater. Man hat zwar bis vor kurzem angenommen, Ecstasy sei harmlos, aber es scheint so zu sein, daß man davon schwere Schädigungen im Gehirn davontragen und langfristig chronisch depressiv werden kann.

Aber manche Menschen auf dem spirituellen Weg haben doch manchmal das Gefühl, etwas zu verpassen. Eine Seminarteilnehmerin hat mir neulich erzählt, sie mache jetzt zwar auch täglich *āsanas, prāṇāyāma* und Meditation, aber einmal in der Woche gehe sie schon mit ihrem Freund in ein sehr gutes Restaurant, und der Rotwein gehöre dort einfach dazu. Sie hat das Gefühl, mit dem Glas Rotwein würde ihr ein großes Stück Lebensqualität entgehen. Gut, ich habe ihr jetzt auch nicht geraten, darauf zu verzichten, sondern gemeint, einmal in der Woche ein Glas Rotwein wird nicht so tragisch sein, wenn es ihr so wichtig ist. Aber wenn man eine Weile auf dem Weg ist, dann stellt man fest: Es ist es nicht wert, mit einem Glas Rotwein einen Teil der Wirkung der *prāṇāyāma*-Praxis (Atemübungen) zu vernichten. Und letztlich ist es kein so großes Vergnügen.

Täuschung ist das nächste Hindernis. Man kann sich oft täuschen, indem man Dinge falsch versteht oder falsch sieht oder indem man den niederen Geist für die innere Stimme der Intuition hält. Swami Vishnu hat gern gesagt: „Never trust your mind" – „Traue nie deinem Geist". Aber wem kann man sonst trauen?

Wenn man einen *guru* hat, kann man ihn fragen. Aber die Antwort ist meistens nicht eindeutig.

Ich habe Swami Vishnu oft gefragt. Bei technischen Fragen wie: „Wer kann *kapalabhati* auch wechselseitig ausführen?" oder „Sollte man bei *kapalabhati* (Schnellatmung; eine Atemübung im Yoga) den Brustkorb erhoben oder drunten halten?" „Sollte man vor dem Atemanhalten nach *bhastrika* (fortgeschrittene Atemübung im Yoga) rechts einatmen oder links?" – denn das steht unterschiedlich in den Büchern –, hat er mir klare Antworten gegeben.

Aber als ich ihn gefragt habe, ob ich mein Studium aufgeben oder ob ich weitermachen soll, da kam keine klare Antwort. Oder als ich ihn mal etwas anderes gefragt habe, hat er mir auch nicht gesagt, was ich machen soll. Er sagte nur:

„Entwickle Hingabe.“ In solchen Fällen gibt ein Meister nur Kriterien an, an denen man sich orientieren und nach denen man selbst entscheiden kann. Ein *guru* macht seine Schüler nicht abhängig. Er nimmt ihnen die Entscheidungen nicht ab. So wie Krishna am Ende der Bhagavad Gītā zu Arjuna sagt: „Und jetzt mache, was du willst.“ Am Anfang sagt er, er solle kämpfen, weil Arjuna das so heftig abgelehnt hat. Aber später, nachdem er ihm die Yogawege erklärt hat, überläßt er ihm die Entscheidung – und so ist auch ein *guru*. Der *guru* hilft einem, aus der Täuschung herauszukommen und die Antwort selbst zu finden.

Die **Unfähigkeit zur Konzentration** kann eine Schwierigkeit sein. Vielen Menschen fällt es am Anfang schwer zu meditieren. Manchmal kommt auch nach einer Weile eine Unreinheit im Geist hoch. Und obgleich man vielleicht ein Jahr oder länger sehr schöne Meditationen hatte, kann man plötzlich nicht mehr meditieren. Dann denkt man: Jetzt mache ich so viel Yoga und kann nicht mehr meditieren! Vorher habe ich weniger gemacht, und es ging viel besser! Die Ursache ist eben eine stärkere Unreinheit, die sich löst, so daß man eine Weile von der Meditation wie abgeschnitten ist. Das muß man aushalten und trotzdem die Unterscheidungskraft behalten. Die wahrscheinlich wirkungsvollste Weise, die Konzentrationsfähigkeit zu erhöhen, ist intensives *prāṇāyāma*. Das muß man aber von einem kompetenten Lehrer richtig lernen.

Und schließlich ist **Ruhelosigkeit** des Geistes durch Ablenkungen ein Hindernis. Äußere Dinge lenken uns ab und machen den Geist unruhig. Wir sollten uns nicht ablenken lassen.

I.31 Duḥkhadaurmanasyāṅgamejayatvaśvāsapraśvāsā vikṣepasahabhuvaḥ

duḥkha = Schmerz, Leiden; ***daurmanasya*** = Traurigkeit, Depression; ***aṅgamejayatva*** = Erschütterung des Körpers, Nervosität; ***śvāsa-praśvāsa*** = Ein- und Ausatmung, unregelmäßige Atmung; ***vikṣepa*** = Zerstreuung; ***sahabhuva*** = Begleiterscheinungen, Symptome

Schmerz, Depression, Nervosität und unregelmäßige Atmung sind die Symptome eines zerstreuten Geistes.

Das sind die Folgen, die Symptome, an denen man die oben erwähnten Hindernisse erkennen kann. Manchmal ist man sich dieser Hindernisse nämlich gar nicht bewußt. Der menschliche Geist begründet ja oft alles mögliche rational. So kann es passieren, daß man gar nicht erkennt, daß man momentan einem Hindernis begegnet, sondern denkt, man hätte eine sehr kluge Ansicht. Und hier gibt Patañjali vier Tips, wie man herausfinden kann, ob man sich gerade auf dem Holzweg befindet:

Geistiger Schmerz und **Depression** sind beides nicht sehr positive Gemütszustände. Geistiger Schmerz meint Zerrissenheit, ein manifestes Leiden. Depression bedeutet Niedergeschlagenheit, sich kaputt fühlen.

Physische Nervosität kann man mit einem Test herausfinden: Man streckt den Arm gerade nach vorne aus und schaut, wie ruhig die Hand ist.

Physische Unruhe und **unregelmäßige Atmung** kann man bei sich selbst und bei anderen beobachten. Wenn man es zum Beispiel mit einem Menschen zu tun hat, der ganz unruhig und nur im oberen Brustbereich atmet, dann kann man diesem Menschen zunächst mit Logik nicht beikommen. Er wird in dem Moment nicht logisch mit einem sprechen können. Man muß, wenn es geht, erst versuchen, ihn zu beruhigen. Wenn möglich, versucht man, ihn zu trösten, zu verstehen, Liebe zu zeigen. Wenn das wegen der Art der Beziehung nicht möglich ist, dann faßt man ihn eher mit Samthandschuhen an, ist freundlich, schickt positive Gedanken und beachtet es nicht zu sehr, wenn er irgendwelche komischen Geschichten erzählt. Denn er ist, um mit Patañjali zu sprechen, momentan in einem verwirrten Geisteszustand, *vikṣepa*.

Wenn man eines dieser Symptome bei sich feststellt, weiß man: Ich stehe irgendwo an einem Hindernis. Dann kann man die Schwierigkeiten dahinter suchen und anschließend etwas tun, um sie zu beseitigen.

Patañjali gibt in den nächsten Versen Techniken an, wie man diese Hindernisse beseitigen kann. Im 2. Kapitel führt er das noch weiter aus.

I.32 Tatpratiṣedhārtamekatattvābhyāsaḥ

tat = das; ***pratiṣedhartam*** = zur Beseitigung, zur Beherrschung; ***eka*** = ein; ***tattva*** = Prinzip, Wahrheit; ***abhyāsa*** = Übung

Zur Beseitigung dieser Hindernisse sollte man einen Aspekt der Wahrheit üben.

Er empfiehlt hier eigentlich die Ablenkung. Wenn man erkennt, es sind Hindernisse und ein verwirrter Geisteszustand da, braucht man nicht zu versuchen, zu analysieren und die Ursache herauszufinden, sondern sollte statt dessen seine Konzentration auf einen Aspekt der Wahrheit richten.

Aber er empfiehlt nicht die Ablenkung auf irgend etwas, also zum Beispiel, ins Kino oder in ein Restaurant zu gehen, Achterbahn zu fahren, Bier zu trinken oder den Fernseher einzuschalten. Sondern er empfiehlt uns, über einen Aspekt der Wahrheit zu meditieren. So erheben wir den Geist wieder.

Wir haben schon darüber gesprochen, wie Krishna in der Bhagavad Gītā mit Arjuna umgeht. Arjuna ist in großer Verzweiflung. Er weiß nicht, was er machen soll, und zeigt alle Symptome eines verwirrten Geisteszustandes: geistigen Schmerz, Depression, er ist nervös und wirft die Waffen weg. Über seine Atmung wird zwar nichts ausgesagt, aber es ist anzunehmen, daß sie auch nicht ruhig und tief war. Arjuna ist in vollkommener Verzweiflung und paradoxerweise erzählt Krishna ihm als erstes von der Unsterblichkeit der Seele! Das ist notwendig und hilfreich. Und natürlich bleibt es nicht dabei, sondern anschließend erklärt er ihm alles mögliche.

Damit kann man nicht jedem kommen. Wenn du beispielsweise einen alten Bekannten von früher triffst, dem es schlecht geht, wird er wenig damit anfangen können, wenn du ihm sagt: „Mach dir nichts daraus, dein wahres Selbst ist unberührt, und überhaupt bist du Sein, Wissen und Glückseligkeit." Aber generalisieren kann man das auch nicht. Eine Psychotherapeutin unter den Seminarteilnehmern hat mir mal erzählt, sie hätte Menschen, die mit Yoga gar nichts zu tun haben, auch schon den Rat gegeben: „Egal, was passiert, irgend etwas in dir bleibt doch gleich, versuch das mal zu spüren. Diesen stillen Pol in dir gibt es, und er gibt dir Kraft. Versuche, zu diesem ruhenden Pol zu kommen, den es in aller Verzweiflung und in allen Emotionen gibt." Das kann helfen, daß Menschen dann besser zurechtkommen.

Wenn wir über einen Aspekt der Wahrheit meditieren, erheben wir den Geist. Ist der Geist erhoben, kann man anders arbeiten, und die Probleme sind leichter zu lösen.

Im 2. Kapitel zählt Patañjali als Methoden zur Überwindung von Leiden und einem verwirrten Geisteszustand noch *kriyā yoga* (yogische Reinigungstechniken), *tapas* (Askese), *svādhyāya* (Selbststudium), *īśvara praṇidhāna* (Hingabe an Gott), Verständnis von *karma* (Gesetz von Ursache und Wirkung, Sinn des Lebens, die Einstellung, die wir zum Leben haben können) sowie die acht Stufen des Rāja Yoga auf. Aber zuerst meditieren wir über einen Aspekt der Wahrheit und erheben so unseren Geist. Erst dann ist wirklich etwas mit uns anzustellen.

Patañjali will sich mit niemandem abgeben, der nicht meditiert. Meditation ist die Voraussetzung, daß man sich ein bißchen erheben und die Probleme anders angehen kann. Wenn jemand nicht meditiert, kann man mit dem Problem nicht umgehen. Er hat ja schon vorher gesagt: Die Wiederholung eines *mantras* bringt erleuchtete Innenschau und überwindet alle Hindernisse. Auf diese Weise ist er überhaupt auf die Hindernisse gekommen. Erst wenn wir meditieren, ein *mantra* wiederholen, wird die Introspektion erfolgreich. Ansonsten kommen wir aus unserem eigenen Tümpel nicht heraus. Wenn wir ein *mantra* wiederholen, erhebt uns die Kraft des *mantras*, wir kommen zu einer erleuchteten Innenschau und überwinden die Hindernisse. Dem *sūtra*-Stil folgend, erklärt Patañjali dann die Hindernisse, die Symptome der Hindernisse, und vorher hat er die Mantrameditation als Heilmittel erwähnt. Hier sagt er, wir können über einen Aspekt der Wahrheit meditieren und damit schließt sich der Kreis.

Von Vers 33 bis 39 gibt er uns verschiedene Techniken, wie wir meditieren können.

I.33 Maitrīkarunāmuditopekśānam sukhaduḥkhapuṇyāpuṇyaviṣayānām bhāvanātaścittaprasādanam

maitri = Freundlichkeit; ***karuna*** = Mitgefühl, Wohlwollen; ***muditā*** = Freude, Frohsinn, Zufriedenheit, Heiterkeit; ***upekśāna*** = Gleichmut; ***sukha*** = Vergnügen; ***duḥkha*** = Schmerz; ***puṇya*** = Tugend, Verdienst; ***apuṇya*** = Laster,

Sünde; ***viṣayāna*** = Ziele; ***bhāvanātaḥ*** = Entwicklung von Haltungen, Verweilen in Gedanken; ***citta*** = Geist, Verstand; ***prasādana*** = Klarheit, Ruhe

Der Geist wird durch die Entwicklung von Freundlichkeit, Mitgefühl, Heiterkeit und Gleichmut gegenüber Vergnügen, Schmerz, Laster und Tugend klar.

Wir können über Freundlichkeit, Mitgefühl, Zufriedenheit und Gleichmut meditieren. Dafür eignet sich zum Beispiel die Eigenschaftsmeditation. Das ist eine konkrete Meditationstechnik, um eine bestimmte Eigenschaft zu entwickeln oder zu verstärken, indem wir über Affirmationen, Visualisierung, Nachdenken, Fühlen und abschließender nochmaliger Affirmation eine Weile lang jeden Tag üben. Dadurch wird diese Eigenschaft sehr stark. Angenommen, du willst Gelassenheit entwickeln. Dann kannst du die Eigenschaftsmeditation in folgenden Schritten anwenden:

- Du setzt dich mit aufgerichteter Wirbelsäule zur Meditation hin. Schließe die Augen. Wiederhole die Affirmation: „Ich bin gelassen, Oṃ Oṃ Oṃ. Ich bin gelassen, Oṃ Oṃ Oṃ“ ein paar Minuten lang.
- Denke über Gelassenheit nach, als ob du einen Aufsatz darüber schreiben oder eine Rede halten wolltest. Definiere, was Gelassenheit ist, denke über die Vorteile, eventuell auch Grenzen nach.
- Stelle dir jemanden vor, der selbst gelassen ist, der dir als Vorbild dienen kann. Eine real existierende Person, oder eine aus der Vergangenheit, aus Mythologie, Theater, Literatur, Filmen.
- Wiederhole „Oṃ Gelassenheit“ geistig. Spüre jetzt die Eigenschaft und das Gefühl von Gelassenheit. Gehe mit deinem ganzen Wesen in die Essenz von Gelassenheit hinein, sei ganz absorbiert im intuitiven, ganzheitlichen Erfassen des Wesens von Gelassenheit.
- Visualisiere dich selbst in Situationen, in denen du gelassen reagierst. Male dir künftige Situationen genau aus, in denen du in der gewünschten gelassenen Art und Weise handelst.
- Wiederhole wieder ein paar Mal: „Ich bin gelassen, Oṃ Oṃ Oṃ. Ich bin gelassen, Oṃ Oṃ Oṃ“.

Mache diese Eigenschaftsmeditation jeden Tag 5–20 Minuten lang, entweder als deine tägliche Meditation oder zusätzlich zu deiner normalen Praxis. Wiederhole außerdem die Suggestion „Ich bin gelassen, Oṃ Oṃ Oṃ“ ein paar Mal vor dem Einschlafen und nach dem Aufwachen. Sie wird tief ins Unterbewußtsein einsinken und wirksam werden. Setze die Affirmation täglich in die Praxis um. Das heißt, handle mindestens einmal pro Tag so, daß du die Eigenschaft der Gelassenheit anwendest. Lobe dein Unterbewußtsein dafür. Übe eine Woche bis einen Monat an einer Eigenschaft. Du wirst erstaunt sein, wie schnell du eine Eigenschaft entwickeln kannst. Anschließend gehe über zu anderen Eigenschaften wie Mut, Selbstvertrauen, Mitgefühl, Geduld, etc.

I.34 Pracchardanavidhāranābhyāṃ vā prāṇasya

Pracchardana = Ausstoßen, Ausatmen; ***vidhāranābhya*** = Zurückhalten, Anhalten; ***vā*** = oder; ***prāṇasya*** = Atem

Dies wird auch durch das Ausstoßen und das Zurückhalten des Atems erreicht.

Prāṇāyāma, Atemübungen, sind sehr machtvoll, um den Geist zu erheben. Richtige Atmung im täglichen Leben kann sehr viel bewirken.

Der beste Ratschlag, den man nervösen oder unruhigen Menschen geben kann, ist, die Hand auf den Bauch zu legen und ein paar Mal tief mit dem Bauch ein- und auszuatmen. Das hilft enorm, Stärke, Festigkeit und Gleichmut zu entwickeln. Zwischen Atmung und Gemütsverfassung besteht eine direkte Korrelation. Du kannst einmal bewußt darauf achten, wie ein Mensch atmet, der leicht die Fassung verliert, und wie jemand atmet, der eher Gleichmut ausstrahlt.

Manche Menschen werden noch ärgerlicher oder nervöser, wenn sie total verärgert sind und dann auch noch über Wohlwollen meditieren sollen. Wir hatten bei einem Seminar im Haus Yoga Vidya einmal einen Schüler mit größeren psychisch-geistigen Problemen. Er hat mir erzählt, immer wenn ich am Anfang der Meditation sage: „Beim Ausatmen stelle dir vor, du schickst Licht und Liebe zu allen Wesen“, werde er richtig aggressiv. Er fühlte sich von verschiedenen Menschen psychisch mißhandelt und empfand es als Zumutung, ihnen jetzt auch noch Licht und Liebe zu schicken …! Ich habe ihm geraten, er soll statt dessen denken: „Ich schicke Licht und Liebe in alle Richtungen.“ Das konnte er dann. Und ich leite jetzt Meditationen auch eher mit dieser Formel ein, da es Menschen gibt, die aus irgendwelchen Gründen – tatsächlicher oder eingebildeter seelischer, körperlicher, geistiger Mißbrauch – Aggressionen haben, die geweckt werden, wenn man sie bittet, Wohlwollen auszusenden. Aber mit der Zeit sollte es für jeden möglich sein, allen Menschen Wohlwollen zu schicken, selbst wenn einem das Furchtbarste angetan wurde, und zwar aus der Erkenntnis heraus, daß ein Mensch, der einem etwas angetan hat, nur Erfüllungsgehilfe des *karmas* war. Nur, nicht jeder kann das in jeder Situation anwenden, und manchmal kann man es selbst auch nicht in jeder Situation. Für mich jedenfalls war es schon immer erhebend, allen Wesen Wohlwollen zu schicken.

Wem das also schwerfällt, der kann wenigstens den Atem beherrschen. Das kann jeder. Das ist der indirekte Weg des *Haṭha Yoga* wie auch des *Kuṇḍalinī Yog*a. Geist und *prāṇa* (Lebensenergie) hängen zusammen. Verändert man das *prāṇa*, ändert sich der Geist. Verändert man die Atmung, verändert sich das *prāṇa*. Atemübungen sind etwas ganz Tolles. Sie können einen aus allen möglichen Depressionen, Stimmungen und falschen Vorstellungen herausreißen. Früher war ich ein sehr schüchterner Mensch. Vor einem Vortrag oder einer Yogastunde mußte ich immer unbedingt eine halbe Stunde *prāṇāyāma* machen. Und vor meinem ersten Meditationskurs mußte ich ein paar Runden *bhastrika* (eine fortgeschrittene Atemübung) machen, sonst wäre es nicht gegangen, denn ich hatte großes Lampenfieber und war sehr unruhig. Aber wenn ich vorher eine Weile *prāṇāyāma* geübt hatte, waren das *prāṇa*, die Ruhe und die Stärke des Geistes da.

Manchmal kann es hilfreich sein, sich zusätzlich zum regelmäßigen *prāṇāyāma* einmal am Tag zwischendurch ein paar Minuten lang hinzusetzen und Wechselatmung zu üben, wenn man unruhig ist oder viel Energie braucht. Mir haben schon etliche Leute erzählt, daß sie das während der Arbeit manchmal machen – zum Beispiel auf der Toilette – und daß sie dann wieder Ruhe und Kraft haben. Eine Yogalehrerin hat erzählt, irgendwie sei das bei ihr mal auffällig geworden, und ihre Kollegen hätten sie gefragt, was denn ihr Geheimnis sei, was sie denn auf der Toilette mache, um anschließend so gut gelaunt herauszukommen. Das Ergebnis war dann die Gründung einer Yogagruppe!

I.35 Viṣayāvatī vā pravṛttirutpannā manasaḥ sthitinibandhanī

Viṣayāvatī = die Sinne betreffend; ***vā*** = oder; ***pravṛtti*** = Funktion, Tätigkeit; ***utpannā*** = erhoben, entstanden, gekommen von; ***manas*** = Geist, Verstand, Gemüt; ***sthiti*** = Festigkeit; ***nibandhanī*** = Bildung von, hilfreich bei der Herstellung von

Wenn die höheren Sinne aktiv werden, kommt Festigkeit des Geistes.

Wenn man meditiert, können auch höhere Sinne aktiv werden. Ein Beispiel dafür sind die *anāhata*-Klänge, innere Klänge im linken oder rechten Ohr. Bei den meisten sind sie im rechten Ohr stärker. Bei manchen sind sie ziemlich gleichmäßig in beiden Ohren. Auf diese Klänge kann man sich konzentrieren, entweder indem man einfach ganz bewußt diese schönen Klänge wahrnimmt oder versucht, den nächst subtileren Klang darin herauszuhören. Dieser subtilere Klang wird dann langsam stärker. Dann versucht man wieder, den nächst höheren Klang herauszuhören, und so werden die Klänge immer subtiler, erhabener und schöner. Das kann den Geist ganz wunderbar konzentrieren.

Als Yogalehrer muß man wissen, daß es diese *anāhata*-Klänge gibt und daß Tinnitus, eine Gehörkrankheit, etwas ganz anderes ist. Manche Menschen hören *anāhata*-Klänge und halten sie für Tinnitus. Tinnitus ist ein sehr unangenehmes, lautes Ohrenrauschen, Ohrensausen. Tinnitus-Geräusche werden unter Streß stärker und bei Entspannung schwächer. *Anāhata*-Klänge hingegen sind eher sanft und werden in der Ruhe stärker. Am meisten verbreitet ist wahrscheinlich ein ganz hoher Klang, ähnlich wie er früher beim Testbild für das Fernsehen zu hören war. Er wird um so stärker, je ruhiger der Mensch ist, zum Beispiel in einer sehr ruhigen Meditation, in einer spirituellen Umgebung, in einer Kirche oder wenn man mit einem Menschen ein spirituelles Gespräch führt. Für manche Menschen ist das ein Hinweis auf eine echte Herzenskommunikation. Wenn die Herzenskommunikation da ist und man nicht nur Worte austauscht, kommt dieser wunderbare Klang, und man spürt, das gegenseitige *prāṇa* tauscht sich aus beziehungsweise die beiden *prāṇas* verbinden sich mit dem göttlichen *prāṇa*. Bei ein paar Menschen, mit denen ich gesprochen habe, sind über dem Versuch, im Tinnitus-Geräusch den *anāhata*-Klang herauszuhören, die Tinnitus-Geräusche schön geworden. Und ich kenne eine ganze Reihe von Menschen, die *anāhata*-Klänge gehört und sie für Tinnitus gehalten haben.

Es gibt auch das höhere Sehen. Man sieht bei geschlossenen Augen Bilder oder ein Licht im dritten Auge, worauf man sich konzentrieren und so den Geist festigen kann. Auf gleichmäßige, schöne, nach oben ziehende, wonnevolle innere Lichter kann man sich konzentrieren. Konkreten Bildern, Szenen aus einem Leben oder Fantasiebildern würde man nicht folgen, denn das ist kein höherer Sinn, sondern die Fantasie, Luftschlösser, was auch immer. Natürlich könnte man auch solche Bilder verfolgen, aber das führt nicht in eine so tiefe Meditation.

Früher dachte ich, ich sehe kein inneres Licht, bis mir jemand gesagt hat: „Schließe mal die Augen und schaue, was du siehst." Da ist mir aufgefallen, daß ich bei geschlossenen Augen eigentlich immer irgendwelches Licht sehe! Ich habe das nur nie für etwas Besonderes gehalten. Viele – aber keineswegs alle – Menschen sehen Licht, wenn sie die Augen schließen. Wenn man keine Klänge hört oder kein Licht sieht, ist das nicht etwa ein Zeichen mangelnden spirituellen Fortschritts. Es bedeutet einfach nur, daß dieser Sinn nicht aktiv ist. Wenn man will, kann man es auch trainieren. Es ist aber nicht notwendig.

Seltener ist es, daß Menschen subtile Gerüche riechen, zum Beispiel den Duft wunderbarer Räucherstäbchen. Ein Nektargeschmack im Mund ist ebenfalls möglich.

Häufiger wiederum kommt es vor, daß man ein überaus beglückendes, wonnevolles Gefühl hat. Man spürt zum Beispiel das *ajña cakra* („drittes Auge"; Energiezentrum) oder das Herz, man spürt, daß von oben Energie oder Licht in einen hineinströmt. Auch auf solche Gefühle kann man sich konzentrieren.

Viele Menschen erleben eines dieser fünf Phänomene. Manche Menschen sind insgesamt mehr auf das Fühlen ausgerichtet; sie fühlen dann auch eher die *cakras* (Energiezentren). Manche sind mehr über das Hören orientiert und hören eher innere Klänge. Und wer mehr über das Sehen orientiert ist, sieht vielleicht auch schneller innere Bilder oder ein inneres Licht.

Wenn diese höheren Sinne aktiv werden, dann wird die Festigkeit des Geistes leicht begründet.

Es ist eine leichte Technik, sich darauf zu konzentrieren, und zum anderen ist es auch eine gute Hilfe gegen Zweifel, weil man eben erkennt und erfährt, daß es tatsächlich höhere, sehr angenehme Formen der Wahrnehmung gibt. Und wenn die Wahrnehmung noch weiter geht, sich zu einer Intuition entfaltet und man tatsächlich Dinge wahrnimmt, die an einem anderen Ort und zu einer anderen Zeit, in der Zukunft oder in der Vergangenheit, geschehen, dann weiß man einfach: Es gibt solche übersinnlichen Dinge. Oder wenn man in der Meditation den physischen Körper verlassen hat, dann weiß man ganz sicher: Ich bin nicht der physische Körper, egal, was die Wissenschaftler über das Gehirn und sonstige Sachen erzählen. Man hat den Körper von oben gesehen. Da gibt es dann nichts mehr zu diskutieren.

Vom absoluten Standpunkt aus gibt es natürlich weder astralen noch physischen Körper, alles ist eine Illusion, *jagan mithyā*, die ganze Welt ist unwirklich. Aber vom relativen Standpunkt aus können wir in der Meditation erfahren, daß es eine astrale Welt gibt, eine subtile Wirklichkeit, unabhängig davon, was andere Menschen uns erzählen und wie unser eigener Geist rational argumentieren will. Deshalb hilft auch das zu einer Festigkeit des Geistes. Aber man muß auch nicht enttäuscht sein, wenn man bisher noch keine höheren Sinne gespürt hat. Es ist nur eine von vielen Techniken, die Patañjali erwähnt.

I.36 Viśokā vā jyotiṣmatī

Viśokā = jenseits allen Leidens; ***vā*** = oder, auch; ***jyotiṣmatī*** = leuchtend; ***jyoti*** = Licht

Oder (durch Vergegenwärtigung) des leuchtenden Lichts jenseits allen Leidens.

Wir können uns ein höheres Licht vorstellen oder eines in uns selbst, das unberührt ist von Leid. Das ist dieselbe Technik, die ich eingangs schon erwähnt habe, die vielen Menschen hilft, sich in das eigene Selbst, in ihren eigenen Ruhepol, der sich niemals verändert, zu versenken und darauf zu konzentrieren. Diesen Pol kann man sich einfach nur als Stille oder eben als Licht vorstellen. Wenn man einen Zugang dazu hat, weiß man, es gibt etwas in mir, das unberührt bleibt, egal, ob ich jetzt leide oder mich freue, ob der Körper gesund oder krank ist. Auch das kann zu einer großartigen Erfahrung werden.

I.37 Vītarāgaviṣayaṃ vā cittam

Vīta = aufgehört; ***rāga*** = Wunsch, Gier, Verhaftung; ***viṣaya*** = Bereich; ***vā*** = oder, auch; ***citta*** = Geist, Gemüt, Verstand

Oder durch Konzentration auf jemanden, dessen Geist den Bereich von Gier und Verhaftung transzendiert hat.

Ein großer Meister, eine große Meisterin inspirieren einen immer.

Mit *citta*, dem Verstand, können wir darüber meditieren, welche menschlichen Leidenschaften und Versuchungen der Meister, die Meisterin transzendiert hat. Oder wir können uns selbst in der Situation dieses Meisters vorstellen, indem wir überlegen: Wie wäre ich, wenn ich vollkommen wäre? Wie würde ich denken, fühlen und handeln?

Krishna zählt in der Bhagavad Gītā mehrfach die Eigenschaften eines Vollkommenen auf. Er wiederholt sich dabei mehrere Male, so daß manche sich fragen, warum sagt er das wieder und wieder. Diese Wiederholung dient zum einen dazu, daß wir uns wirklich jemanden vorstellen können, der so vollkommen ist und zum zweiten dazu, daß wir uns selbst in diese Idealrolle hineinversetzen können.

Wir Menschen im Westen sind es nicht gewöhnt, uns vorzustellen, daß wir selbst vollkommen sein könnten. Wir streben zwar nach spiritueller Vollkommenheit, aber wir können sie uns bei uns selbst gar nicht vorstellen. Wir gehören einer Tradition an, wo Demut in der Spiritualität eine sehr große Rolle spielt und auch der höchste Heilige noch von sich sagt: „Ich bin der größte Sünder." Je mehr man sich als Sünder bezeichnet, desto heiliger gilt man. Das ist in unserer Kultur so. In Indien haben zwar die Meister auch echte Demut, aber sie haben auch keine Hemmungen, gegenüber engeren Schülern festzustellen: „Ich habe das selbst verwirklicht, ich habe die Erleuchtung erreicht." Andererseits laufen sie natürlich nicht ständig herum und erzählen es jedem. Wenn sie das tun, ist es auch nicht echt, denn dann haben sie es nötig, es zu erzählen!

Aber nehmen wir zum Beispiel einen *Swami Vivekānanda*, der zu *Paramahaṃsa Ramakrishna*, einem der größten Yoga-Meister des 19. Jahrhunderts, gekommen ist und ihn gefragt hat: „Hast du Gott gesehen?"

Ramakrishna schaute ihm in die Augen und antwortete: „Ja."

Daraufhin fragte Vivekānanda: „Wann siehst du ihn?"

„Immer. Ich sehe ihn so, wie ich dich sehe, nur immer und deutlicher."

„Kann ich ihn auch sehen?"

„Ja. Willst du sehen?"

„Ja."

„Sicher?"

„Ja!"

Und Ramakrishna streckt den Fuß aus und berührte Vivekānanda, worauf Vivekānanda eine Gotteserfahrung hatte – diese war für ihn jedoch zu großartig, zu machtvoll, so daß er nachher darum bat, so schnell nicht wieder eine zu haben.

Im 11. Kapitel der Bhagavad Gītā bittet Arjuna Krishna, ihm die Vision der kosmischen Gestalt zu geben. Krishna fragt: „Willst du es wirklich sehen?" Arjuna bejaht, Krishna gibt ihm die Vision, Arjuna ist ganz überwältigt, und am Ende des 11. Kapitels bittet er Krishna, sich ihm wieder so zu zeigen wie vorher – die Vision ist ihm zu gewaltig. Krishna ist freundlich und zeigt ihm die Welt wieder wie vorher. Dieses Erlebnis verändert natürlich die ganze Sichtweise von Arjuna. Er hat das Göttliche erfahren. Aber Krishna zum Beispiel hat auch keine Hemmungen, von sich zu sagen, daß er alle seine früheren Geburten kennt und daß er ursprünglich der Lehrer aller anderen war. Wie auch Jesus sagt: „Ich bin das Licht und das Leben und die Wahrheit", „Ich und mein Vater sind eins." Und Jesus meint das nicht nur für sich. Er sagt auch: „Seid vollkommen, wie Euer Vater im Himmel vollkommen ist", „Wenn der Jünger vollkommen ist, ist er wie sein Meister", „Ihr seid das Licht der Welt".

Also, wir dürfen ruhig etwas Mut aufbringen und uns vorstellen, wie wir sein würden, wenn wir vollkommen wären. Probiere das gleich aus: Schließe die Augen und denke darüber nach: „Wie wäre ich, wenn ich vollkommen wäre." Die Schwierigkeit vieler Europäer damit ist mir neulich bei einem Workshop klar geworden. Ein Seminarleiter hat die Teilnehmer gebeten, auf einem Blatt alle ihre Fehler aufzuschreiben. Und die Menschen haben geschrieben und geschrieben und geschrieben. Als zweite Übung sollten sie dann ihre positiven Eigenschaften auflisten. Dabei sind die wenigsten über zwei, drei Zeilen hinausgekommen. Ich muß zugeben, das hat mich doch etwas verblüfft. Und dann sollten alle an Menschen denken, die sie besonders schätzen und deren positive Eigenschaften notieren. Da haben alle wieder sehr viel geschrieben. Anschließend sollte sich jeder überlegen, ob er nicht die positiven Eigenschaften, die er in anderen sieht, selbst auch hat. Da mußten einige dann doch lachen, denn was sie an positiven Eigenschaften in anderen gesehen haben, waren tatsächlich ihre ureigenen Stärken. Es scheint für Menschen in unserem Kulturkreis leichter zu sein, bei anderen etwas Positives zu sehen als bei sich selbst.

Man könnte sich statt dessen auch abstrakt vorstellen, wie ein Geist beschaffen sein müßte, der vollkommen und jenseits von Verhaftungen und Leidenschaften wäre.

Am leichtesten fällt es, sich einen Meister, eine Meisterin, eine/n Heilige/n, vorzustellen. Das ist greifbar, über sie gibt es Bücher, Videos, oder es gibt Menschen, die über ihre Erfahrungen mit ihnen berichten. Man kann sich sein Foto aufstellen, auf ihn meditieren, zu ihm beten, seine Gegenwart fühlen, über sein Leben und seine Vollkommenheit nachdenken. Das erhebt einen. Es erhebt einen deshalb, weil die gleiche Vollkommenheit, die dieser Meister hat, in uns selbst vorhanden ist. Weil sie in uns ist, erhebt es uns, wenn wir darüber nachdenken. Es inspiriert uns. Wir bekommen selbst eine kleine Ahnung, wie es sein könnte, wenn wir so wären.

I.38 Svapnanidrājñānālambanaṃ vā

svapna = Traumzustand; ***nidrā*** = traumloser Schlaf; ***jñāna*** = Wissen; ***ālambana*** = beruhend auf; ***vā*** = auch

Oder durch Meditation über Wissen aus Traum oder Tiefschlaf.

Manche Psychoanalytiker interpretieren diesen Vers dahingehend, daß Patañjali Traumdeutung betrieben habe und empfehlen, Träume aufzuschreiben und über sie zu meditieren. Es gibt auch ein Buch über Traumyoga von *Swami Sivananda Radha*, einer kanadisch-deutschen Schülerin von Swami Sivananda, in dem Traumarbeit als Teil des spirituellen Weges behandelt wird.

Eine zweite Interpretation wäre, daß manchmal während des Schlafes das Überbewußte enthüllt wird.

Man kann Träume haben von seinem Lehrer, seinem *guru*. Mir geschieht es gelegentlich, daß ich einen Traum habe von Swami Vishnu-devananda oder Swami Sivananda. Zum Beispiel habe ich in den letzten Jahren im Traum ab und zu ein *mantra* von Swami Vishnu erzählt bekommen, so daß ich endlich wußte, wie man es richtig ausspricht.

Ich kenne Menschen, die ihr *mantra* und ihre Mantraeinweihung im Traum bekommen haben und mich dann im nachhinein gefragt haben, ob es dieses *mantra* gibt. Einige hatten tatsächlich ein authentisches Sanskritmantra im Traum bekommen.

Und ich kenne Menschen, die beispielsweise Swami Sivananda im Traum gesehen haben, ohne daß sie jemals vorher ein Bild von ihm zu Gesicht bekommen hatten. Vor kurzem war eine Frau als Gast hier im Ashram. Als sie das Bild von Sivananda sah, fragte sie: „Wer ist dieser Mann?" Ich sagte: „Das ist Swami Sivananda. Warum?" Und da fragte sie: „Den gibt es wirklich?" In verschiedenen verzweifelten Momenten sei dieser Mann ihr im Traum erschienen und habe sie beschützt. Und sie finde es ganz wunderbar, daß es hier ein Haus gebe, das sein Haus sei.

In dem Maße, in dem wir spirituelle Praktiken machen, werden unsere Träume weniger und inhaltlich spiritueller. Aber diese Entwicklung hinkt oft ein paar Jahre hinterher. Wenn man viel meditiert und in einer reinen Umgebung lebt, braucht das Unterbewußtsein oftmals nicht so viel Zeit, um die Ereignisse des Tages zu verarbeiten und einzubauen, so daß man tiefer und mit weniger Träumen schläft.

Zum Beispiel habe ich im Traum gelernt, wie man fortgeschrittene *āsanas* macht. Im Traum war ich unglaublich flexibel – ich war immer ganz erstaunt! In der Vorwärtsbeuge zum Beispiel kam das Kinn vor die Zehen, und ich habe überlegt, ob das anatomisch überhaupt möglich ist ... Im Traum ging das alles. Aber trotzdem habe ich dabei auch die Technik gelernt, wie man dahin kommt. So kann man im Schlaf und im Traum durchaus einiges lernen. Und natürlich kann man über diese Trauminhalte auch meditieren.

Śri Karthikeyan, der Meister aus dem *Sivananda Ashram* in Rishikesh, der zweimal im Jahr Vorträge bei uns hält, spricht häufig über die drei Haupt-Bewußtseinszustände: Wachzustand, Traumzustand und Tiefschlaf. Daran kann man eben die Relativität der Welt erkennen. Die physische Welt verschwindet im Traum. Im Traum ist nur die Traumwelt da. Im Tiefschlaf gibt es gar keine Welt. Wenn wir darüber meditieren, hilft es uns, diese physische Welt als sehr relativ anzusehen, zu erkennen, sie ist eigentlich nur eine Illusion, sie ist genauso unwirklich wie die Traumwirklichkeit. Wenn wir ganz aufwachen aus dieser Welt und im überbewußten Zustand sind, dann schauen wir zurück und erkennen, in was für einem Traum wir die ganze Zeit gefangen waren und wie furchtbar ernst wir ihn genommen haben, obwohl im Grunde genommen alles nur ein Spiel war. Darüber zu meditieren kann sehr erhebend sein.

I.39 Yathābhimatadhyānādva

yatha = wie; ***ābhimata*** = lieb, erwünscht, angenehm; ***dhyāna*** = Meditation; ***vā*** = oder

Oder durch eine Meditationsart, die einem angenehm ist.

Das ist ein Generalvers, der aussagt, daß man im Grunde genommen über alles meditieren kann. Aber es sollte schon über etwas *sattviges* sein – nicht über Schnitzel mit Pommes frites oder den Aktienmarkt!

Man sollte sich an eine hauptsächliche Meditationstechnik halten. Die Haupttechnik kann man, wenn man will, mit weiteren Techniken ergänzen. Wer eine *mantra*-Einweihung hat, wird typischerweise als Hauptmethode die *mantra*-Meditation benutzen. Wenn man zweimal täglich meditiert, kann man einmal mit dem *mantra* meditieren – damit die Energie des *mantras* immer stärker wird, ist es notwendig, daß man es jeden Tag mindestens 20 Minuten lang wiederholt –, und das zweite Mal kann man mit einer anderen Technik üben. Oder man kann die Meditation mit einer anderen Technik einleiten, wenn man merkt, daß es dem Geist zu monoton wird. Auch mit der Mantratechnik selbst gibt es verschiedene Möglichkeiten. Man kann eigentlich alles mit dem *mantra* verbinden. Swami Sivananda schreibt, wenn man über ein *mantra* meditiert, soll man die Meditation verbinden mit der Bedeutung des *mantras*, den Eigenschaften des *mantras*. Wenn man also zum Beispiel „Oṃ namah śivāya" wiederholt, kann man dabei an reines Licht oder an Freundlichkeit, Wohlwollen und ähnliches denken. Oder man kann das *mantra* in verschiedenster Art mit dem Atem verbinden. Man kann das *mantra* entweder mit der Ein- und Ausatmung wiederholen, den Atem dabei fließen lassen, wie er von selbst will oder das mantra verbinden mit *kevala kumbhaka*, wobei man sehr wenig Luft ein- und ausatmet. Man kann es verbinden mit innerem Klang und innerem Licht, dem man mit dem *mantra* folgt. Man kann das *mantra* verbinden mit der Vorstellung des inneren Zustandes des Lichtes, welches jenseits von Leid ist oder man kann beim Rezitieren seinen Meister visualisieren. Und wenn man gerade eine erhabene Intuition im Schlaf hatte, kann man natürlich auch darüber meditieren in Verbindung mit dem *mantra*.

Man muß nicht immer die exakt gleiche Meditation haben. Es sollte eine Grundtechnik geben. Wenn jetzt aber eine Meditation anders verläuft und die Konzentration sehr stark zu etwas anderem hinstrebt, dann läßt man es geschehen. Auch wenn man in der Mantrameditation ist und sich plötzlich ein erhabener Gemütszustand einstellt, so daß das *mantra* von selbst wegfällt, läßt man das geschehen. Sollte die Konzentration von selbst in die untere Wirbelsäule gehen, kann man auch das zulassen. Man muß aber zum Schluß die Konzentration zu einem Punkt bringen, der höher ist als das *maṇipūra cakra* (eines der Hauptenergiezentren), so daß man am Ende der Meditation nicht die ganze Energie in den niedrigen *cakras* hält, sondern sie zum anāhata (Herz) oder *ajña cakra* bringt.

I.40 Paramāṇuparamamahattvānto 'sya vaśīkāraḥ

parama = letztes, kleinstes; ***aṇu*** = Atom; ***parama*** = letztes, höchstes, größtes; ***mahattva*** = Größe, Unendlichkeit (***maha*** = groß; ***tvānto*** = Sache); ***antah*** =

endend, sich erstreckend; ***asya*** = Sein (eines ***Yogi***); ***vaśīkāra*** = Meisterung, Meisterschaft

Die Meisterschaft eines Yogi erstreckt sich vom kleinsten Atom bis zur höchsten Unendlichkeit.

Wenn wir meditieren, dann kommen wir zur Meisterschaft vom Kleinsten bis zum Größten, von der kleinsten Sache in unserem Leben bis zur größten im ganzen Kosmos. Das Kleinste ist unser Geist, das Größte ist das Universum, der kosmische Geist.

Das ist ein relativ großer Sprung vom 39. zum 40. Vers, denn Patañjali geht jetzt wieder zurück zu *samādhi*. Er hat ja eigentlich schon über *samādhi* gesprochen. Dann hat er erzählt, was es für Hindernisse gibt und wie man sie überwindet. Wenn man das geschafft hat, kommt man zu *samādhi* und damit zur Meisterschaft vom Kleinsten bis zum Größten.

I.41 Kṣīnavṛtterabhijātasyeva maṇergrahītṛgrahaṇagrāhyeṣu tatsthatadañjanatā samāpattiḥ

Kṣīna = vermindert, entleert; ***vṛtti*** = Gedanke; ***abhijātasya*** = transparent; ***iva*** = wie; ***maṇi*** = Juwel, Kristall; ***grahītṛ*** = der Wahrnehmende, das Subjekt; ***grahaṇa*** = die Wahrnehmung, Subjekt-Objekt-Beziehung; ***grāhyeṣu*** = das Wahrgenommene, das Objekt; ***tatstha*** = auf dem es ruht; ***tadanjanatā*** = das Annehmen der Form oder Farbe von etwas anderem; ***samāpatti*** = Erfüllung, Verschmelzung, Versenkung

Sind die Gedanken zur Ruhe gekommen, wird der Geist transparent wie ein Kristall, der die Farbe des davorstehenden Objektes annimmt; verschmelzen der Wahrnehmende, das Wahrgenommene und die Wahrnehmung, so ist das die Versenkung.

Darüber werden wir im Rahmen des 3. Kapitels mehr erfahren.

In höheren Zuständen des Bewußtseins ist unsere Wahrnehmung nicht mehr so stark durch das eigene Gemüt gefiltert. Im normalen Bewußtsein ist es so: Wenn man etwas sieht, es wahrnimmt, denkt man anschließend darüber nach. Wahrnehmung ist dann ein Wechselspiel zwischen den äußeren Objekten und dem eigenen Geist. Den einen Menschen mag man, den anderen mag man nicht. Man sieht den Gesichtsausdruck eines Menschen und deutet ihn. Diese Deutung muß mit dem, was der Mensch eigentlich denkt und meint, gar nichts zu tun haben.

Wenn wir nun allerdings meditieren und die *vṛttis* kontrolliert sind, können wir zur höheren direkten Wahrnehmung kommen.

Unser Geist nimmt die Farbe des Hintergrundes an. Ein ganz reiner Kristall läßt die Farbe durchscheinen, wenn man ihn vor einen bestimmten Hintergrund stellt.

Ein Rosenquarz dagegen wird dessen Farbe nicht rein wiedergeben. Und wieder andere Steine, zum Beispiel Malachit, der ganz grün ist, spiegeln den Hintergrund überhaupt nicht wider, sie bleiben immer gleich in ihrer Farbe. So ist auch der Geist mancher Menschen sehr stark gefärbt. Egal, was sie sehen, sie sehen eigentlich immer nur eine Projektion von sich selbst. Bei manchen ist der Geist etwas durchlässiger und nimmt eine Mischung aus der eigenen Vorstellung und dem Äußeren wahr. Wenn die *vṛttis* kontrolliert sind, können wir objektiver wahrnehmen.

Die Medienwissenschaft sagt, es gibt kein objektives Denken. Und das stimmt, es gibt kein **objektives Denken**. Aber nach Patañjali gibt es **objektive Wahrnehmung**. Das ist die direkte Wahrnehmung ohne Intellekt, ohne *vṛttis*, ohne *indriyas*. Wir können die Wirklichkeit unmittelbar wahrnehmen.

I.42 Tatra śabdārthajñānavikalpaiḥ saṃkīrṇa savitarkā

tatra = da, in ihm, diese; ***śabda*** = Wort; ***artha*** = wirkliche Bedeutung, wahres Wissen vom Objekt, Sinn, Zweck; ***jñāna*** = Wissen; ***vikalpa*** = Einbildung; ***saṃkīrṇa*** = verwirrt, vermischt; ***savitarka*** = eine der *samādhi*-Formen mit Dualität (wörtlich „mit Annahme")

Die (Versenkung), in der Worte, Bedeutung, Wissen und Vorstellung miteinander vermischt sind, wird savitarka genannt.

Wir hatten vorher bereits von *savitarka samādhi* als der Wahrnehmung der physischen Welt als Ganzes gesprochen. Und diese Wahrnehmung der physischen Welt als Ganzes geschieht abwechselnd und wird ergänzt durch Wissen, das auf Worten beruht, durch Sinneswahrnehmung, durch Denken und zwischendurch auch durch wahres, intuitives, direktes Wissen. Eigentlich ist es noch nicht *samādhi*, sondern nur der *savitarka*-Zustand, den Patañjali hier beschreibt.

I.43 Smṛtipariśuddhau svarūpaśūnyevārthamātranirbhāsā nirvitarkā

smṛti = Gedächtnis, frühere Eindrücke; ***pariśuddhau*** = völlig gereinigt; ***svarūpa*** = eigene Natur, Subjektivität; ***śūnya*** = ohne; ***iva*** = als ob; ***artha*** = Objekt; wahres Wissen über das Objekt; ***mātra*** = nur; ***nirbhāsa*** = reflektierend, erstrahlend; ***nirvitarka*** = eine nächsthöhere Stufe von *samādhi* (wörtlich: „ohne Annahme")

Im nirvitarka-Zustand ist der Geist frei von Subjektivität, gereinigt von früheren Eindrücken und reflektiert so wahres Wissen.

Nirvitarka ist der Zustand, wo man über die Ganzheit der Schöpfung meditiert. Das geht nur, wenn es keine Worte und kein Nachdenken mehr gibt, kein Zeugnis anderer – es gibt einfach nur die direkte Wahrnehmung und damit kommt wahres Wissen.

Der Übergang von *savitarka* zu *nirvitarka* geschieht also dann, wenn wir aufhören zu denken und tatsächlich die ganze Welt als eine Einheit wahrnehmen.

I.44 Etayaiva savicārā nirvicārā ca sūkṣmaviṣayā vyākhyātā

etayā = durch dieses; ***eva*** = sogar; ***savicāra*** = mit Untersuchung; ***nirvicāra*** = ohne Untersuchung; ***ca*** = und; ***sūkṣmaviṣayā*** = überbewußter Zustand, der noch subtilere Gegenstände einbezieht; ***vyākhyāta*** = beschrieben, erklärt.

Durch dies (was in den vorhergehenden zwei sūtras erklärt wurde) ist auch savicāra (samādhi mit Untersuchung), nirvicāra (samādhi ohne Untersuchung) und das, was noch subtiler ist, erklärt.

Savicāra ist die Meditation über das kosmische Gemüt, solange sie noch mit bewußtem Nachdenken und diesem Wechsel zwischen auf Worten beruhendem Wissen, wahrem Wissen und auf Sinneswahrnehmung und Denken gegründetem Wissen verbunden ist. Solange diese Wahrnehmungszustände abwechseln, befinden wir uns in *savicāra*.

Wenn das aufhört und wir tatsächlich das kosmische Gemüt als Ganzes unmittelbar wahrnehmen, dann ist es *nirvicāra*.

Und dann gibt es natürlich noch zwei subtilere Zustände, *sānanda* und *sasmitā*.

I.45 Sūkṣmaviṣayatvam cāliṅgaparyavasānam

Sūkṣma = subtil, feinstofflich; ***viṣaya*** = Objekt; ***ca*** = und; ***alinga*** = der unmanifestierte Zustand; ***paryavasāna*** = sich erstreckend

Der Zustand des samādhi, der sich mit subtilen Objekten beschäftigt, erstreckt sich bis zum unmanifestierten Zustand.

Mit subtileren Objekten, *sūkṣma-viṣayatvam,* können wir in die höheren *samādhi*-Stufen *sānanda* und *sasmitā* gelangen. Unser Geist dehnt sich dann so weit aus wie der unmanifestierte Zustand, und wir erleben das unmanifestierte Ego, das unendlich ist.

Aber:

I.46 Tā eva sabījah samādhiḥ

tā = jene; ***eva*** = nur; ***sabījah*** = mit „Samen", d. h. mit Dualität; ***samādhi*** = überbewußter Zustand

Alle diese sind jedoch nur samādhi mit Samen.

Das ist noch nicht die letztliche Befreiung.

I.47 Nirvicāravaiśāradye 'dhyātmaprasādaḥ

Nirvicāra = *samādhi* ohne Fragestellung; ***vaiśārada*** = erfahren; ***adhyātma*** = geistig, innen; ***prasāda*** = Helligkeit, Klarheit

Durch das Erfahren und Verfeinern von nirvicāra samādhi kommt innere Erleuchtung.

Wenn wir so weit sind, daß wir zu *nirvicāra* kommen, dämmert die Erleuchtung. Es ist noch nicht die vollständige Erleuchtung, aber sie beginnt in diesem Stadium allmählich.

I.48 Ṛtaṃbharā tatra prajñā

Ṛtaṃbharā = das Wahre, Rechte bergend; ***tatra*** = da; ***prajñā*** = wahres Wissen, höchste Erkenntnis

Das Wissen, das in diesem Zustand erlangt wird, ist wahres Wissen.

In *nirvicāra*, wo wir in die subtilste Essenz des Universums hineingehen und damit verschmelzen, nehmen wir tatsächlich direkte Wahrheit, *prajñā*, wahr. Es ist keine relative Wahrheit mehr, sondern direktes Bewußtwerden der Wahrheit. Trotzdem ist es noch nicht das Unendliche.

I.49 Śrutānumānaprajñābhyāmanyaviṣayā viśeṣārthatvāt

śruta = Gehörtes; ***anumāna*** = Folgerung; ***prajñā*** = wahres Wissen, direkte Erkenntnis aus höherem Bewußtsein; ***anya*** = anders; ***viṣaya*** = Objekt, Inhalt; ***viśeṣa*** = besonders; ***artha*** = Ziel, Bedeutung, Objekt

Wissen aus Zeugnis und Folgerung ist dem Wissen aus höheren Zuständen des Bewußtseins nicht gleich; denn es ist auf ein bestimmtes Objekt gerichtet.

Wie bereits erwähnt, gibt es drei Ursachen des Wissens, nämlich direkte Wahrnehmung, Zeugnis und logische Schlußfolgerung.

Hier sagt Patañjali, die höchste direkte Wahrnehmung geschieht in *nirvicāra samādhi*. Wenn man *nirvicāra samādhi* erreicht, erlangt man Wissen über alles. Das Wissen dagegen, das wir aus Schlußfolgerung und Zeugnis haben, ist nur auf ein bestimmtes Objekt gerichtet und außerdem mit Irrtum behaftet.

I.50 Tajjaḥ saṃskāro 'nyasaṃskārapratibandhī

Taj-tja = aus ihm entstanden; ***saṃskāra*** = Eindruck; ***anya*** = von anderen; ***saṃskāra*** = Eindrücke; ***pratibandha*** = verhindern, ersetzen

Die daraus entstandenen Eindrücke (saṃskāras) ersetzen alle anderen.

Saṃskāras sind Eindrücke im Unterbewußtsein. Manche Eindrücke im Unterbewußtsein beziehen sich auf bestimmte Fähigkeiten und Möglichkeiten. Manche Menschen sind musikalisch, andere haben eine besondere handwerkliche, mathematische oder schriftstellerische Begabung, natürliche Menschenkenntnis oder Führungsfähigkeiten, mit denen sie schon auf die Welt gekommen sind, also angeborene *saṃskāras*.

Saṃskāras sind auch Wünsche und Neigungen. Oft ergänzen sich Fähigkeiten und Neigungen, aber nicht immer. Manche Kinder mögen zum Beispiel von klein auf eine Farbe mehr als andere, manche mögen dieses, andere jenes lieber. Manche Menschen können etwas ganz gut, haben aber keine Lust dazu, sondern wollen gerne etwas anderes machen.

Es gibt auch Menschen mit alten Yoga-*saṃskāras* . Sie belegen aus irgendwelchen eigenartigen Gründen einen Yogakurs – weil ein Freund, eine Freundin sie mitschleppt, weil sie zufällig ein Buch darüber sehen, weil sie sich gestreßt fühlen oder Rückenschmerzen haben, weil sie einfach mal etwas Neues ausprobieren möchten oder jemand ihnen erzählt hat, wie toll Yoga ist – und dann gefällt es ihnen so gut, sie wollen einfach mehr machen. Swami Vishnu hat gesagt: Wer in diesem *kali yuga* (eisernes, materialistisches Zeitalter) ein spirituelles Leben wirklich konsequent leben kann, der muß schon tiefe spirituelle *saṃskāras* haben, der muß schon in einigen Leben vorher ab und zu mal Yoga geübt haben! Und wenn die Zeit reif ist, drücken sich diese *saṃskāras* von selbst aus.

Nun kann man natürlich fragen: Wenn das so ist, warum passiert es mir dann erst jetzt mit 35 oder 40 Jahren oder noch später, daß ich anfange, Yoga zu üben? – Das kommt daher, daß man aus früheren Leben auch noch andere *saṃskāras* hat, Wünsche oder Neigungen, die man nicht ausgelebt und daher bedauert hat. Vielleicht hat man in seinem früheren Leben gedacht: „Jetzt habe ich 20 Jahre oder mehr geübt, aber das und das habe ich verpaßt." Wenn man diese Vorstellung hatte, dann wird man eben im gegenwärtigen Leben erst all diese Sachen ausleben und vielleicht erst mit 40, 60, 80 Jahren oder sogar noch später zum Yoga kommen. Aber dann geht es in der Regel recht schnell und konsequent, das Leben wird sich recht zügig umwandeln, eben wegen dieser bereits vorhandenen Eindrücke.

Natürlich sind unsere *saṃskāras* nicht nur vom letzten Leben abhängig, sondern sie werden auch in diesem Leben weitergeprägt – durch unsere Erziehung, unsere Eltern, unsere Klassenkameraden, unsere Lehrer und durch das, was wir bewußt im Leben tun.

Wir können unsere *saṃskāras* ändern. Ein großer Teil des spirituellen Fortschritts besteht darin, die *saṃskāras* Schritt für Schritt zu verändern. Das ist einer der Gründe, warum das spirituelle Wachstum so lange dauert. In unserem Unterbewußtsein ist so viel gespeichert – Ärger, Eifersucht, Angst, Selbstsucht, Gier, Zorn, Neid, Haß. All das müssen wir Schritt für Schritt umwandeln. Das geht nicht von heute auf morgen, sondern dauert seine Zeit. Yoga gibt uns Techniken an die Hand, wie wir bewußt daran arbeiten können. Wir müssen positive Denkgewohnheiten schaffen, unser Unterbewußtsein Schritt für Schritt transformieren.

Auch alle Wünsche, die wir noch haben, prägen uns und unser Leben. Es heißt, daß jeder Wunsch auf irgendeine Art und Weise erfüllt werden muß. Wenn der Wunsch klein ist, kann er auch manchmal im Traum erfüllt werden. Andere können in der Zeit zwischen zwei Leben auf der Astralebene erfüllt werden. Und wieder andere müssen sich auf der physischen Ebene manifestieren. Es ist also wichtig, aufzupassen, welche Wünsche man kultiviert, welche man in sich stark werden läßt. All das hält uns davon ab, zur Wahrheit zu kommen.

Es gibt drei Ursachen, die unseren spirituellen Fortschritt bremsen: die *saṃskāras*, das *karma* und Mangel an *ojas*, spiritueller Energie.

Unseren Geist auf eine höhere Ebene zu bringen, zu *samādhi* (überbewußter Zustand), braucht sehr viel *ojas*, das wir durch systematische spirituelle Praxis und Sublimierung aller anderen Energien erst ansammeln müssen.

Dabei handelt es sich erst einmal um die Grundenergien *prāṇa, apāna, samāna, udāna, vyāna* als Manifestationen des *prāṇas*. Durch systematische Yogapraktiken sublimieren wir diese. Auch Wünsche können wir durch Nichterfüllung sublimieren. Und auch andere Impulse und Emotionen können wir sublimieren, in spirituelle Energie umwandeln, indem wir ihnen nicht nachgeben.

Und dann wirkt natürlich *karma*. Wir haben verschiedene Lektionen zu lernen. Solange wir noch sehr viel *karma* haben, wird auch die Selbstverwirklichung auf sich warten lassen. Trotzdem heißt es: Wenn es uns trotz allen *karmas* doch irgendwie gelingt, zu *samādhi* zu kommen, dann werden die Eindrücke von *samādhi* so stark sein, daß sie alle anderen Eindrücke ersetzen. Eine tiefe spirituelle Erfahrung wird dann so stark, daß vieles andere abgeschwächt wird und keine so große Rolle mehr spielt. Wenn man eine große Vision, eine tiefe Meditationserfahrung hat und sich dabei dem Unendlichen, Gott oder dem Meister sehr nahe oder verbunden fühlt, dann wird das mit einem Schlag stärker als alles andere. Natürlich können anschließend die anderen Wünsche und *saṃskāras* auch wieder wachsen, wenn wir sie füttern, oder sie können noch kleiner werden, wenn wir uns bewußt mehr spirituell orientieren. Wir müssen also auch nach einer solchen Erfahrung wachsam sein und unsere spirituelle Praxis diszipliniert weiterführen.

Deshalb kann man sagen, der spirituelle Weg ist eine Mischung aus schrittweiser Arbeit und plötzlicher Gnade.

Wir arbeiten ganz langsam, ändern, ersetzen einen negativen Gedanken durch einen positiven, eine negative Eigenschaft durch eine positive, alles Schritt für Schritt. Es gibt Rückfälle, wir fallen in alte Gewohnheiten zurück, müssen uns täglich neu motivieren und überwinden. Und plötzlich gibt es eines Tages eine wunderschöne Meditation oder ein tiefgehendes *prāṇāyāma*, und mit einem Schlag sind all die Schwierigkeiten erst einmal verschwunden.

Das Resultat von höheren Bewußtseinszuständen ist, daß sie die *saṃskāras* ersetzen. Und das ist auch ein Kriterium, um zu beurteilen, ob eine Erfahrung wirklich *samādhi* war oder nicht. War es *samādhi*, dann ändert dieses Erleben etwas Grundlegendes in uns. Wir sind nicht mehr so wie vorher. Unser Denken, Fühlen, Wollen, Mögen und Wünschen haben sich verwandelt.

I.51 Tasyāpi nirodhe sarvanirodhānnirbījaḥ samādhiḥ

tasya = von dem; ***api*** = auch; ***nirodha*** = Zur-Ruhe-Bringen, Beherrschung; ***sarva*** = (von) allen; ***nirodha*** = Zur-Ruhe-Bringen, Beherrschung; ***nirbīja*** = samenlos, ohne Dualität; ***samādhi*** = überbewußter Zustand

Wird auch dieses zur Ruhe gebracht und so alles zur Ruhe gebracht, tritt man in den samenlosen Zustand des samādhi ein.

Werden die Bewußtseinszustände von *nirvicāra, sānanda* und *sasmitā* überwunden, werden auch sie zu *nirodha*, dann hört alles auf (*sarva-nirodha*) und wir kommen zu *nirbīja samādhi*, zum *samādhi* ohne Samen. Das ist das gleiche wie *asaṃprajñāta samādhi*. Und dann ist man selbstverwirklicht.

Oft wird gefragt, wie das aussieht, wenn sich jemand im Zustand des *samādhi* befindet.

Arjuna fragt Krishna im 2. Kapitel der Bhagavad Gītā: „Wie sieht ein Mensch aus, der die Verwirklichung erreicht hat? Wie geht er, wie ist er, wie steht er, wie spricht er?“ Krishna geht darauf überhaupt nicht ein. Er sagt statt dessen nur: Ein Selbstverwirklichter ist gleichmütig in Erfolg und Mißerfolg. Er empfindet Liebe zu allen Wesen. Er ist in der Gegenwart des Höchsten. Äußere Kennzeichen gibt Krishna gar nicht an.

Aber ich kann etwas aus meiner persönlichen Erfahrung mit Swami Vishnu berichten. Wenn er öffentlich meditiert hat, hat er sich bemüht, nicht in *samādhi* zu fallen. Er hat dann auch nur kurz meditiert, bis zu einer halben Stunde. Denn in *samādhi* ist man zu sehr von der Außenwelt weg. Normalerweise hat er zwischen drei und fünf Uhr morgens meditiert, und dann war er allein. Aber wenn man in seiner Nähe war, hat man das gemerkt. Als ich einmal eine Weile in demselben Häuschen wohnte wie er, bin ich immer um drei Uhr aufgewacht und konnte gar nicht anders als meditieren. Oder wenn man sich im selben Zimmer befand wie er, merkte man die starke Schwingung, die von ihm ausging.

Ich kann mich an ein Ereignis während unserer fortgeschrittenen Lehrerausbildung erinnern. Es war an Swami Sivanandas Geburtstag. Aus diesem Anlaß haben wir ein Schauspiel aufgeführt, wo wir ein paar Szenen aus dem Leben von Swami Sivananda gespielt haben. Swami Vishnu hat zuerst zugeschaut, uns immer wieder gelobt, wie gut die Szenen seien, und plötzlich hat er nichts mehr gesagt. Er saß nur einfach da, vollkommen bewegungslos. Nichts hat sich bewegt, nur ein Lächeln lag über seinem Gesichtsausdruck, und so blieb er. Wir wußten erst nicht, wie wir uns jetzt verhalten sollten. Schließlich haben wir das Stück einfach weiter gespielt – er hat sich davon auch nicht weiter stören lassen. Als das Stück zu Ende war, haben wir gemeinsam Oṃ gesagt. Wer schlafen gehen wollte, ist gegangen, und ein paar sind noch eine Weile bei Swami Vishnu geblieben. Er blieb mehrere Stunden bewegungslos. Irgendwann zog sich einer nach dem anderen zurück, und dann saß er halt alleine da. So ist *samādhi.*

Samādhi selbst kann man nicht beschreiben. Es ist *sat-cit-ānanda*, reines Sein, Wissen und Glückseligkeit.

Die niederen *samādhi*-Stufen sind noch verbunden mit irgendwelchen Wahrnehmungen, konkreten Gefühlen, aber in den höheren Stufen gibt es nichts mehr, was man auch nur andeutungsweise beschreiben könnte.

Die *kuṇḍalinī* (ruhende schöpferische Energie im Menschen) entwickelt sich parallel damit. Wenn man in *samādhi* ist, ist auch das *prāṇa* sehr hoch, aber man ist sich dessen nicht mehr bewußt. Die Gehirnwellen sind in einem spezifischen Zustand, aber man ist sich keiner Gehirnwellen bewußt. Der Herzschlag setzt fast aus, aber man ist sich keines Herzschlages bewußt. Der Körper wird vollkommen bewegungslos, aber man spürt keinen Körper.

Es gibt also Korrelationen auf der physischen und energetischen Ebene, aber das Bewußtsein ist davon abgehoben. Das Bewußtsein ist eben nicht mehr im individuellen Körper und in der individuellen Energie. Auch individuelle Emotionen, Gefühle, Wahrnehmungen, Sichtweisen sind nicht mehr da, weil das Bewußtsein in dieser Form von vollständigem *samādhi*, wo wir uns auf das Kosmische als Ganzes konzentrieren, nichts Individuelles mehr erfaßt.

Die Meister haben das sogenannte Doppelbewußtsein. Das heißt, sie haben das Bewußtsein für das Unendliche und das Bewußtsein für die Welt gleichzeitig. Sie sind entrückt, und es kann sein, daß sie ständig in einem höheren Bewußtseinszustand bleiben und auf dieser Erde gar nicht mehr so richtig landen. Während andere Meister, zu denen auch Swami Sivananada lange Zeit gehörte, gleichzeitig vollen Zugang zum Überbewußtsein und zur physischen Welt haben.

Da gibt es eine lustige Geschichte. Eines Tages kam eine Frau in den Ashram in Rishikesh und wollte gerne Swami Sivananda sehen. Man hat sie ins Büro geschickt und gesagt, dort würde sie ihn treffen. Im Büro saß jemand an der Schreibmaschine.

Als er sie sah, hat er angefangen, sich mit ihr zu unterhalten. Er hat sie gefragt, wie es ihr geht, was sie macht, wie lange sie auf dem spirituellen Weg ist u.s.w. Nach der Unterhaltung kam sie wieder heraus und fragte: „Da war kein Swami Sivananda, wo ist er denn?“ Und die anderen sagten: „Ja, du kommst doch gerade von ihm, du hast dich doch mit ihm unterhalten.“ „Was, das ist der Meister Sivananda? Ich dachte, er sei der Manager.“ Sie hat zwar gemerkt, daß eine besondere Ausstrahlung von ihm ausging, glaubte aber nicht, daß ein Heiliger eine Schreibmaschine bedienen würde.... Sie ist dann noch einmal hineingegangen und hat sich vor ihm verneigt.

Wenn man als spiritueller Aspirant zu schnell zu subtil wird und die Bodenhaftung verliert, ist das nicht so gut. Denn dann entgeht man einigen Problemen, die man eigentlich bewältigen und aufarbeiten müßte. Deshalb ist auch *karma yoga*, der selbstlose Dienst, das Handeln und Arbeiten ohne Erwartung, so wichtig. Und es ist wichtig, an den *saṃskāras* zu arbeiten. Wenn man sich dauerhaft in einem Schwebezustand befindet, bevor man an den *saṃskāras* gearbeitet hat, dann heiligt man nur sein Ego, statt es zu transzendieren und rettet seine Unvollkommenheiten in einen subtilen Schwärmzustand.

Im engeren Kreis seiner Schüler hat Swami Vishnu uns manchmal gesagt, wir sollen nicht die Illusion haben, daß der spirituelle Weg im fortgeschrittenen Stadium leichter wird. Wenn man auf den ersten Stufen steht und fällt, dann ist es nicht so schlimm. Wenn man auf einer Leiter die untersten Sprossen erklommen hat und dann herunterfällt, macht es nichts. Aber wenn man auf einer langen Leiter ganz oben ist, ausrutscht und stürzt, dann ist es gefährlich. Je höher wir kommen, desto größer sind die Versuchungen, und desto größer sind die Aufgaben. Natürlich ist auch die Wonne, die man in der Meditation und im Leben erfährt, um so größer. Aber es wird nicht leichter.

Eigentlich könnte man hier aufhören. Das erste Kapitel enthält auf gewisse Weise schon alles.

Um das erste Kapitel zusammenzufassen:

Yoga ist das Zur-Ruhe-Kommen der Gedanken im Geist. Dann ruht man in seinem wahren Wesen. Ansonsten identifiziert man sich mit den *vṛttis* (Gedankenwellen). Es gibt fünf Arten von *vṛttis*. Einige sind schmerzhaft, andere nicht. Die Gedanken werden durch *abhyāsa*, Übung, und *vairāgya*, Nichtanhaften, zur Ruhe gebracht. Werden die *vṛttis* beherrscht, kommt man zu *samādhi*. Es gibt verschiedene Stufen von *samādhi*.

Manche Menschen erreichen die Befreiung recht zügig, weil sie in einem früheren Leben schon sehr weit waren. Andere hingegen bemühen sich in diesem Leben durch verschiedene Praktiken, die sie mit Energie, Vertrauen, Erinnerung und klarem Bewußtsein ausführen.

Die Verwirklichung kommt schnell, wenn der Wunsch danach stark ist. Die Verehrung Gottes, *īśvara praṇidhāna*, führt sehr schnell zur Verwirklichung. *Īśvara* ist das spezifische Zentrum von Bewußtsein, welches frei ist von *karma*, von Wünschen und von Leid. *Īśvara* ist der Lehrer aller Lehrer. Er enthüllt sich in dem Wort „Oṃ“. „Oṃ“ gibt eine erleuchtete Innenschau und beseitigt alle Hindernisse.

Darauf folgt eine Aufzählung aller Hindernisse und anschließend eine Beschreibung von Techniken, die diese Hindernisse beseitigen.

Dann spricht Patañjali nochmals über die einzelnen *samādhi*-Formen, und zum Schluß sind wir bei *nirbīja samādhi*. Irgendwann kommen wir alle zu *nirbīja samādhi*, aber es ist nicht gesagt, daß wir es in diesem Leben erreichen.

Für sehr fortgeschrittene Aspiranten reicht das erste Kapitel aus, denn es enthält im Kern alles. Es ist sehr anspruchsvoll. Die Hälfte handelt von *samādhi*, die andere Hälfte davon, wie die Hindernisse dorthin zu beseitigen sind.

Andere Aspiranten, zu denen die meisten gehören, müssen auch noch die restlichen Kapitel behandeln. Dort wird es nämlich sehr viel leichter. Das zweite Kapitel ist einfacher, konkreter und daher für den normalen Durchschnittsaspiranten praktischer. Nicht umsonst sind die Inhalte des zweiten Kapitels unter Yoga-Übenden am bekanntesten.

Zweites Kapitel

Sādhana Pāda – Spirituelle Praxis

Das zweite Kapitel hat vier Hauptthemen.

Das erste Thema ist *kriyā yoga* und *kleśas*, das zweite die *sāṃkhya*-Philosophie, die Antworten auf Fragen gibt wie: „Was ist das Universum?" „Was ist Bewußtsein?" „Was ist der Mensch?" Das dritte Thema ist *karma*. Die beiden letzteren hängen eng zusammen und definieren die Lebenseinstellung des Yogi. Und das vierte Thema sind die acht Stufen des *Rāja Yoga*, die *aṣṭaṅgas*, wobei Patañjali die ersten fünf im zweiten Kapitel behandelt und die letzten drei im dritten Kapitel.

II.1 Tapaḥsvādhyāyeśvarapraṇidhānāni kriyāyogaḥ

tapas = Askese, Disziplin, Hitze; ***svādhyāya*** = Selbststudium; ***īśvara-praṇidhāna*** = Hingabe an Gott, Selbstaufgabe; ***kriyā*** = Handlung; ***yoga*** = Yoga

Disziplin, Selbststudium und Hingabe an Gott bilden den kriyā yoga.

Kriyā heißt Handlung, ähnlich wie *karma*. Beide stammen vom selben Wortstamm kri. *Kriyā Yoga* ist der Yoga der Handlung, d. h., es geht um Techniken und Methoden, die jeder ausführen kann; etwas, was man aktiv tun kann, ohne fortgeschritten zu sein.

Kriyā yoga bezeichnet in verschiedenen Yogasystemen jeweils etwas anderes:

Im *Haṭha Yoga* sind die *kriyās* die Reinigungsübungen wie *netī* (Nasenspülung) oder *śaṅkh prakṣālama* (Magen-/Darmreinigung) etc.

Im *Kuṇḍalinī Yoga* sowie bei Paramahaṃsa Yogānanda werden kombinierte Energietechniken als *kriyās* bezeichnet.

Kriyā ist zunächst einmal etwas Handfestes, zu dem keine Konzentrationsfähigkeit und kein höheres Bewußtsein notwendig sind. Denn es ist schwer, kosmische Liebe zu empfinden oder die Gegenwart Gottes zu spüren. Es ist leichter, Anweisungen für bestimmte Techniken zu folgen, wie zum Beispiel: „Zieh' die Beckenbodenmuskeln zusammen, erzeuge den sanft hörbaren *ujjayi*-Klang, wiederhole geistig ‚lam, lam, lam' und visualisiere dabei eine Glasröhre in der Wirbelsäule, in der Licht vom unteren Ende der Wirbelsäule nach oben strömt." Das kann man irgendwie machen.

Im alten klassischen *Bhakti Yoga* sind die *kriyās* bestimmte Rituale, die ein indischer Hausvater, ein *gṛhastha*, ausführt, also z. B. *pūjas* (Verehrungsritual), Ahnenverehrung, Almosen, Feuer entzünden u.s.w. Es gibt bestimmte Handlungen (kriyās), die für einen Haushalter vorgeschrieben sind; sie werden bei manchen *Brahmanen* auch heute noch praktiziert.

Und im *Rāja Yoga* sind die drei *kriyās tapas* (Askese, Disziplin, Hitze), *svadhyāya* (Selbststudium) und *īśvara praṇidhāna* (Hingabe an Gott, Verehrung Gottes).

II.2 Samādhibhāvanārthaḥ kleśatanūkaranārthaśca

Samādhi = überbewußter Zustand; ***bhāvanārtha*** = um herbeizuführen; ***kleśa*** = Kummer, Leiden; ***tanū*** = vermindern; ***karanārthaḥ*** = herbeiführen

Er vermindert die kleśas (Leiden) und führt zu samādhi.

Kriyā Yoga schafft *bhāvana artha*, das rechte, innige Gefühl, das *samādhi* herbeiführt. Indem wir *kriyā yoga* praktizieren, entsteht die emotionelle Grundhaltung, *bhāva*, welche uns in die Lage versetzt, *samādhi* zu erreichen. Kriyā Yoga vermindert die *kleśas*. Die *kleśas* sind die Ursachen des Leides.

Was sind nun die *kleśas*? Das wird im folgenden erklärt.

II.3 Avidyāsmitārāgadveṣābhiniveśaḥ kleśaḥ

avidyā = Unwissenheit; ***asmitā*** = Ichhaftigkeit, Egoismus, Identifikation; ***rāga*** = Anziehung, Wunsch; ***dveṣa*** = Abneigung; ***abhiniveśa*** = Anhaften (am Leben), Todesfurcht; ***kleśa*** = Schmerzen, Ursache des Leidens

Unwissenheit, Identifikation, Anziehung und Abneigung sowie Furcht vor dem Tod sind die kleśas (Schmerz verursachenden Leiden).

Die fünf *kleśas* heißen:

- *avidyā* – Nichtwissen, Unwissenheit,
- *asmitā* – Egoismus, Ichhaftigkeit, Identifikation,
- *rāga* – Mögen, Wunsch, Gier,
- *dveṣa* – Nichtmögen, Abneigung,
- *abhiniveśa* – „Anhaften", im engeren Sinn Furcht vor dem Tod, im weiteren übertragenen Sinn Angst in jeglicher Form.

Wir betrachten die *kleśas* zunächst näher. Dann wird es leicht verständlich, warum *kriyā yoga* hilft, Leiden zu vermeiden.

II.4 Avidya kṣetramuttareṣāṃ prasuptatanu vicchinnodārānām

avidyā = Unwissenheit; ***kṣetra*** = Feld, Schoß, Quelle; ***uttareṣām*** = der Folgenden; ***prasupta*** = schlafend, latent; ***tanu*** = schwach, ausgedünnt; ***vicchina*** = vernichtet, überwunden, unterdrückt; ***udārānām*** = ausgedehnt, steigend

Avidyā (Unwissenheit) ist die Ursache (Quelle) von allen darauf folgenden (kleśas), ob sie nun schlafend, schwach, überwunden oder voll wirksam sind.

II.5 Anityāśuciduḥkhānātmasu nityaśucisukhātmakhyātiravidyā

anitya = nicht-ewig, vergänglich; ***aśuci*** = unrein; ***duḥkha*** = Leid, Elend; ***anātma*** = nicht-Selbst; ***nitya*** = ewig; ***śuci*** = rein; ***sukha*** = Vergnügen, Freude; ***ātma*** = Selbst; ***khyāti*** = Wissen, Bewußtsein; ***avidyā*** = Nichtwissen

Durch avidyā (Unwissenheit) hält man das Vergängliche, Unreine, Leidvolle, das Nicht-Selbst fälschlicherweise für das Ewige, Reine, Freudvolle, das Selbst.

Der Körper ist voller Unreinheiten, schmerzvoll und nicht das Selbst. Aber wir denken: Ich bin der Körper. Und die wenigsten rechnen damit, daß sie sterben werden. Sie halten den Körper für rein, für gut, für ewig. In einer Umfrage wurden Menschen gefragt, ob sie lieber zu Hause oder im Krankenhaus sterben wollen. Die meisten sagten: „Wenn ich schon sterben muß, dann lieber zu Hause“– als ob das die Frage wäre. Man stirbt ganz sicher irgendwann (körperlich)!

Wenn wir einmal pro Woche *śaṅkh prakṣālama* (Magen-/Darmreinigung) machen, oft fasten, nur biologisch-organisches Gemüse in optimalen Abstimmungen essen, jeden Tag *netī* (Nasenreinigung), *dhautī* (Magenreinigung), *basti* (Darmreinigung) u.s.w. machen würden, würden wir zwar den Körper recht rein halten, aber irgendwann stirbt er trotzdem. Der Körper bemüht sich von Natur aus, rein zu bleiben. Durch verschiedene Reinigungspraktiken versuchen wir, ihn dabei zu unterstützen. Die meisten Menschen machen aber eher das Gegenteil. Sie muten ihrem Körper alle möglichen schlimmen Sachen zu, und das führt eben zu Unreinheiten. Denn die Natur hat nicht vorgesehen, daß wir alle möglichen Konservierungs-, Geschmacks-, Aroma- und Farbstoffe zu uns nehmen; die Natur hat nicht vorgesehen, daß wir die Luft vergiften und sie dann einatmen; die Natur hat nicht vorgesehen, daß wir unseren Körper zum Grab von Tierleichenteilen machen. Das alles führt zu allen möglichen Unreinheiten.

Und wie mit unserem Körper identifizieren wir uns auch mit unserer Persönlichkeit, mit unseren Talenten, Fähigkeiten, Neigungen: „So bin ich halt“.

Man hält das Schmerzvolle für das Gute, Freudvolle. Alles Sinnliche ist letztlich nicht wirklich freudvoll, aber man denkt, dies oder jenes zu erreichen, müßte freudvoll sein.

Das sind Beispiele für *avidyā*, Unwissenheit, fälschliche Ansicht.

II.6 Dṛgdarśanaśaktyorekātmatevāsmitā

dṛg = der Sehende, der Wahrnehmende; ***darśana-śakti*** = Kraft des Sehens, Instrument der Wahrnehmung; ***ekātmata*** = Identität, Identifikation; ***iv*** = als ob; ***asmitā*** = „Ichhaftigkeit", Egoismus

Asmitā (Egoismus) ist die Identifikation des Sehenden mit dem Instrument des Sehens.

Die tatsächliche Identifikation mit dem Körper, den Gedanken, Gefühlen, Fähigkeiten ist der nächste Schritt. Am Anfang steht *avidyā*, die fälschliche Ansicht, und als nächstes sind wir *asmitā*, wir kommen zu einer Identifikation unseres Ichs: „So bin ich, das bin ich".

II.7 Sukhānuśayī rāgaḥ

sukha = Vergnügen, Freude; ***anuśayī*** = begleitend, resultierend; ***rāga*** = Anziehung, Zuneigung, Mögen

Rāga (Mögen) ist das, was am Vergnügen haftet.

Wenn wir uns mit etwas identifizieren, halten wir etwas Bestimmtes für wünschenswert. Diese bestimmte Sache bringt uns unserer Meinung nach Vergnügen. Und was Vergnügen bringt, das wollen wir haben.

II.8 Duḥkhānuśayī dveṣaḥ

duḥkha = Schmerz, Leiden; ***anuśayī*** = begleitend, resultierend; ***dveṣa*** = Abneigung, Nichtmögen

Abneigung ist das, was am Schmerz haftet.

II.9 Svarasavāhī viduṣo 'pi tathā rūdho 'bhiniveśaḥ

svarasavāhī = fließend zur eigenen Essenz, Wunsch zu leben; ***viduṣa*** = der Gelehrte, Weise; ***api*** = sogar; ***tathā*** = auf diese Weise; ***rūdhaḥ*** = reitend, beherrschend; ***abhiniveśa*** = Todesfurcht, starker Wunsch nach Leben

Furcht vor dem Tod ist der fortgesetzte Wunsch zu leben, von dem sogar der Weise beherrscht wird.

Einen Selbsterhaltungstrieb hat sogar noch der Weise.

Jetzt könnte man sagen – und so argumentiert die westliche Psychologie: Selbsterhaltungstrieb ist ein menschlicher Instinkt, das ist Teil des menschlichen Lebens, und das ist gut so. Aber die Yogis sagen: „Das ist eine Ursache des Leidens, und man kann durchaus etwas dagegen tun."

Patañjali gibt uns also eine Kette von Leid-Ursachen:

- Unwissenheit ist Ursache des Leidens
- Identifikation ist Ursache des Leidens.
- Etwas besonders gern zu haben, ist Ursache des Leidens.
- Etwas abzulehnen, ist Ursache des Leidens.
- Und letztlich ist die Furcht vor dem Tod, also der Selbsterhaltungstrieb, auch Ursache des Leidens.

Wir können das jetzt sehr abstrakt oder sehr konkret sehen.

Nehmen wir die Sache mit dem **Körper** als Beispiel.

Avidyā, Nichtwissen: Wir vergessen, wer wir wirklich sind. Wir vergessen, daß wir das unsterbliche Selbst sind, und identifizieren uns mit diesem Körper (***asmitā***). Konsequenz davon ist ***rāga***, wir mögen etwas, und ***dveṣa***, wir mögen etwas nicht. Der Körper hat bestimmte Wünsche, Vorlieben u.s.w. Nun mögen wir dies und jenes, und bestimmte andere Dinge mögen wir nicht. Dann mögen wir natürlich auch, daß der Körper schön aussieht, daß das Haar füllig ist, glänzt, glatt oder gelockt oder wie auch immer ist. Wir mögen es nicht, wenn wir wieder ein paar zusätzliche graue Haare haben. Wir mögen es darüber hinaus, daß uns jemand sagt: „Siehst du aber gut aus!" Wir mögen es nicht, wenn man uns sagt: „Du siehst aber mitgenommen aus heute!" oder sonst etwas Ähnliches. Nun passiert es aber mehr oder weniger häufig, daß das, was wir mögen, nicht eintritt, und das, was wir nicht mögen, passiert. Das führt dann zu Leiden. Und schließlich ***abhiniveśa***: Wir identifizieren uns mit diesem Körper und haben Angst davor, ihn zu verlieren. Eines ist aber sicher: Wir verlieren den Körper irgendwann. Und manchmal hat man Krankheiten, schwere Krankheiten. Das bringt Menschen total durcheinander. Ihre ganze Lebensphilosophie muß sich ändern.

Manche Menschen identifizieren sich weniger mit ihrem Körper, sondern mehr mit einem bestimmten Teil ihrer Persönlichkeit. Künstler zum Beispiel definieren sich oft über ihr Künstlertum, wie etwa ein Musiker, Dichter oder Maler: „Ich bin Musiker." Ein Musiker hat eine ganz bestimmte Persönlichkeit und Identifikation. Er hat bestimmte Vorlieben. Er macht zum Beispiel gern Musik. Und er spielt bestimmte Arten von Musik besonders gern. Er ist gern mit anderen Musikern zusammen. Er freut sich, wenn er für seine Musik gelobt wird. Wenn man einen Musiker, der sich sehr mit seiner Musik identifiziert, dafür lobt, was für eine schöne Krawatte er trägt, dann interessiert ihn das nicht übermäßig. Wenn er aber von einem von ihm selbst geachteten anderen Musiker gelobt wird, wie gut er gespielt hat, dann wächst er. Findet jemand sein Spiel nicht gut, dann mag er das überhaupt nicht. Er hat auch Angst davor, kritisiert zu werden, nicht anerkannt zu werden, seine Musikalität zu verlieren.

Man kann sich mit jedem Beruf identifizieren. Ein Handwerker zum Beispiel möchte alles immer ordentlich und richtig machen.

Intellektuelle Menschen identifizieren sich sehr mit ihrem Intellekt. Und dann mögen sie zum Beispiel intellektuelle Diskussionen mit anderen Menschen, die klug sind. Sie mögen es nicht, mit scheinbar dummen Menschen etwas zu tun zu haben. Sie haben große Angst davor, daß die Schärfe ihres Intellekts nachläßt. Ihre größte Angst wäre, Alzheimer oder eine ähnliche Krankheit zu bekommen. Alles andere wäre für sie vielleicht nicht so schlimm, aber wenn sie irgendwann einmal merken, sie haben etwas vergessen, sie verstehen etwas nicht so schnell, das wirft sie total aus der Bahn.

Manche Menschen identifizieren sich mit ihrer Rolle als Mutter, Ehefrau, Ehemann, Sohn etc. Viele identifizieren sich sehr stark mit einem anderen Menschen, beziehungsweise mit ihrem Bild von diesem Menschen. Manche identifizieren sich mit ihrem Haus, ihrer Firma, ihrem Auto, ihrer Briefmarkensammlung u.s.w.

Neben diesen allgemeinen gibt es auch negative Identifikationen. Manche Menschen halten sich für unfähig, meinen, daß sie kaum etwas können, und identifizieren sich damit. Sie mögen es, eher einfache Sachen zu tun. Und sie haben Angst vor vielen Aufgaben und vor Kritik. Sie identifizieren sich mit einer Rolle als Unglücksrabe, als Sündenbock etc.

Identifikation gibt es auch mit der spirituellen Übung: Angenommen, jemand identifiziert sich besonders mit seiner/ihrer Āsanapraxis. Dann will er/sie natürlich auch ein Lob haben. Er/sie will z. B. auch den *Skorpion* (eine Yogastellung) können, und wehe, er gelingt nicht. Oder wenn er gelingt, dann schaut der Yogalehrer gerade nicht hin, und das erwartete Lob bleibt aus. Angenommen, jemand bekommt vom Arzt gesagt: „Drei Monate lang dürfen Sie keine Rückbeugen machen", bricht manchmal für diesen Menschen die Welt zusammen. Dabei wäre es so einfach, sich zu sagen: „Gut, dann mache ich halt mal drei Monate lang andere Übungen." Ich kenne Menschen, die jahrelang Yoga üben und plötzlich aus irgendwelchen Gründen bestimmte Übungen nicht mehr machen können. Das wirft manchen total aus der Bahn. Besser wäre es, dann eben andere Übungen zu machen. Und manchen wirft es auch aus der Bahn, wenn er mal weniger Zeit hat zum Üben oder es mal nicht so gut gelingt.

Auch mit anderen Aspekten des spirituellen Lebens, die eigentlich gut sind, können wir durch Anhaften zum Leid kommen. Man hat konkrete Vorstellungen über den spirituellen Weg. Nur, wir müssen uns auch hierbei vor Identifikationen hüten. Vieles auf dem spirituellen Weg kommt anders, als wir erwarten.

Immer wenn man unglücklich ist, dann ist die Ursache die Identifikation mit irgend etwas. Irgendwo hat man seine wahre Natur als umfassendes Bewußtsein, als unvergängliches Sein, Wissen und Glückseligkeit vergessen. Das ist *avidyā.* Man hat sich mit etwas identifiziert, was man nicht wirklich ist (*asmitā*). Irgendwie hat man daraus ein Mögen (*rāga*) und Nichtmögen (*dveṣa*) gemacht und Angst entwickelt, etwas zu verlieren oder nicht zu können u.s.w. (*abhiniveśa*). Und dann ist etwas eingetreten, was dem widersprochen hat, was wir mögen.

Es gibt Identifikationen verschiedener Grade. Zunächst haben wir einen Körper, einen Geist, eine Psyche, außerdem Fähigkeiten und Neigungen, mit denen wir uns identifizieren. Das ist eine Identifikation ersten Grades. Nun identifizieren wir uns aber nicht mit dem Körper, dem Geist und unseren Fähigkeiten, wie sie wirklich sind, sondern wir haben ein Bild davon, wie unser Körper, unser Geist, unsere Fähigkeiten und Neigungen, kurz unsere Persönlichkeit, sind. Das ist eine Identifikation zweiten Grades. Eine ganze Reihe von Menschen halten sich für zu dick, die, medizinisch gesehen, Normalgewicht haben. Sogar viele, die medizinisch untergewichtig sind, halten sich für übergewichtig. Man identifiziert sich mit seinem Selbstbild. Als drittes gibt es das Bild, das andere von uns haben. Und das vierte ist das Bild, von dem wir wollen, daß andere es von uns haben. Je mehr diese vier Bilder divergieren und je stärker sie verankert sind, desto mehr Spannungen gibt es.

Zu *satya*, Wahrhaftigkeit, gehört in diesem Sinne durchaus, authentisch zu sein und herauszufinden: Was sind meine Stärken und Schwächen, was ist meine Persönlichkeit? Und wir sollten uns so akzeptieren, dazu stehen und nicht versuchen, anders zu sein oder zu scheinen als wir eigentlich sind. Auf diese Weise nähert sich auch das Bild, das die anderen von uns haben, unserem Selbstbild. Das allein hilft, innere Konflikte abzubauen. Das ist schon ein etwas positiveres *asmitā*.

Im Laufe der Zeit läuft die Yogapraxis typischerweise darauf hinaus, daß man ein authentischerer Mensch wird, daß man keine Angst davor hat, natürlich zu sein, zu seinen Schwächen zu stehen. Dabei hilft es natürlich auch, daran zu arbeiten, *avidyā* zu reduzieren und zu erkennen: Ich bin weder der Körper noch der Geist, eigentlich bin ich das unsterbliche Selbst. Dieser Körper und dieser Geist sind mein Instrument. Und dieses Instrument können die anderen ruhig so sehen, wie es ist. Und ich selbst kann es ruhig auch kennenlernen. Und ich kann es auch entwickeln, es ist ja nicht fest vorgegeben. Meine Fähigkeiten, meine Möglichkeiten sind nicht festgeschrieben, ich kann vorhandene Stärken ausbauen und neue entwickeln. Das ist auch bei den *āsanas* (Yoga-Übungen) so. Wenn man das Gefühl hat, steif und unbeweglich zu sein, heißt das noch längst nicht, daß man das auch ewig bleiben muß. Man kann an den *āsanas* arbeiten, und irgendwann wird man flexibler.

Um die *kleśas* zu mindern, übt man die drei Teile des *kriyā yoga: tapas, svādhyāya* und *īśvarapraṇidhāna.* ***Svādhyāya*** bedeutet Selbststudium. Selbststudium hat zwei verschiedene Aspekte. Der eine ist das Studium der Schriften, der andere ist Innenschau, Studium des eigenen Geistes: *sva* = Selbst, *adhyāya* = Studium, *svādhyāya* = Selbststudium. Es bezieht sich auf die beiden Seiten. Letztlich helfen einem die Schriften, sich selbst zu verstehen. *Svādhyāya* ist eine Weise, wie wir Leiden vermeiden können. Das heißt noch nicht, daß wir es damit ganz auflösen, aber wir können es zumindest vermindern (*tanūkaraṇa*). Dieses Schema der *kleśas* kann man sehr oft anwenden.

Wenn man feststellt, daß man sich irgendwie im Leiden befindet, kann man schauen: Wo habe ich mich fälschlicherweise identifiziert? Wo habe ich irgendwelche falschen Erwartungen gehabt? Wo ist etwas eingetreten, von dem ich gedacht habe, daß es nicht eintreten darf? Wo hatte ich Ängste? Dieses Analysieren und Zurückführen kann oft Leiden vermeiden, denn wenn wir etwas verstehen, können wir daran arbeiten und versuchen, es in Zukunft besser zu machen oder zu vermeiden. Das ist *svādhyāya*, Selbststudium, Selbsterforschung, der erste Aspekt von *kriyā yoga*.

Vieles wird allein schon vermindert, indem wir erkennen, wo die *kleśas* gewirkt haben. Manchmal muß man dann über sich selbst lachen, und damit ist die Sache vorbei. Manchmal erkennt man zwar die Ursachen, aber das hilft und nützt einem trotzdem nicht so viel. Aber es verhindert die Besessenheit, wie ich es nennen möchte. Manche Menschen sind besessen von ihrem Leid, der Vorstellung, daß sie dies und jenes brauchen, um irgend etwas zu erreichen, oder von der Vorstellung einer Kränkung, weil jemand sie nicht so behandelt hat, wie sie es ihrer Meinung nach verdient bzw. erwartet haben. Diese Besessenheit kann vermindert werden, wenn man die Ursachen erkennt.

Dann kommt ***tapas***, Askese. *Tapas* im weiteren Sinne bedeutet, bewußt Dinge zu tun, die man nicht mag. Das hilft, frei zu werden vor allem von *rāga-dveṣa*, Mögen und Nichtmögen. Man kann sich überlegen, welche Dinge mache ich nicht gerne, und sie dann analysieren. Manches ist ja durchaus begründet, zum Beispiel, weil es gefährlich, ungesund oder nicht *sattvig* ist. Und das tut man dann natürlich auch weiterhin nicht. Aber angenommen, man hat eine Abneigung gegen das Bügeln, dann sollte man bügeln und lernen, freudig zu bügeln. Oder angenommen, man hat eine Abneigung gegen das Kochen. Dann sollte man kochen. Hat man eine Abneigung dagegen, Toiletten zu putzen, dann sollte man gerade das machen. Angenommen, man hat eine Abneigung dagegen, am Computer zu sitzen. Dann sollte man sich mal eine Weile damit beschäftigen. Es muß nicht für den Rest des Lebens sein, aber es sollte eigentlich nichts geben, wogegen man eine Abneigung hat, es sei denn aus ethischen oder gesundheitlichen Gründen. Denn manchmal oder meistens steckt hinter der Abneigung Angst. Wenn man es ein paar Mal gemacht hat, verschwinden Angst und Abneigung. Und es gibt einem ein Riesengefühl von Freiheit, wenn man sich überwunden hat und feststellt: Ich kann es irgendwie doch, und es spielt eigentlich keine große Rolle!

Oft bringt das Schicksal uns in Situationen, wo wir Dinge tun müssen, die wir nicht mögen. Die innere Einstellung ist dann das Wichtigste. Wenn wir erkennen: „Das geschieht, damit ich mich weiterentwickle, eine willkommene Gelegenheit für *tapas*. Meine Aufgabe ist es, in jeder Situation glücklich zu sein, und ich kann tatsächlich in jeder Situation glücklich sein“, dann hat es eine sehr große Wirkung, die man noch verstärken kann, indem man sich bewußt dafür bereit erklärt und bewußt Situationen sucht, die man nicht mag. Es muß die innere Bereitschaft dasein, daran zu wachsen. Ansonsten kann es sich auch ins Gegenteil verkehren und zu Depression oder Ärger führen.

Das Schicksal hilft uns, öfter Dinge zu tun, die wir nicht mögen. Wenn wir einen spirituellen Lehrer haben, wird dieser dafür sorgen, daß wir Dinge zu tun haben, die wir nicht mögen. Und wir können sie selbst suchen. Daneben sollten wir es uns auch zur Aufgabe machen, die Dinge zu mögen, die wir zu tun haben. Der Dichter

Tagore sagt: „In der Jugend dachte ich, das Leben sei zum Vergnügen da. Als Erwachsener dachte ich, das Leben sei für die Pflicht da. Jetzt weiß ich, Pflicht ist Vergnügen.“ Also lernen, das zu mögen, was zu tun ist.

Tapas im engeren Sinn ist Askese, zum Beispiel fasten, auf Süßigkeiten oder auf Salz verzichten, auf dem Boden schlafen. Im Yoga machen wir natürlich nur solche Askese-Übungen, die der Gesundheit förderlich sind. Auch Askese-Übungen in diesem engeren Sinne helfen, den Geist stärker zu machen.

Der dritte Aspekt von *Kriyā Yoga* ist ***īśvara praṇidhāna***, Hingabe an Gott, Vertrauen zu Gott.

Wenn wir denken, ich kann nur glücklich sein, wenn diese und jene Situation eintritt, werden wir oft unglücklich sein, denn oft geschieht es anders, als wir wollen – glücklicherweise. Wenn wir aber das Gefühl haben, alles tritt ein, so wie Gott es gerne hat und wie es für uns richtig ist, sind eigentlich die meisten *kleśas* mit einem Schlag verschwunden. Das können wir uns immer vor Augen führen: Was geschieht, ist irgendwie von Gott gelenkt. Gott gibt mir die Aufgaben, die notwendig sind. Gott gibt mir das, was ich brauche. Er weiß besser als ich, was ich brauche. Wir können zu Gott beten und sagen: „Bitte, gib mir das, was ich brauche. Gib mir die Lektionen, die ich zu lernen habe.“

Gott hilft uns zu wachsen. Gott gibt uns alles, was wir brauchen. Gott liebt uns. Alles ist da. Und als weiteren Schritt können wir alles, was wir tun, Gott opfern. So verschwinden Ego, *rāga, dveṣa, abhiniveśa* alle zusammen. Auf diese Weise hilft dieser Aspekt des *kriyā yoga* auch wiederum, die *kleśas* zu verdrängen.

Ich will jetzt den *kriyā yoga* noch weitergehender interpetieren, nämlich als drei produktive Weisen, mit allen Arten von Problemen umzugehen. Wenn wir irgendeine Schwierigkeit, irgendein Problem haben, gibt es drei Dinge, die wir tun können:

Zum einen können wir versuchen, das Problem zu verstehen, die Ursache herauszufinden, also *svādhyāya* anzuwenden. Zweitens können wir versuchen, etwas zu ändern, *tapas*. Und drittens können wir loslassen und versuchen, die Situation anzunehmen wie sie ist, also *īśvara praṇidhāna.*

Das läuft letztlich auf den Mystikerspruch hinaus:

„Lieber Gott, gib mir den Mut und die Kraft, Dinge zu verändern, die ich ändern kann,
die Geduld, Dinge anzunehmen, die ich nicht ändern kann
und die Weisheit, zwischen beidem zu unterscheiden.“

Gerade die Unterscheidung ist nicht so einfach. Ich habe einmal Swami Chidananda, einen engen Schüler von Swami Sivananda, gefragt, woran man erkennen kann, ob man die Situation ändern kann oder ob man sie annehmen muß. Er hat geantwortet, man müsse zuerst einmal versuchen, sie zu ändern. Wenn mehrere Änderungsversuche nichts bewirken, dann ist es ein Zeichen, sie anzunehmen, Hingabe zu üben, loszulassen und zu sagen: „ Gott, dein Wille geschehe!“

Nehmen wir einmal an, wir befinden uns in einer Situation, in der wir uns unglücklich fühlen. Dann können wir zuerst überlegen: Wie stellt sich die Situation dar, warum ärgert sie mich, warum bin ich jetzt unglücklich? Das ist ***svādhyāya***.

Wenn wir zum Beispiel plötzlich mit einem Menschen in unserer Umgebung nicht mehr zurechtkommen, können wir versuchen, herauszufinden, ob die Ursache in uns selbst liegt oder bei dem anderen. Manchmal stellt man fest, der andere steht aus irgendeinem Grund gerade sehr unter Druck und ist deshalb sehr reizbar. Wenn wir das verstehen, reicht es aus, mit der Situation souveräner umzugehen. Wir verstehen und erkennen, daß wir uns eigentlich grundlos ärgern oder grundlos unglücklich sind. Wir können darüber lachen und die Situation so auflösen.

Es kann aber auch sein, daß wir etwas ändern müssen. Dann sollten wir handeln, also ***tapas*** anwenden. Zum Beispiel mit dem Menschen sprechen, notfalls einen Dritten zu Rate ziehen, aktiver werden, Lebensumstände ändern, was auch immer. Und da braucht man auch keine Hemmungen zu haben. Manche Menschen, die zu schüchtern sind, etwas zu unternehmen, machen dann nichts und versuchen, die Situation zu akzeptieren als Entschuldigung für ihre Untätigkeit. Aber sie akzeptieren die Situation nicht wirklich von innen her, sondern sie sind einfach nur zu ängstlich oder zu bequem, etwas zu tun.

Und wenn man nichts ändern kann, dann kommt ***īśvara praṇidhāna***: Es ist der Wille Gottes. Loslassen. „Dein Wille geschehe."

Man kann diese drei Verhaltensweisen in allen Situationen anwenden, in denen etwas nicht so läuft, wie wir es uns vorstellen. Wir können dann erst mal im Rahmen von *svādhyāya* schauen: Wie könnte diese Situation mit den *kleśas* zusammenhängen? Als zweites können wir uns fragen: Was kann ich jetzt tun (*tapas*)? Und je nachdem kann man vielleicht feststellen: Die Situation ist eigentlich gar nicht so schlimm. Ich habe sie nur durch meine Gedanken aufgebauscht und mich verrückt gemacht, falsche Erwartungen gehabt, und wenn ich das verstehe, kann ich die Situation annehmen, wie sie ist (*īśvara praṇidhāna*).

Manchmal erkennt man: Eigentlich habe ich falsche Erwartungen, aber die Situation befriedigt mich trotzdem nicht. Dann kann man schauen, was man ändern kann. Manchmal muß man dann wieder *svādhyāya* anwenden, um sich zu fragen: Wie könnte ich in der Situation wieder glücklich sein? Und dann kommt oft die Antwort. Eigentlich sind ja die Antworten meistens schon in uns. Wir müssen nur die richtigen Fragen stellen. Meine magischen drei Fragen sind immer:

- Was ist meine Aufgabe bzw. meine Pflicht in der Situation?
- Was kann ich daraus lernen?
- Was muß ich tun, um in der Situation wieder glücklich zu sein?

Kriyā Yoga beschreibt also drei positive, konstruktive Weisen, mit einer schwierigen Situation umzugehen.

Menschen haben ***fünf negative Weisen***, mit denen sie einer schwierigen Situation begegnen:

Das erste ist, sie einfach zu **leugnen**, nach außen und nach innen so zu tun, als ob nichts sei. Man leidet zwar darunter, verdrängt es aber, tut so, als hätte man kein Problem.

Die zweite, noch unproduktivere Art ist es, sich nur über etwas zu **ärgern** und wütend zu sein, aber nichts zu tun.

Die dritte ist **Depression**, Resignation, Niedergeschlagenheit, das Gefühl, nichts tun zu können, dem Schicksal hilflos ausgeliefert zu sein.

Die zwei weiteren, nicht sehr produktiven Verhaltensweisen, nämlich unreflektiertes **Fliehen** und **Kämpfen** kommen direkt aus dem Flucht- und Kampfmechanismus. Manche Menschen werden sofort aggressiv, wenn ihnen etwas nicht paßt. Sie fangen an herumzubrüllen, Streit zu suchen, reizbar zu werden, andere zu bekämpfen. Andere entfliehen sofort, statt sich der Situation zu stellen.

Kriyā Yoga ist also der Dreischritt: bewußt machen – tätig werden – loslassen. Und dies versetzt uns in die Lage, Leiden zu vermeiden, und damit ein erfülltes, freudevolles Leben zu führen.

Die richtige Entscheidung zu treffen, richtig zu handeln, an der richtigen Stelle loslassen, ist eine Gratwanderung, die man mit viel Gebet begleiten muß. Ich sagte vorher, daß man auch an den spirituellen Praktiken nicht hängen sollte. Trotzdem ist es wichtig, täglich spirituelle Praktiken wie Meditation, *āsanas* und *prāṇāyāma* zu machen. Nur so bekommt man Zugang zur Intuition, erhält, wie es Patañjali im ersten Kapitel sagt, „erleuchtete Innenschau". Nur so kann man tatsächlich alle Handlungen des täglichen Lebens spiritualisieren. Ohne eigene spirituelle Praxis macht man auch aus den eigenen Pflichten kein *Karma Yoga*. Dann ist es nur Schaffen. Und vom Schaffen allein erreicht man nicht die Selbstverwirklichung. Es ist nicht das Ziel des Lebens, einfach nur zu schaffen, sondern das Ziel des Lebens ist die Selbstverwirklichung.

Eine enge Schülerin von Swami Vishnu hat uns einmal erzählt, wie Swami Vishnu ihr das einmal sehr drastisch klar gemacht hat. Sie hatte gerade ein neues Yoga-Zentrum für Swami Vishnu-devananda eröffnet und dabei richtig geschuftet. Eines Tages kam Swami Vishnu zu Besuch und hat zu ihr gesagt: „Du arbeitest wie ein Esel. Und weißt du, Esel mögen von morgens bis abends arbeiten, aber sie erreichen nicht die Verwirklichung!"

Arbeit und Pflichterfüllung sind gut und wichtig – aber sie sind nicht das Ziel des Lebens. Das Ziel ist die Selbstverwirklichung! Es ist die innere Einstellung, die zählt und die wichtig ist. Und um diese Einstellung zu erzeugen, brauchen wir *āsanas, prāṇāyāma* und Meditation (oder andere spirituelle Praktiken). Nur wenn wir das regelmäßig machen, haben wir die Kraft, unsere Einstellung so zu ändern, daß wir etwas lernen und uns im täglichen Leben auch für andere einsetzen können. Und Meditation ist sowieso unabdingbar. Swami Sivananda schrieb in seinem Buch „Göttliche Erkenntnis": „Ein tugendhaftes Leben allein ist nicht ausreichend für die Selbstverwirklichung. Tugendhaftes Leben bereitet den Geist nur darauf vor." Man muß innere Stärke aufbauen durch die Praktiken. Es nützt niemandem etwas, wenn man ausgelaugt ist.

Wenn einmal die Notwendigkeit besteht, vorübergehend für kurze Zeit auf die eigene Praxis zu verzichten aus Gründen des selbstlosen Dienstes, muß man sehr darauf achten, dies nicht zur Gewohnheit werden zu lassen. Es besteht die Gefahr, daß man die Praxis nicht wieder aufnimmt und den Dreh nicht mehr kriegt. Deshalb sollte man sich im allgemeinen strikt an seine Praxis halten. Hier darf man, im Gegensatz zu dem von mir oben Gesagten, ruhig eine gewisse Starrheit an den Tag legen. Man braucht die Praxis letztlich für andere, denn wenn man sich erschöpft und seine Batterien nicht mehr auflädt, dient man niemandem damit.

Als spiritueller Aspirant kann man alles Gott opfern und sagen: „Alles, was ich mache, ist letztlich dazu da, daß ich anderen helfen kann. Ich muß darauf achten, daß der Körper funktioniert, dazu muß ich gesund sein. Und ich muß *āsanas* und *prāṇāyāma* machen, damit ich das *prāṇa* (Lebensenergie) habe, anderen richtig zu helfen. Ich muß meditieren, damit ich auch die Einsicht, die Feinfühligkeit und das Gefühl der Gegenwart Gottes habe. Außerdem muß ich ab und zu mal spazierengehen, damit der Geist offen ist und der Körper gesund bleibt. Es kann auch dazu gehören, daß ich mal ins Kino gehen muß, um den Geist auf andere Weise zu entspannen, so daß ich dann wieder in der Lage bin, anderen besser zu dienen." Mit dieser Einstellung kann man alles Gott und dem Dienst an anderen opfern.

Wenn wir das alles tun, kommen wir nicht mehr ins Leiden. Wir lernen auch, von der Unwissenheit (*avidyā*) wegzukommen. Wir hören auf, aus dem Ego zu handeln (*asmitā*). Wir handeln nicht mehr nur aus Mögen und Nichtmögen, *rāga* und *dveṣa*. Und wir brauchen auch keine Angst mehr zu haben (*abhiniveśa*). Wir haben das Vertrauen, daß letztlich alles zum Besten ist. Das ist in *īśvara praṇidhāna* eingeschlossen.

Bei einem tieferen *svādhyāya* erkennt man letztlich, wer man wirklich ist, nämlich das unsterbliche Selbst. Daraus entwickelt man Vertrauen, Dinge tun zu können. Und Dinge zu tun, die einem am Anfang keinen Spaß machen, also *tapas* zu üben, bedeutet bei weitem nicht zu leiden. Im Gegenteil, unsere moderne vergnügungssüchtige Gesellschaft ist eigentlich ein Rezept zum Leiden. Es gilt ethnopsychologisch als gesichert, daß es in keinem anderen Kulturkreis so viele deprimierte Menschen gibt wie in unserer westlichen Gesellschaft. In manchen ursprünglichen Lebensgemeinschaften ist Depression völlig unbekannt.

Das erinnert mich daran, wie ich Śri Karthikeyan einmal gebeten habe, ein Seminar über Gedankenkraft und positives Denken zu halten. Er hat gesagt, über Gedankenkraft, ja, das kann er sich vorstellen, aber „positives Denken", da würde er sich immer fragen, was eigentlich „negatives Denken" sein solle. Er käme jetzt seit fünfzehn Jahren in den Westen und würde sich immer wieder mit Leuten darüber unterhalten, was sie eigentlich unter negativem Denken verstünden. Gut, es gibt negative Situationen, dann muß man die Ursache herausfinden. Manchmal haben Menschen unerfüllte Wünsche, dann muß man das entweder akzeptieren oder etwas ändern, aber er würde viele Menschen treffen, die grundlose Depressionen hätten. Das gäbe es in Indien nicht.

Und bis zu einem gewissen Grad stimmt das wohl auch. Wenn man die Inder anschaut, scheinen sie auch unter schwierigen Bedingungen immer fröhlich zu sein. Sie mögen in einer kleinen Hütte wohnen, die nur aus einem Zimmer besteht, wo tagsüber vorn eine Werkstatt oder ein Laden ist und hinten zehn Kinder – wenn man frühmorgens mit dem Bus vorbeifährt, sieht man, wie die Tür aufgeht, eine Art Fenster klappt auf, Waren werden ins Fenster gestellt, und nacheinander kommen ein Kind heraus, zwei Kinder, drei Kinder, vier, fünf, sechs, sieben, acht, dann die Mutter, der Vater, Großmutter, Urgroßmutter … unvorstellbar, wie die alle da drin wohnen können –, aber sie kommen lachend heraus, um sechs Uhr morgens! Wenn man dagegen morgens um sieben in Frankfurt mit der U-Bahn fährt, dann kommen die Leute aus ihren 30–100 Quadratmeter-Wohnungen, und sie sehen nicht fröhlich und glücklich aus. Wenn bei uns zwei Menschen in einer Einzimmerwohnung mit 25 Quadratmetern leben, gilt das schon als asozial. Und im Verhältnis zu Indien ist das Luxus. Dort steckt eine andere Lebensphilosophie dahinter.

Die Philosophie, daß die Welt nur zum Genießen da ist, macht den Menschen nicht glücklich, ebensowenig wie die blinde Pflichtphilosophie.

Aber das Bewußtsein, daß das Leben dazu da ist, zur Selbstverwirklichung zu kommen, macht uns auch im Westen zu glücklichen Menschen.

Auch wenn Dinge schiefgehen, sind sie in Ordnung. An etwas Anstrengendem wachsen wir. Wie Swami Vishnu einmal gesagt hat: Ein Yogi kann sich immer freuen. Wenn die Dinge so ausgehen, wie man es gerne hätte, freut man sich sowieso und ist Gott dankbar. Wenn sie anders ausgehen, freut man sich über die Lektion, die man lernen kann, und die Gelegenheit, *tapas* zu üben und geistige Stärke zu entwickeln. Das ist wirklich ein Rezept zum Glück. Es ist nicht leicht, den Geist davon zu überzeugen. Aber diese Einstellung immer aufrechtzuerhalten und von neuem zu schaffen, ist eine Übung, die möglich und sehr befriedigend ist.

II.10 Te pratiprasavaheyāḥ sūkṣmāḥ

Te = sie; ***prati*** = zurück; ***prasava*** = Ursprung, Ursache; ***heya*** = zu vermeiden; ***sūkṣma*** = subtil, fein

Die subtilen Formen (der schmerztragenden Leiden) können durch das Zurückführen auf ihren Ursprung vermieden werden.

Das heißt im Grunde genommen, kleinere Störungen behandelt man mit *svādhyāya,* oder indem man die *kleśas* durchgeht.

Nehmen wir das Beispiel Angst. Manche Menschen haben Angst, wenn sie ein Referat, einen Vortrag oder eine Yogastunde halten sollen. In diesem Fall ist natürlich die einfachste Sache *īśvara praṇidhāna*, ich mache es als Verehrung Gottes, ich bin Instrument Gottes, und ich habe es deshalb als Aufgabe, weil Gott es eben will. Wenn Gott wollte, daß ein Vollkommener jetzt diesen Vortrag hält, dann hätte er einen Vollkommenen hergeschickt. Gott hat gerade mich in diese Situation hineingeschickt, weil es für die Menschen in der Situation am besten ist, jemanden mit meinem Wissen bzw. Unwissen zu haben. Das hat mir immer sehr oft geholfen und hilft mir auch heute noch.

Eine andere Möglichkeit, mit verschiedenen Ängsten umzugehen, ist, zu versuchen, die Ursache herauszufinden, zu fragen: Warum habe ich jetzt Angst, oder warum bin ich unzufrieden? Dann kann es sein, man stellt fest, ich hatte einen Wunsch, der nicht in Erfüllung gegangen ist, oder es gab etwas, was ich unbedingt vermeiden wollte, und genau das ist eingetreten. Meine Angst kommt also aus einer

Identifikation mit einem Wunsch oder aus dem Wunsch, etwas zu vermeiden. Die Ursache davon ist eigentlich nur eine dumme Unwissenheit und das Ganze nur ein großer Irrtum. Wenn wir das erkannt haben, ist es kein Problem mehr. Also es hilft schon einiges, die Ursachen herauszufinden.

Aber das nützt nicht immer. Manche Menschen verbringen zu viel Zeit mit der Ursachenforschung. Das ist einer der Irrtümer der westlichen Psychologie, die davon ausgeht, daß alle Probleme bekämpft werden können, wenn man nur die Ursache kennt. Dann geht man zurück in die Kindheit und kommt zum Schluß, mein Vater und meine Mutter sind das Problem. Dann hat man ein neues Problem. Sich nur mit Vater und Mutter zu beschäftigen, hat die Menschen auch nicht dauerhaft glücklich gemacht. Also geht man noch weiter zurück, zu den Geburtstraumata. Und man stellt fest, die Probleme und Themen, mit denen man im Leben kämpft, waren tatsächlich auch bei der Geburt schon da. Da gibt es dann zum Beispiel die Urschrei-Therapie oder Rebirthing, das ja ursprünglich dazu diente, die Geburt wiederzuerleben. Aber auch das hat die Menschen nicht vollkommen befreit. Deshalb ist man noch weiter zurückgegangen, um herauszufinden, ob irgend etwas passiert ist, während das Kind im Mutterleib war. Auch das reichte nicht aus. Also ging man zurück in das frühere Leben, in zehn Leben, in hundert Leben, in tausend Leben. Manchmal hilft das. Yogis sind zwar keine Befürworter von Zurückgehen in frühere Leben, aber ich kenne Reinkarnationstherapeuten, die behaupten, manchmal helfe es den Klienten zu erkennen, daß ein bestimmtes Lebensmuster deshalb da ist, weil sie in früheren Leben in dieser Beziehung etwas getan oder erlebt haben. Bei kleineren Sachen kann diese Erkenntnis allein schon hilfreich sein. Aber viele Menschen gehen zuviel in die Ursachenforschung und verlieren sich darin. Wenn die Ursachen für eine Situation nicht so leicht erkennbar sind, gut, dann lassen wir es halt, dann müssen wir uns auf andere Weise helfen.

II.11 Dhyānaheyāstadvṛttayaḥ

Dhyāna = Meditation; ***heya*** = zu vermeiden; ***tad-vṛttayaḥ*** = aktive Formen

Die aktiven Formen (der schmerztragenden Leiden) können durch Meditation vermieden werden.

Die besonders starken *vṛttis* (Gedankenwellen) können vermieden werden, indem wir regelmäßig meditieren. Meditation hilft uns, weniger tief ins Leiden hineinzugehen.

Es gibt interessante wissenschaftliche Untersuchungen, die ergeben haben, daß Menschen, die meditieren, glücklicher, erfolgreicher, ausgeglichener, gesünder sind als Menschen, die nicht meditieren. Wenn jemand drei bis fünf Jahre meditiert hat, geht es ihm ein gutes Stück besser als vorher. Auch die Wahrscheinlichkeit, in der Psychiatrie zu landen, ist interessanterweise bei Menschen, die regelmäßig meditieren, erheblich geringer. Das widerspricht einigen psychologischen Lehrbüchern, in denen es heißt, Meditation könne zwar hilfreich sein, aber man müsse vorsichtig sein damit, um nicht ein Fall für die Psychiatrie zu werden. Oder man dürfe keinesfalls allein meditieren, sondern nur mit einem guten Lehrer. Es ist sicher nützlich, die Meditation unter Anleitung zu lernen. Aber nachher muß man schon regelmäßig allein weiter meditieren, um dauerhaften Erfolg zu haben. Das Meditieren scheint insgesamt eine harmonisierende Wirkung auf die Psyche zu haben. Durch regelmäßige Meditation kann man die aktiven Auswirkungen der *kleśas* vermeiden.

II.12 Kleśamūlaḥ karmāśayo dṛṣṭādṛṣṭajanmavedanīyaḥ

Kleśa = Schmerz verursachende Anhaftungen (s. o.); ***mūla*** = Wurzel, Ursache; ***karmāśayaḥ*** = schlafendes *karma*, Speicher der *karmas*; ***dṛṣṭa*** = sichtbar, gegenwärtig; ***adṛṣṭa*** = unsichtbar, zukünftig; ***janma*** = Leben; ***vedanīyaḥ*** = erfahren, durchmachen, ausarbeiten

Karma hat seine Wurzeln in den kleśas (Schmerz verursachende Anhaftungen) und wird in diesem und in zukünftigen Leben ausgearbeitet.

Die *kleśas* sind die Ursache (*mūla*) des *karmas*. Das Gesetz des *karma* besagt, daß wir für jede Handlung, mit der wir uns identifizieren, Früchte ernten. Und solange wir noch viel *karma* abzuarbeiten haben, erreichen wir nicht *kaivalya*, die Befreiung. Solange wir also aus den *kleśas* heraus handeln, schaffen wir *karma*. Wenn wir handeln, weil wir etwas Konkretes für uns selbst wollen (*rāga*), schaffen wir *karma*. Wenn wir handeln, um etwas Konkretes zu vermeiden, das uns unangenehm ist (*dveṣa*), schaffen wir *karma*. Wenn wir aus Angst handeln (*abhiniveśa*), schaffen wir *karma*. Wenn wir uns identifizieren (*asmitā*), während wir handeln, schaffen wir *karma*. Und solange wir nicht wirklich wissen, wer wir sind (*avidyā*), schaffen wir auch *karma*. Nur wenn wir uns nicht identifizieren, schaffen wir kein *karma*.

Je nachdem, wie stark die *kleśas* sind, wirkt das *karma* stärker oder schwächer. Eigentlich kann nur ein Selbstverwirklichter kein *karma* neu schaffen. Jeder andere hat beim Handeln immer eine Spur von Ego dabei – fast immer. Eine vollkommen egolose Handlung ist erst dem Selbstverwirklichten möglich.

Aber wir können uns bemühen, weniger ego-behaftet zu handeln. Wir können unserem Mögen und Nichtmögen weniger nachgeben. Wir können weniger in der Vorstellung handeln, ich bin großartig, ich mache all das. Wir können mehr Handlungen tun, einfach weil sie notwendig sind. Wir können versuchen zu handeln, um Gott zu dienen. Wir versuchen zu handeln, um auf dem spirituellen Weg weiterzukommen. Wir handeln, um das *karma* auszuarbeiten. Am besten ist die Vorstellung, wir handeln, um ein Instrument Gottes zu sein oder um anderen zu helfen. Wenn wir diese Einstellung haben, dann handeln wir nicht aus *rāga* oder *dveṣa* heraus und brauchen auch keine Angst zu haben.

Und vor allen Dingen: Wenn wir wissen, ich bin nicht wirklich der Handelnde, sondern ich stelle diesen Körper und diesen Geist mit all ihren Unvollkommenheiten in den Dienst Gottes, ich stelle ihn Gott zur Verfügung, und Gott kann die Unvollkommenheiten so benutzen, daß etwas Gutes für uns und alle dabei herauskommt, dann bindet uns die Handlung nicht.

Mephisto sagt im *Faust*, er sei „ein Teil von jener Kraft, die stets das Böse will und stets das Gute schafft“ (Vers 1336 f). Mephisto steht ja für den Teufel, für das Schlechte. Und selbst das Schlechte ist letztlich ein Instrument in den Händen Gottes und hat seinen Sinn.

Gott hat uns mit all unseren Unvollkommenheiten in eine bestimmte Situation hineingesetzt, weil das von einer höheren Warte aus richtig ist. Wenn er in derselben Situation jemand anders gewollt hätte, der vollkommen ist, dann gäbe es an dieser Stelle jetzt jemanden, der vollkommener wäre als wir.

Wir wollen nicht aus den *kleśas* heraus handeln, sondern aus anderen Motiven. Das muß man sich wieder und wieder vor Augen führen. Das ist ganz wesentlich und, im Grunde genommen, auch ganz einfach. Man muß es nur immer wieder betonen, weil es dem Zeittrend so entgegensteht.

II.13 Sati mūle tadvipāko jātyāyurbhogāḥ

Sati mūle = Dasein der Wurzel; ***tad*** = (von) ihm (von *Karmāśaya)*; ***vipāka*** = reif; ***jāti*** = Klasse, Kaste, soziale Schicht; ***āyu*** = Leben, Lebensspannen; ***bhoga*** = Erfahrung, Genuß

Solange die Wurzeln verbleiben, wird das karma in Form von verschiedenen sozialen Situationen, Lebensspannen und Erfahrungen reifen.

Solange wir aus den *kleśas* heraus handeln, gibt es *karma*. Das *karma* führt zu den sozialen Situationen, Lebensspannen und Erfahrungen. Und wir haben uns das *karma* letztlich selbst geschaffen. Das werden wir gleich genauer behandeln.

II.14 Te hlādaparitāpaphalāḥ puṇyāpuṇyahetutvāt

Te = sie; ***hlāda*** = Vergnügen; ***paritāpa*** = Schmerz, Leid; ***phala*** = Frucht; ***puṇya*** = Verdienst; ***apuṇya*** = Schuld, Sünde, Laster; ***hetutvāt*** = verursacht durch

Sie haben Vergnügen oder Schmerz als ihre Frucht, je nachdem, ob ihre Ursache Tugend oder Laster ist.

Wenn wir aus einer positiven Motivation heraus handeln, andern etwas Gutes tun wollen und uns dabei mit der Handlung identifizieren, uns toll fühlen, weil wir etwas so Großartiges gemacht haben, dann führt das zu Vergnügen.

Wenn wir handeln, um einem anderen Menschen zu schaden, eins auszuwischen: „Das lasse ich mir nicht gefallen, dem werde ich's zeigen", am besten hinten herum, damit es keiner merkt, um seine Existenz zu zerstören – erschießen werden wir ja hoffentlich in unserer Gesellschaft niemanden, aber jemanden schlecht zu machen oder zu versuchen, ihm das wegzunehmen, was ihm am liebsten ist, das ist durchaus verbreitet –, wenn also das die Motivation der Handlung ist, dann führt das in der Konsequenz zu Schmerz.

Es gibt positives und negatives *karma*. Das gilt aber nur für Nicht-Yogis. In IV 7 sagt Patañjali: „Für einen Yogi ist *karma* weder weiß noch schwarz, für andere ist es dreifach."

Normalerweise gibt es gutes, schlechtes und gemischtes *karma*. Wenn man eine Million Mark in der Lotterie gewinnt, ist das gutes oder schlechtes *karma*? Üblicherweise hält man das für Glück. Wenn man tiefer blickt, kann es aber eher negativ sein. Eine Studie über Lottomillionäre hat herausgefunden, daß bei ihnen die Selbstmordquote besonders groß ist. Es gibt fast keine Bevölkerungsschicht mit einer so hohen Selbstmordrate. Als Grund wird angenommen, daß Lottomillionäre schlagartig aus ihrem sozialen Umfeld herausgerissen werden. Sie gestalten ihr Leben um, ihr Selbstbild ist nicht mehr das gleiche, sie können ihren Freunden nicht mehr trauen, vernachlässigen ihre bisherigen Freunde oder werden von ihnen verlassen, und schließlich fühlen sie sich vollkommen unglücklich. Ausnahmen sind insbesondere diejenigen, die einen großen Teil ihres Gewinns gespendet oder trotz des Gewinnes ihr Leben nicht in großem Stil verändert haben. Dieses Beispiel zeigt, daß das, was man positives *karma* nennen würde und was die Menschen millionenfach anstreben, eigentlich gar kein Glück ist.

Oder umgekehrt: Was ist normalerweise ein offensichtliches Unglück? Beispielsweise, wenn man nach Hause kommt, und es wurde eingebrochen: Fernseher, Radio, Stereoanlage, Schmuck, alles materiell Wertvolle ist weg. Das erscheint als Unglück. Aber vielleicht ist es in Wirklichkeit ein Glück.

Für einen Yogi gibt es weder positives noch negatives *karma*. Er nimmt mit Gelassenheit alles an, was kommt, und versucht, etwas daraus zu lernen, daran zu wachsen.

Nun folgt ein Vers, den wir gar nicht gerne hören:

II.15 Pariṇāmatāpasaṃskāraduḥkhairguṇavṛttivirodhācca duḥkhameva sarvaṃ vivekinaḥ

Parināma = Veränderung; ***tapas*** = Leiden; ***saṃskāra*** = Eindruck, Wunsch; ***duḥkha*** = Schmerz, Leid; ***guṇa*** = Eigenschaften der Natur; ***vṛtti*** = Gedankenwellen, Modifikationen der Psyche; ***virodha*** = Widerspruch, Konflikt; ***ca*** =

und; ***duḥkha*** = Schmerz; ***eva*** = nur; ***sarvaṃ*** = alles; ***vivekinaḥ*** = für den, der Unterscheidungskraft entwickelt hat

Menschen mit Unterscheidungskraft erkennen, daß wegen der Vergänglichkeit, neuen Wünschen und Konflikten zwischen den Eigenschaften der Natur und den Gedanken alles leidhaft ist.

Dieser Vers wird auch zusammengefaßt als

Sarvaṃ duḥkham vivekinaḥ

Für einen Menschen mit Unterscheidungskraft (*viveka*) ist alles (*sarvam*) Leid (*duḥkha*).

Das klingt sehr negativ, oder? Aber auch die erste der edlen Wahrheiten Buddhas ist: „Alles Leben ist Leiden."

Patañjali sagt hier klar: Letztlich führt jede Handlung, die wir aus den *kleśas* heraus machen, zu Leiden. Das Wort *karma* hat im Sanskrit zwei Bedeutungen. Es heißt sowohl Handlung als auch Situation, das heißt, es umfaßt alles, was wir tun, und alles, was auf uns zukommt oder da ist. Und alles bringt Schmerz. Warum?

Wir haben schon vor oder bei der Wunscherfüllung eine Vorahnung des Verlustes. Wenn wir etwas bekommen, haben wir Angst, wir könnten es verlieren. Sobald wir etwas haben, kommt schon der nächste Wunsch und neue Unruhe. Aus der Beziehung zwischen dem Geist und den drei Eigenschaften der Natur (*guṇas*) entstehen Konflikte.

Der Geist wird immer durch die drei *guṇas* beeinflußt. Sogar ein Selbstverwirklichter hat ab und zu noch *tamasige* (träge, deprimiert) und *rajasige* (unruhig, aufgeregt) Gemütszustände, mit denen er sich allerdings nicht identifiziert. *Sattva* überwiegt bei ihm. Aber wir als Aspiranten befinden uns oft in tamasigen und rajasigen Geisteszuständen. Darüber hinaus gibt es Situationen, die nicht zu unserem Gemütszustand passen. Unser Geist und Gemüt befinden sich in ständiger Veränderung. Wenn wir das wissen, geben wir die Vorstellung auf, daß wir jemals die hundertprozentig ideale Situation finden werden und dann glücklich werden, wenn wir unsere äußere Situation ausreichend manipulieren.

Jede Situation führt dann zum Leiden, wenn wir nur das Äußere darin sehen und suchen. Umgekehrt gilt natürlich, wenn wir wissen, daß das Suchen nach Glück im Äußeren zum Leid führt und deshalb nicht mehr mit einer solchen Besessenheit danach streben, können wir Leid vermeiden. Indem wir erkennen: *Sarvaṃ duḥkham vivekinaḥ* brauchen wir nicht mehr so zu leiden. Ist das nicht paradox? Ein Mensch, der dem Glück immer hinterherläuft, ist traurig und verzweifelt, weil er es nicht findet. Derjenige, der weiß, es gibt kein äußeres Glück, ist glücklich. Ein Teil unseres Geistes glaubt es vielleicht doch nicht so ganz, so daß wir trotzdem auch hinterherrennen, so quasi aus sportlichem Ehrgeiz; und wenn wir es nicht erreichen, sagen wir nur: „Siehst du, Patañjali hat doch recht gehabt".

Jetzt kommt ein sehr schöner Vers, einer meiner Lieblingsverse:

II.16 Heyaṃ duḥkhamanāgatam

Heyaṃ = zu vermeiden; ***duḥkha*** = Leid, Elend; ***anāgatam*** = künftig, noch nicht eingetreten

Künftiges Leid sollte vermieden werden.

Das klingt banal. Aber wie oft wissen wir ganz genau: Wenn ich so weitermache, führt das zu Leid. Und trotzdem können wir es nicht lassen. Diesen Vers kann man wie ein *mantra* oder einen Schlachtruf wiederholen: „*Heyaṃ duḥkham anāgatam*". Wir müssen aufmerksam beobachten: Wo ist Leid dabei, sich zu manifestieren, und wo oder wie können wir es vermeiden, sowohl für uns selbst als auch für andere? Wenn wir dabei sind, eine Dummheit zu begehen, zu faul sind, etwas zu verändern, oder zu schüchtern, um Rat zu bitten, wenn wir nicht stark genug sind, einer Sucht zu widerstehen oder etwas Edles zu tun, dann wiederholen wir: „*Heyaṃ duḥkham anāgatam*", „Leid, das sich noch nicht manifestiert hat, sollte vermieden werden".

Das ist eine gute Ergänzung zu īśvara *praṇidhāna*, Loslassen, Vertrauen zu Gott, alles ist in Ordnung, wie es ist, und zu *tapas*, Askese, bewußt auch einmal Dinge tun, die der Geist nicht mag, um innere Stärke zu bekommen.

Patañjali hat vorher schon über *karma* und *kleśas* gesprochen. Im folgenden Vers macht er es noch klarer:

II.17 Draṣṭṛdṛśyayoḥ saṃyogo heyahetuḥ

Draṣṭṛ = des Sehers, des Wahrnehmenden; ***dṛśya*** = das Gesehene, Erfahrene; ***saṃyoga*** = Vereinigung, Verbindung, Identifikation; ***heya*** = was vermieden werden soll; ***hetu*** = Ursache

Die zu vermeidende Ursache (des Leidens) ist die Identifikation des Sehers mit dem Gesehenen.

Der Seher (*draṣṭṛ*) identifiziert sich mit dem Gesehenen (*dṛśya*). Was heißt das?

Wir sagen: „Das ist mein Körper, mein Hund, meine Katze, mein Ehemann, meine Kleider, mein Wunsch, meine Handlung, meine Klugheit, mein Verdienst, meine Fähigkeit…". Diese Identifikation führt zu *karma* und zu Lektionen, die wir noch zu lernen haben.

Und wozu das Ganze?

II.18 Prakāśakriyāsthitiśīlaṃ bhūtendriyātmakaṃ bhogāpavargārthaṃ dṛśyam

Prakāśa = Leuchten (= *sattva); **kriyā*** = Handlung (= *rajas*); ***sthiti*** = Stetigkeit, Trägheit = (*tamas*); ***śīla*** = Natur; ***bhūta*** = Elemente; ***indriya*** = Sinnesorgane; ***ātmakaṃ*** = derart seiend; ***bhoga*** = Erfahrung; ***apavarga*** = Befreiung; ***arthaṃ*** = wegen, zwecks; ***dṛśyam*** = das Gesehene (*prakṛti*)

Das Gesehene (das Universum), das aus den Eigenschaften der Natur, sattva, rājas und tamas, besteht, wird erfahren durch die Wechselwirkung zwischen den Elementen und den Sinnesorganen. Es existiert zum Zweck der Erfahrung und der Befreiung.

Das stammt direkt aus der *sāṃkhya*-Philosophie. Die *sāṃkhya*-Philosophie und hier auch Patañjali gehen davon aus, daß es mindestens auf der relativen Ebene tatsächlich ein Universum gibt. Dieses Universum erfahren wir als Wechselwirkung zwischen unseren Sinnen und dem, was außen ist. Die *vedānta*-Philosophie geht ja noch weiter und sagt: Es gibt kein Universum, es gibt nur Bewußtsein. Die Vorstellung, es gäbe etwas vom Bewußtsein Getrenntes ist nur Illusion.

Wenn wir zum Beispiel eine Uhr anschauen, dann sehen wir die Uhr nicht so, wie sie tatsächlich ist, sondern wie sie uns unsere Sinne vermitteln. Physiker würden sagen, sie ist einfach nur Schwingung; sie besteht aus Elektronen, Neutronen, Protonen, die eine bestimmte Schwingung ausstrahlen bzw. reflektieren, und dieses bestimmte Schwingungsspektrum wird vom Gehirn als Form und Farbe wahrgenommen – durchaus ähnlich der *sāṃkhya*-Philosophie, wonach alles nur Energie, eine Manifestation von *prakṛti*, ist. Die Sinne schaffen dann den Anschein, als ob es Klänge, Gerüche u.s.w. gäbe.

Dieses Universum hat nun – und das ist sehr wichtig – zwei Zwecke: Es dient der Erfahrung und der Befreiung. Die Dinge, die auf uns zukommen, sind deshalb da, damit wir sie erfahren können, und sie helfen uns, zur Befreiung zu gelangen. Man könnte es auch noch etwas pointieren. Alles, was auf uns zukommt, haben wir uns entweder so gewünscht, oder es kommt, um uns daran zu erinnern, wieder aus der Täuschung herauszukommen. Angenommen, wir gehen in einen Irrgarten hinein. Warum gehen wir in den Irrgarten hinein? Paradoxerweise nur aus dem einen Grund, wieder herauszukommen! Warum gehen wir dann überhaupt erst hinein? Denselben Hintergrund hat die Frage: „Warum hat *puruṣa* (das Bewußtsein) sich in die *prakṛti* (die Welt) hineinbegeben?" – Er wollte irgend etwas erfahren.

Puruṣa, das reine Selbst, identifiziert sich in die *prakṛti* hinein, um etwas zu erfahren. Die Aufgabe der *prakṛti* ist es, *puruṣa* alle Erfahrungen zu geben, die er haben will. Infolgedessen muß jeder Wunsch, den wir haben, irgendwann einmal in Erfüllung gehen. Glücklicherweise braucht sich nicht jede Wunscherfüllung im physischen Raum zu manifestieren. Manche Wünsche können im Traum ausgelebt werden. Es gibt sogar eine Wissenschaft darüber, wie man Erfahrungen und Wünsche aus dem physischen Leben in das Traumleben hineinbringen kann. So kann man Träume daran hindern, sich im physischen Leben zu manifestieren. Das ist unter anderem eine Technik, um Schuldgefühle, Ärger und andere negative Emotionen zu verarbeiten. Manche Wünsche können zwischen zwei Leben ausgelebt werden. Aber starke Wünsche müssen in diesem oder im nächsten Leben ausgelebt werden.

Puruṣa – und damit jeder einzelne von uns – hat aber auch eine Sicherheit eingebaut. Angenommen, du würdest in ein Labyrinth hineingehen, von dem du weißt, daß schon viele Menschen hineingegangen und nicht wieder herausgekommen sind. Sie sind dort elendiglich verhungert. Würdest du dich trotzdem hineinbegeben? Es gibt Abenteurernaturen, die das durchaus reizt. Aber wer klug ist, baut vor. Was macht man also? Man baut eine Sicherheit ein. Man nimmt vielleicht ein Wollknäuel mit wie Theseus bei Minotaurus oder ein Handy oder ein Funksprechgerät. Und so hat auch *puruṣa*, als er sich in *prakṛti* verwickelt hat, etwas eingebaut, damit er sich nicht hoffnungslos verliert. Und so kommen bestimmte Ereignisse deshalb, damit wir wieder aufwachen.

Patañjali unterscheidet also drei Ursachen für Ereignisse, die uns zustoßen:

(1) Manche Ereignisse kommen, weil wir sie uns gewünscht haben, in diesem oder einem früheren Leben.

(2) Manche Ereignisse kommen, weil wir aus Tugend oder Laster heraus gehandelt haben. Die Handlung zieht karmisch Vergnügen oder Schmerz nach sich und manifestiert sich als bestimmtes Ereignis oder Situation (II 14).

(3) Bestimmte Ereignisse kommen, um uns helfen, wieder aufzuwachen und zur Befreiung zu kommen.

Bei Ereignissen können wir uns also immer überlegen:

1. Habe ich mir das so gewünscht?

2. Gab es in meinem Leben etwas, wo ich vielleicht ein *karma* erzeugt habe, wovon das die Frucht sein könnte? Wir können das natürlich nur begrenzt sehen, denn vieles kommt auch aus früheren Leben. Aber manchmal geht es mit dem *karma* und seinem Gesetz von Ursache und Wirkung auch ganz schnell. Wenn man jemandem hinterrücks etwas angetan hat oder jemandem einmal nicht beigestanden hat, der krank war oder Hilfe gebraucht hat, und ihm nur gesagt hat: „Stell dich nicht so an“, und dann selbst in eine ähnliche Situation kommt, dann weiß man, aha, das ist das *karma* dafür. Es hat natürlich keinen Zweck, sich nun im nachhinein Selbstvorwürfe zu machen oder Schuldgefühle zu entwickeln. Das *karma* hebt ja die frühere Erfahrung auf. Wir können im Gegenteil erleichtert sein, wenn wir auf diese Art das *karma* ausarbeiten können.

3. Was kann ich aus der Situation lernen? Wie hilft mir diese Situation, mich zu befreien?

Diese *prakṛti*, diese Welt, ist etwas so Fantastisches, daß sich alle drei Aspekte auch vermischen können. Wir können es uns gewünscht haben, es kann eine karmische Konsequenz sein, und es hilft uns gleichzeitig, uns zu befreien.

Hier möchte ich aber davor warnen, ständig zu überlegen: „Was will mir das sagen? Wozu ist diese Situation da? Was ist der Sinn in dieser Situation?“ Ich kannte einmal eine Frau, die einen schweren Unfall hatte und jahrelang gegrübelt hat, warum ihr dieser Unfall zugestoßen ist. Fünf Jahre später hat sie mir erzählt, sie verstünde immer noch nicht, warum sie diesen Unfall damals hatte. Ich habe sie gefragt, ob sie bleibende Schäden davon habe. Sie sagte, nein, eigentlich sei alles wieder geheilt, aber es würde sie nicht loslassen. Sie war besessen von dem Gedanken herausfinden zu müssen, warum sie diesen Unfall gehabt hat. Da habe ich ihr gesagt, vielleicht hast du den Unfall deshalb gehabt, damit du erkennst, daß man nicht hinter allem den Sinn sofort sieht. Irgendwie hat sie das beruhigt, und sie hat erkannt, daß ihre Aufgabe bezüglich dieses Unfalls ist, Demut zu üben und zu erkennen, daß wir manchmal auch Dinge akzeptieren müssen, ohne einen unmittelbaren Sinn darin zu sehen. Und etwa zwei Jahre später kam sie zu mir und hat gesagt, jetzt hätte sie doch den Sinn gefunden. In dem Moment, wo sie aufgehört habe, den Sinn zu suchen, seien ihr immer mehr Gründe klar geworden. Aber in der ganzen Zeit dazwischen, in der sie ständig die Ursache gesucht hat, hat sie das und viele andere Situationen in ihrem Leben nicht mehr bewußt gelebt und wahrgenommen. Es hat also zwar alles seinen Sinn, aber wir können ihn nicht immer in allem sehen. Erst wenn wir selbstverwirklicht sind, erkennen wir den Sinn hinter allem.

II.19 Viśeṣāviśeṣaliṅgamātrāliṅgāni guṇaparvāni

Viśeṣa = besonders, bestimmt; ***aviśeṣa*** = unspezifisch, unbestimmt; ***liṅgamātra*** = ein bloßes Zeichen; ***aliṅgāni*** = ohne Zeichen, ohne unterscheidendes Merkmal; ***guṇa*** = Eigenschaft; ***parvāni*** = Entwicklungsstufen, Zustände

Die Zustände der drei guṇas sind grob, fein, manifest und unmanifest.

II.20 Draṣṭā dṛśimātraḥ ṣuddho 'pi pratyayānupaśyaḥ

Draṣṭa = der Seher, der Wahrnehmende; ***dṛśimātraḥ*** = reine Wahrnehmung, reines Bewußtsein; ***ṣuddha*** = rein; ***api*** = obgleich; ***pratyaya*** = Vorstellung, Verstandesinhalt; ***anupaśyaḥ*** = scheint zu sehen mit

Der Sehende ist Bewußtsein an sich, und obwohl er rein ist, scheint er durch den Geist zu sehen.

II.21 Tadartha eva dṛśyasyātmā

Tad-artha = um dessentwillen (des Sehers); ***eva*** = allein; ***dṛśyasya*** = des Gesehenen (*prakṛti*); ***ātma*** = Wesen, Natur, Selbst

Das Gesehene ist für den Sehenden da.

Das physische Universum hat keinen Selbstzweck, sondern es ist für *puruṣa* da, für das Bewußtsein dahinter, für seine Erfahrung.

II.22 Kṛtārthaṃ prati naṣṭamapyanaṣṭaṃ tadanyasādhāraṇatvāt

Kṛtārthaṃ = der das Ziel erreicht hat; ***prati*** = für, zu; ***naṣṭam*** = zerstört, nicht vorhanden; ***apy*** = obgleich; ***anaṣṭam*** = nicht zerstört, vorhanden; ***tat*** = als das; ***anya*** = zu anderen; ***sādhāranatvāt*** = da es allgemein ist.

Die prakṛti wird für den, der sein Ziel erreicht hat, unwirklich. Da sie jedoch allen gemein ist, existiert sie für die anderen weiter.

Mit anderen Worten, für den, der die Selbstverwirklichung vollständig erreicht hat, das letzte *karma* ausgearbeitet hat, gibt es das Universum nicht mehr. Dann ist *prakṛti* verschmolzen mit *puruṣa*, dem Selbst, und er ist auf ewig befreit. Aber für die anderen existiert die *prakṛti* weiter.

II.23 Svasvāmiśaktyoḥ svarūpopalabdhihetuḥ saṃyogaḥ

Sva = von ihr (*prakṛti*); ***svāmi*** = von dem Meister (*puruṣa*); ***śaktyoḥ*** = von den Kräften; ***svarūpa*** = eigene, wahre Natur; ***upalabdhi*** = Erfahrung, Wissen; ***hetu*** = Ursache, Grund, Zweck; ***saṃyoga*** = Verbindung, Vereinigung, Identifikation

Der Zweck der Verbindung von puruṣa und prakṛti ist, daß puruṣa Bewußtsein seiner wahren Natur erlangt und die Kräfte erkennt, die in ihm und in prakṛti liegen.

Puruṣa, das Selbst, das Bewußtsein, verbindet sich mit *prakṛti*. Jeder einzelne von uns identifiziert sich mit einem Teil der *prakṛti*, mit Körper und Geist, und anschließend kommt er wieder heraus. Nun kann man sich fragen, was macht das Ganze für einen Sinn. Warum sind wir überhaupt in die Identifikation, in das Leid gegangen? Verschiedene Philosophiesysteme geben verschiedene Antworten, sogar innerhalb des Yoga. Buddha sagte: Stelle diese Frage nicht, sie ist transzendent und kann mit dem Intellekt nicht beantwortet werden. Die *vedānta*-Philosophie sagt: Es macht keinen Sinn, so etwas zu fragen, denn es ist gar nichts passiert. Alles war und ist immer Bewußtsein. Die Vorstellung, wir seien im Leiden, ist nur eine Illusion. Die Frage: „Warum sind wir in der Identifikation?“ ist wie zu fragen: „Warum hat eine Krähe Zähne und was ist deren Zweck?“ Die Krähe hat keine Zähne, daher haben sie auch keinen Zweck, und es gibt auch keinen Grund dafür. Genauso ist es mit dem Universum. Es existiert nicht als etwas Getrenntes, ist einfach nur eine Illusion. Zu fragen, welchen Grund, welchen Sinn es haben soll, ist daher sinnlos.

Diese Philosophie ist logisch, stringent, aber sie befriedigt einen nicht. Im Bhakti Yoga (Yoga der Hingabe) wird gesagt, das Universum ist *līla*, Spiel Gottes. Das befriedigt emotional, aber nicht intellektuell. Was wäre das für ein Gott, der spielen will?

Patañjali wählt hier einen Zwischenstandpunkt. Er sagt, *puruṣa* und *prakṛti* kommen zusammen, damit *puruṣa* wieder das Bewußtsein seiner wahren Natur erlangt, indem er zunächst aus sich heraus- und nachher zu sich zurückkommt. Erst so erkennt er wirklich, wer er ist. Und außerdem erkennt er die Kräfte, die latent in ihm und in der *prakṛti* liegen. Das Ganze hat also einen Sinn. Er kommt nachher zurück zu sich selbst, klüger als vorher. Das befriedigt uns emotional, ist aber logisch nicht ganz schlüssig. Denn wenn *puruṣa* tatsächlich reines Bewußtsein an sich ist, dann ist in diesem Bewußtsein alles Wissen immer schon vorhanden. Trotzdem, *puruṣa* geht aus irgendeiner *avidyā* (Unwissenheit) heraus ins Universum hinein, und durch den Lebenszyklus erkennt er seine wahre Natur immer mehr. Er erkennt die Kräfte, die in ihm und in der *prakṛti* liegen. In diese Identifikation hinein- und dann wieder hinauszugehen ist etwas Sinnvolles. Den meisten Menschen fällt es leichter, eine solche Erklärung und Sichtweise anzunehmen als die des *vedānta*.

Patañjali fährt fort:

II.24 Tasya heturavidyā

Tasya = seine (der Verbindung); ***hetu*** = Ursache; ***avidyā*** = Unwissenheit

Die Ursache dieser Verbindung ist avidyā, Unwissenheit.

Aufgrund von Unwissenheit identifiziert sich *puruṣa* in die *prakṛti*, verliert sich dort selbst, kommt in die Unwissenheit und somit ins Leiden, ist dem *karma* unterworfen. Dann müssen irgendwelche Ereignisse kommen, die ihn wieder an seinen Zustand des wahren Seins erinnern, und *prakṛti* hilft ihm nun, daß er nicht darin hängen bleibt. Das ist die Geschichte unseres Daseins!

II.25 Tadabhāvātsaṃyogābhāvo hānaṃ taddṛśeḥ kaivalyam

Tad = (von) dem (*avidyā*); ***abhāva*** = Überwindung, Verschwinden; ***saṃyoga*** = Vereinigung, Verbindung; ***abhāva*** = Verschwinden; ***hāna*** = aufgeben, aufhören; ***tat*** = das; ***dṛśeḥ*** = des Sehers; ***kaivalya*** = Befreiung, Erlösung

Durch das Überwinden der Unwissenheit verschwindet diese Verbindung (von puruṣa und prakṛti), und der Sehende erreicht die Befreiung.

II.26 Vivekakhyātiraviplavā hānopāyaḥ

Viveka = Unterscheidungskraft; ***khyāti*** = Begreifen, Grundeinstellung, tiefe Erkenntnis; ***aviplava*** = ununterbrochen, ständig; ***hāna*** = aufhören, überwinden; ***upāya*** = Mittel

Das Mittel, avidyā zu überwinden, ist viveka kyhāti (ungebrochenes Unterscheidungsvermögen).

Viveka khyāti ist mehr als Unterscheidungsvermögen, es ist die Lebenseinstellung des Unterscheidungsvermögens, andauerndes Unterscheidungsvermögen.

Patañjali meint hier die Unterscheidung zwischen *puruṣa* und *prakṛti*. Es ist die ständige Unterscheidung zwischen dem, was ich wirklich bin, dem Objekt des Sehens und dem Instrument der Wahrnehmung (Körper und Geist). Ich bin das Bewußtsein. Gedanken, Gefühle und Bilder sind die Instrumente der Wahrnehmung, und das Äußere ist das Wahrgenommene, das Objekt. Wenn ich mich also zum Beispiel ärgere, dann weiß ich, mein eigentliches Ich ist davon unberührt. Ich kann feststellen, der Ärger ist eine Manifestation des Instruments der Wahrnehmung, eben meines Geistes, und er beruht darauf, daß bestimmte äußere wahrgenommene Sachen nicht so sind, wie das Instrument der Wahrnehmung es gerne hätte. Sich dessen immer bewußt zu sein, diese Unterscheidung zu machen, das ist dieser *viveka khyāti*, das Patañjali hier beschreibt.

Es gibt natürlich noch eine andere Unterscheidungskraft, einen relativen *viveka*. Das ist die Unterscheidung zwischen dem wahren Glück und dem Leid, zwischen dem, was uns zum Glück führt und was zum Leid, was ewig ist und was vergänglich u.s.w.

Im *sāṃkhya*-System gilt *viveka khyāti* als das Mittel schlechthin, *avidyā* zu zerstören. Es gibt auch Methoden, wie wir *viveka* schärfen können, zum Beispiel die *sākṣi-bhāv*-Techniken des Beobachtens, wo wir lernen, etwas wahrzunehmen und zu beobachten, zum Beispiel ein Gefühl, einen Gedanken, ein Geräusch, und gleichzeitig feststellen: Ich bin nicht das Wahrgenommene. Allmählich stellen wir fest: Ich bin der Beobachter, ich bin nicht das Beobachtbare. Die *vipassana*-Meditation, die bekannte Beobachtungsmeditation der Buddhisten, ist eigentlich keine urbuddhistische Methode, sondern sie ist als *sākṣi-bhāv* im Yoga schon lange vorher bekannt. Das umfaßt sowohl eine Meditationstechnik als auch eine Lebenseinstellung wie auch Unterscheidungskraft in jeder Situation. Wenn wir uns darin wieder und wieder üben, verliert sich langsam diese Bindung an die *prakṛti*. Man beobachtet und erkennt, hier ist ein Mensch, der denkt, handelt, fühlt, aber das ist nicht mein wahres Ich. Ich bin das Bewußtsein dahinter, der Beobachter. Man kann auch sagen, ich bin etwas anderes als dieser Körper. Ich bin jemand anders als diese Gedanken und diese Gefühle, denn die kann ich alle wahrnehmen. Das kann man schulen und mit der Zeit immer mehr fühlen. So kommen wir zur Befreiung. Ein Selbstverwirklichter lebt ständig in diesem Bewußtsein.

Hier könnten die Aphorismen des Patañjali eigentlich zu Ende sein. Er hat uns bis hierher schon so viel beigebracht. Jetzt macht er es uns noch einfacher, mindestens bis zum Ende des 2. Kapitels, wo er leichtere, konkretere und praktischere Techniken gibt. Denn jetzt folgen die acht Stufen des Rāja Yoga, die *aṣṭāṅgas*.

II.27 Tasya saptadhā prāntabhūmiḥ prajñā

Tasya = sein, dies; ***saptadhā*** = siebenfältig; ***prānta*** = Grenze, Kante, bestimmt; ***bhūmi*** = Stufe; ***prajñā*** = Erleuchtung, wahres Wissen

Erleuchtung wird in sieben Stufen erreicht.

Gemeint sind die acht Stufen des Rāja Yoga. Er sagt sieben, denn die achte ist schon *samādhi* (Erleuchtung, überbewußter Zustand). Über die ersten sieben Stufen, nämlich *yama, niyama, āsana, prāṇāyāma, pratyāhāra, dhāraṇā, dhyāna* kommen wir zur Erleuchtung, zu *samādhi*.

II.28 Yogāṅgānuṣṭhānādaśuddhikṣaye jñānadīptirāvivekakhyāteḥ

Yoga = Yoga; ***ānga*** = Teil, Stufe, Glied; ***anuṣthāna*** = Übung, Praxis; ***aśuddhi*** = Unreinheit; ***kṣaye*** = Vernichtung, Überwindung, Zerstörung; ***jñāna*** = Wissen; ***dīpti*** = Leuchten, Strahlen, Licht; ***viveka-khyāti*** = ununterbrochenes Unterscheidungsvermögen

Durch die Übung der verschiedenen Stufen des Yoga verschwinden die Unreinheiten, das Licht des Wissens erstrahlt, und es entsteht ununterbrochenes Unterscheidungsvermögen.

Hier beschreibt Patañjali, was alles geschieht, während wir Yoga üben:
Wir zerstören Unreinheiten, merzen sie aus. Das ist ein großer Teil des Yoga. Dann kommt *jñāna dīpti*, das Licht des Wissens, oft auch als „spirituelle Erleuchtung" übersetzt. Damit kommen auch spirituelle Erfahrungen, Intuition, ein gewisses Gefühl für das Selbst. All das führt zu *viveka khyāti*, ungebrochener Unterscheidungskraft zwischen dem, was wir nicht sind, und dem, was wir sind.

Über diese sieben beziehungsweise acht Stufen kommen wir langsam zu diesem Zustand von *viveka khyāti*. Im tiefsten, letzten Stadium ist *viveka khyāti* nämlich nicht mehr intellektuell, sondern tatsächliche Unterscheidung zwischen unserem Selbst und unserem Geist. Das ist die tiefste Form von *viveka khyāti*, die schließlich zur Selbstverwirklichung führt.

Im folgenden geht er näher auf diese Stufen ein.

II.29 Yamaniyamāsanaprāṇāyāmapratyāhāradhāraṇādhyānasamādhayo 'ṣṭāv-aṅgāni

Yama = Selbstbeschränkungen, ethisch-moralische Regeln; ***niyama*** = Regeln, Disziplin; ***āsana*** = Stellung; ***prāṇāyāma*** = Atembeherrschung, Herrschaft über die Lebensenergie; ***pratyāhāra*** = Zurückziehen der Sinne, Auflösung; ***dhāraṇā*** = Konzentration, Festhalten (eines Gedankens, Objektes im Geist); ***dhyāna*** = Meditation, Kontemplation; ***samādhi*** = überbewußter Zustand; ***aṣṭa*** = acht; ***angāni*** = Glieder

Yama, niyama, āsana, prāṇāyāma, pratyāhāra, dhāraṇā, dhyāna und samādhi sind die acht Glieder.

yama = ethische Ratschläge oder Vorschriften im Umgang mit anderen
niyama = ethische Ratschläge für das Privatleben
āsana = Stellung
prāṇāyāma = Atmung, Herrschaft über das prāṇa
pratyāhāra = Zurückziehen der Sinne
dhāraṇā = Konzentration
dhyāna = Meditation
samādhi = Überbewußtsein.

II.30 Ahiṃsāsatyāsteyabrahmacaryāparigrahā yamāḥ

Ahiṃsā = Nicht-Verletzen, Gewaltlosigkeit; ***satya*** = Wahrhaftigkeit; ***asteya*** = Nichtstehlen; ***brahmacarya*** = Enthaltsamkeit; ***aparigraha*** = Nicht-Annehmen, Unbestechlichkeit; ***yama*** = Selbstbeschränkung

Die yamas bestehen aus Nicht-Verletzen, Wahrhaftigkeit, Nichtstehlen, Enthaltsamkeit und Unbestechlichkeit.

II.31 Jātideśakālasamayānavacchinnāḥ sārvabhaumā mahāvratam

Jāti = Klasse, Kaste, soziale Schicht; ***deśa*** = Ort, Platz; ***kāla*** = Zeit; ***samaya*** = Treffpunkt, Umstand, Sitte, Gebräuche; ***anavacchinnāḥ*** = nicht begrenzt oder bedingt; ***sārvabhaumā*** = auf alle Ebenen anwendbar; ***mahāvratam*** = das große Gelübde, der großartige Vorsatz

Diese Grundregeln sind nicht durch soziale Schicht, Ort, Zeit oder Umstände bedingt. Sie gelten für alle Ebenen und bilden das große universelle Gelübde.

Jeder spirituelle Aspirant sollte sich vornehmen, diese fünf *yamas* zu beherzigen. Sie sind die *mahāvratas*, die großen Gelübde, die für alle gelten.

Es gibt andere Vorschriften auf dem spirituellen Weg, die je nach Lebenssituation oder Sozialstand unterschiedlich sind. Ein Mensch im Berufs- und Familienleben hat andere Aufgaben als ein Entsagter, ein Schullehrer andere als ein Bauer. Ein Soldat oder Polizist muß sich anders verhalten als beispielsweise ein Priester. Es gibt verschiedenes *dharmas*, Pflichten. Für einen indischen *svāmī (Mönch)* geht es sogar so weit, daß er nicht einmal sein eigenes Leben verteidigen sollte – so steht es wenigstens in den Schriften. Hingegen muß ein Polizist das Leben anderer aktiv verteidigen und braucht notfalls auch eine Waffe. Trotzdem gilt für alle das Prinzip von *ahiṃsā* (Nichtverletzen). Die Ausprägung ist unterschiedlich je nach den jeweiligen Pflichten und Aufgaben. Für einen Mönch heißt *ahiṃsā* bedingungslose Gewaltlosigkeit, unter keinen Umständen einem anderen Wesen körperlich etwas tun, noch nicht einmal ein Insekt töten. Für einen Polizisten bedeutet *ahiṃsā*, das Prinzip der Verhältnismäßigkeit zu wahren. Angenommen, ein Kind hat ein Stück Schokolade aus einem Supermarkt gestohlen und läuft weg, dann wäre es jetzt nicht verhältnismäßig, mit dem Gewehr auf das Kind zu feuern. Aber wenn gerade Terroristen dabei sind, eine Geisel nach der anderen umzubringen, dann kann es sehr wohl die Aufgabe des Polizisten sein, als Scharfschütze den Terroristen mit einem Schuß von seiner Tat abzuhalten. Auch das wäre in diesem Fall noch *ahimsā*.

Brahmacarya, wörtlich Enthaltsamkeit, bedeutet in einer Beziehung zum Beispiel Treue, Achtung des Partners, Rücksichtnahme, auch im sexuellen Leben dafür zu sorgen, daß beide zufrieden sind, nicht egoistisch zu sein. Für einen Aspiranten, der eine Weile das Gelübde der Enthaltsamkeit vollständig leben will, heißt es etwas anderes. Und für einen Mönch bedeutet es tatsächlich lebenslange sexuelle Enthaltsamkeit.

II.32 Śaucasaṃtoṣatapaḥsvādhyāyeśvarapraṇidhānāni niyamāḥ

Śauca = Reinheit; ***saṃtoṣa*** = Zufriedenheit; ***tapas*** = Askese, Selbstzucht; ***svādhyāya*** = Selbststudium; ***īśvara-praṇidhāna*** = Hingabe an Gott, Verehrung Gottes; ***niyama*** = feste Regeln

Die niyamas bestehen aus Reinheit, Zufriedenheit, Selbstzucht, Selbststudium und Selbsthingabe.

Wir finden hier zum dritten Mal den Hinweis auf *īśvara praṇidhāna* Im ersten Kapitel hat Patañjali erwähnt, *īśvara praṇidhāna* hilft uns, schnell zu *samādhi* zu kommen. Am Anfang des zweiten Kapitels führt er *īśvara praṇidhāna* als eine der *kriyā yogas* auf: Hingabe an Gott hilft uns, nicht zu leiden. Und hier nennt er es nochmals als Teil der *niyamas*. Also auch im Rāja Yoga spielt *bhakti*, die Hingabe an Gott, eine große Rolle.

II.33 Vitarkabādhane pratipakṣabhāvanam

Vitarka = Gedanke; ***bādhane*** = Störung; ***pratipakṣa*** = Gegenteil, Gegensatz, andere Seite; ***bhāvana*** = Hervorbringen, Vorstellung, Grundstimmung,

Störende Gedanken können durch das Denken an ihr Gegenteil überwunden werden.

Das ist die sogenannte *pratipakṣa-bhāvana*-Methode. Wenn man einen negativen Gedanken hat, denke man an das Gegenteil. Wenn man ungeduldig ist, denke man an Geduld. Wird man leicht ärgerlich, meditiere man über Gleichmut. Neigt man zu Ängstlichkeit, meditiere man über Mut. Wenn man Haß in sich trägt, entwickle man Liebe u.s.w., und zwar durch ständiges Nachdenken. Das kennen wir als Eigenschaftsmeditation (siehe I 33). Patañjali wiederholt sich an einigen Stellen bei den Dingen, die er für besonders wichtig hält.

Es ist eine gute Sache, sich vorzunehmen, eine Eigenschaft besonders zu entwickeln. Man kann zum Beispiel einen Monat lang besonders Gleichmut entwickeln, im nächsten Mut, im Monat danach Geduld, dann Pünktlichkeit u.s.w. Das ergibt immerhin zwölf positive Eigenschaften im Jahr, die man vielleicht nicht bis zur Vollkommenheit, aber doch ein gutes Stück entwickeln kann. So transformieren wir allmählich unsere Persönlichkeit.

Oder wir können natürlich auch durch die *yamas* gehen und jeden Monat einen Punkt von ihnen besonders entwickeln. Wir können einen Monat lang besonders an *ahimsā*, Gewaltlosigkeit, arbeiten, dann an *satya*, Wahrhaftigkeit, etc. Die kleinen Schwindeleien, Notlügen oder Übertreibungen, die man ab und zu macht, läßt man diesen Monat weg. Oder *asteya*, Nichtstehlen. Man achtet dann sehr genau darauf, daß man nichts wegnimmt, was einem anderen gehört. Man kann das als Meditation machen, als Affirmation sagen, und man muß es natürlich jeden Tag auch umsetzen. Nur darüber nachzudenken reicht nicht aus. Aber alles zusammen ist sehr wirksam. Wir können darüber nachdenken, Affirmationen am Anfang und/oder am Ende der Meditation und/oder am Ende der Tiefenentspannung wiederholen, wir können uns morgens vornehmen, öfter während des Tages darüber nachzudenken und jeden Tag mindestens eine Handlung auszuführen, die diese Eigenschaft unter Beweis stellt. Also beispielsweise wenn man Mut entwickeln möchte, dann soll man jeden Tag eine Sache tun, die Mut erfordert und die man normalerweise nicht gemacht hätte. Nicht hundert, sondern eine – aber dann auch wirklich tun. Eine Handlung reicht aus. Man soll den Geist nicht überfordern. Dann wird innerhalb eines Monats eine entscheidende Veränderung im Geist eintreten.

II.34 Vitarkā hiṃsādayaḥ kṛtakāritānumoditā lobhakrodhamohapūrvakā mṛdu-madhyādhimātrā duḥkhājñānānantaphalā iti pratipakṣabhāvanam

Vitarka = Gedanke, Emotion; ***himsādaya*** = rücksichtslose Gewalt; ***kṛta*** = selbst getan; ***kārita*** = durch andere tun lassen; ***anumoditā*** = angestiftet, gebilligt; ***lobha*** = Gier, Habsucht; ***krodha*** = Ärger; ***moha*** = Täuschung, Verblendung; ***pūrvaka*** = vorausgegangen, veranlaßt, begleitet von; ***mṛdu*** = mild; ***madhya*** = mäßig; ***adhimātra*** = intensiv; ***duḥkha*** = Schmerz, Leid; ***ajñāna*** = Unwissenheit; ***ananta*** = endlos; ***phala*** = Frucht, Ergebnis; ***iti*** = so, deshalb; ***pratipakṣa*** = Gegensätze; ***bhāvanam*** = in Gedanken verweilen

Negative Gedanken und Emotionen wie Gewalttätigkeit, ob man sie selbst in die Tat umsetzt, andere tun läßt oder negatives Tun billigt oder geschehen läßt, ob durch Gier, Ärger oder Verblendung verursacht, ob mild, mittelmäßig oder stark, resultieren in endlosem Schmerz und Unwissenheit. Deshalb sollte man über das Gegenteil nachdenken.

Das ist eine faszinierende Begründung von Ethik. Patañjali sagt nicht, Gott erwartet, daß du dich an die moralisch-ethischen Regeln hältst, und wenn du dich nicht daran hältst, kommst du in die Hölle. Er hat vorher über *karma* gesprochen und gesagt, wenn wir etwas lasterhaft tun, führt es zu Leid. Aber hier sagt er noch direkter: Wenn wir ein unethisches Leben führen, führt das zu Schmerz und Unwissenheit.

In den siebziger und achtziger Jahren ist das Wort „Tugend“ etwas außer Mode gekommen. Im Zuge der psychologischen Revolution sind auch ethische Vorschriften mehr oder weniger über Bord geworfen worden. Wenn ich Mitte der neunziger Jahre das Wort Tugend in den Mund genommen habe, haben mich alle komisch angeguckt. Jetzt wird wieder über Tugenden gesprochen, und das ist etwas Positives. Denn inzwischen weiß man: Man braucht sie. Und es ist nicht so, daß der Ehrliche wirklich der Dumme ist. Der Ehrliche ist der Fröhliche und der Freudige. Der Unehrliche ist der Traurige, Unglückliche.

Bevor ich mich mit Yoga beschäftigt habe, hatte ich ein anderes Hobby, nämlich Geschichte. Damals habe ich mich unter anderem auch mit großen Feldherren und Eroberern beschäftigt, und bei ihren Biographien ist mir aufgefallen, daß sie eigentlich immer todunglücklich waren. Sie mögen ein Riesenreich aufgebaut haben – wenn sie als Tyrannen geherrscht haben, waren sie nicht glücklich. Es gab manche, die nach einer Weile ihre Wege geändert haben, wie zum Beispiel *Aśoka*, der große Kaiser Indiens, der um 250 v. Chr. ganz Indien geeint hat. Er war ein großer Feldherr, besiegte ein großes Reich, wobei Zehntausende von Soldaten umgebracht wurden, und anschließend haben seine Soldaten gebrandschatzt. Daraufhin hat er Gewissensbisse bekommen und sich gewandelt. Er wurde Buddhist und brachte als friedvoller König das Land zum Blühen. Und er war zum Schluß sehr glücklich. Er gilt bis heute in Indien als einer der idealen Herrscher. Aber diejenigen, die nur über Leichen gehen, werden unglücklich.

Und wir selbst werden auch unglücklich, wenn wir uns nicht an Ethik halten. Patañjali hat schon einige Ursachen für Leiden aufgezählt. Erstens, Handeln aus den *kleśas* heraus führt zum Leiden, zu *karma* und zu Unwissenheit. Zweitens, schlechtes karma führt zu Leiden. Jetzt sagt er, unethisches Verhalten führt direkt zu Leiden.

Wenn du dich mal nicht wohlfühlst, überlege: Habe ich heute jemanden bewußt oder unbewußt verletzt, durch Unachtsamkeit, oder weil ich ihm eins auswischen wollte? Wenn man eine Weile Yoga praktiziert, wird man sensibler und tut sich selbst weh, wenn man einen anderen Menschen auf irgendeine Art und Weise verletzt, besonders, wenn dies aus egoistischen Gründen geschieht. Natürlich muß man sich manchmal auch durchsetzen, zum Wohl einer Sache auch einmal jemanden zurechtweisen. Im Extremfall mag es sogar sein, wenn man in einer Situation ist wie Arjuna in der Bhagavad Gītā oder die Soldaten im Kosovo, daß es notwendig wird, zu Gewalt zu greifen. Dabei ist immer abzuwägen, ob es wirklich notwendig ist und ob es keinen anderen Weg gibt. Aber jede Form von Nichteinhalten von *ahiṃsā* spürt ein spiritueller Aspirant in seinem eigenen Herzen. Notfalls muß man das in Kauf nehmen. Aber im Normalfall machen uns der Yogaweg und das Einhalten der *yamas* und *niyamas* glücklich und freudevoll, indem wir anderen Gutes tun, Gutes wünschen, für andere leben. Und langfristig gibt es uns auch alles, was wir brauchen – auch Erfolg. Wenn jemand einen sehr starken inneren Ehrgeiz hat, den er nicht loswerden kann, dann muß er dafür sorgen, daß er auf ethische Weise im Beruf Erfolg hat. Das ist die *sattvigste* Art und Weise, Ehrgeiz zu befriedigen.

Es macht wenig Unterschied, ob wir eine Verletzung der *yamas* und *niyamas* selbst begehen oder nur begünstigen und zulassen. Wenn neben uns ein Mensch gequält wird und wir unternehmen nichts dagegen, ist es *hiṃsā* (Verletzen), und wir haben Anteil daran. Unrecht geschehen zu lassen ist auch eine Form von *hiṃsā* und macht uns letztlich unglücklich.

Die häufigsten Motive, unethisch zu handeln, sind **Gier**, **Ärger** und **Täuschung**. Jemand will mehr Geld oder den Posten eines anderen haben, also wird er gewalttätig, lügt, stiehlt, läßt sich bestechen, besticht jemand anderen u.s.w. **Gier** ist sicherlich einer der verwerflichsten Gründe.

Auch aus **Ärger** macht der Mensch alles mögliche. Ärger ist eine Ursache für negative Gedanken, Emotionen und Gefühle. In der Bhagavad Gītā sagt Krishna sinngemäß: Zuerst kommt der Wunsch. Der Wunsch führt zu Ärger. Aus Ärger kommen Täuschung, Verblendung und Vergessen, und dann tut der Mensch Dinge, die er normalerweise niemals tun würde.

Es gibt sinnlosen Ärger, aber auch gerechten Zorn. Das erlebe ich oft unter spirituellen Aspiranten. Sie nehmen oft in Kauf, einen anderen zu verletzen, nicht aus Gier oder reinem Ärger, sondern aus Gerechtigkeitsdenken heraus. Wenn wir etwas als ungerecht empfinden, sind wir oftmals bereit, viel zu tun. Wenn wir etwas für richtig halten, trampeln wir auch über die Gefühle von anderen Menschen rücksichtslos weg. Das ist eine große Gefahr.

Und schließlich **Täuschung**. Selbst wenn wir etwas nur aus Täuschung oder Verblendung tun, führt uns das zu Unwissenheit und Schmerz. Es gehört sehr viel

Sensibilität dazu, überhaupt zu merken, wann wir jemand anderem wehtun. Und noch mehr Selbstdisziplin erfordert es, einem anderen selbst dann nicht wehzutun, wenn er uns wehtut. Und vor allen Dingen wollen wir nicht das Radfahrerprinzip anwenden, also nicht unseren Frust an einem anderem Menschen auslassen, wenn uns jemand nervt, gegen den wir uns nicht zur Wehr zu setzen trauen. Solche Handlungsmuster können unbewußt ablaufen oder aus Täuschung heraus. Man merkt es gar nicht. Wir brauchen also eine gewisse Sensibilität.

Wir kommen zu Leid und Unwissenheit, wenn wir den ethischen Grundsätzen entgegenhandeln. Ob wir nur leicht dagegen verstoßen, mittelmäßig oder vehement, letztlich läßt Patañjali keine Ausreden und Entschuldigungen gelten.

Die Schwierigkeit mit all diesen hehren, hohen Grundsätzen ist, daß man sie nicht immer ganz in die Tat umsetzen kann, weil wir eben noch nicht selbstverwirklicht sind. Wir sind noch nicht vollkommen. Aber wir bemühen uns. Und man darf sich auch kein schlechtes Gewissen machen, wenn einem die Umsetzung nicht immer perfekt gelingt.

Hehre Ideale sind in voller Radikalität nicht immer zu verwirklichen, weil wir Emotionen haben, durchaus auch Täuschungen unterliegen oder manchmal nicht die Kraft haben, selbst etwas zu ändern. Manchmal stehen die Ideale auch miteinander im Konflikt wie zum Beispiel oft im Fall von Nichtverletzen und Wahrhaftigkeit.

Die nächsten Verse sind wunderschöne Erklärungen, was passiert, wenn man die betreffende positive Eigenschaft entwickelt, wohin es führt, wenn wir wirklich voll darin verankert sind. Das sind durchaus *siddhis* (übernatürliche Kräfte), die sich da manifestieren.

II.35 Ahiṃsāpratiṣṭhāyāṃ tatsaṃnidhau vairatyāgah

> ***Ahiṃsā*** = Nichtverletzen, Gewaltlosigkeit; ***pratiṣṭha*** = fest, beständig; ***tat saṃnidhau*** = in seiner (des Yogi) Nähe; ***vaira*** = Feindseligkeit, Streitigkeit; ***tyāgaḥ*** = aufgeben, loslassen
>
> **Wenn Nichtverletzen fest begründet ist, wird Feindschaft in der Gegenwart des Yogis aufgegeben.**

Wenn wir selbst Liebe und Mitgefühl entwickeln, begegnet uns keine Feindschaft mehr.

Das ist auf zwei Ebenen zu interpretieren.

Das eine ist die wörtliche Bedeutung. Wenn wir selbst Frieden ausstrahlen, spüren das auch die anderen und werden weniger mit uns streiten. Ein sanftmütiger, freundlicher Mensch trifft auf weniger Feinde. Es geht sogar so weit, daß dort, wo er ist, sich die Menschen besser vertragen.

Ich kannte einmal einen Menschen, der die Sanftmut in Person war. Wenn er in einen Raum kam, waren plötzlich alle ganz friedlich. Sowie er weg war, fingen sie allerdings wieder an, sich zu streiten....

Das kann jeder auch ausprobieren. Angenommen, du bemerkst irgendwo, daß Menschen sich streiten. Dann versuche zunächst, ihnen positive Gedanken zu schicken. Ich kann mich an einen Vorfall in einer U-Bahn erinnern, wo ich selbst auch nicht wußte, was ich machen sollte. Jemand fing eine Schlägerei an und es war offensichtlich, der eine war unterlegen und die anderen überlegen. Die erste Sache, die ich gemacht habe, hat glücklicherweise geholfen. Ich habe aus meinem ganzen Herzen *„Oṃ tryaṃbakam“* (*mantra* für Frieden, Wohlwollen, Heilung) hingeschickt – und es hat aufgehört. Ich brauchte nicht mehr zu machen.

Wenn man über die Machtergreifung Hitlers diskutiert, hört man oft das Argument: „Ja, was hätte man denn machen sollen?“ Als einzelner hätte man wahrscheinlich nicht viel machen können, aber sicher in der Masse. 1919 zum Beispiel, kurz nach Beginn der Weimarer Republik, machte ein Mensch namens Kapp einen Putsch und wurde zum Diktator. Am nächsten Tag gab es einen Generalstreik in ganz Deutschland, alle Räder standen still. Innerhalb weniger Tage war der ganze Spuk zu Ende. Wenn ausreichend Menschen nicht wollen, kann alles verhindert werden. Aber auch als einzelner können wir der Gewalt durch Gewaltlosigkeit begegnen, wie auch Gandhi das gezeigt hat.

Auf einer zweiten Ebene sehen wir aber, daß den großen Wohltätern der Menschheit zum Teil sehr wohl Feindschaft entgegenschlug. Jesus wurde sogar ans Kreuz geschlagen. Gegen Buddha gab es mehrere Mordanschläge.

Trotzdem ist der Aphorismus von Patañjali korrekt. Denn eine andere Übersetzung lautet:

Ist Gewaltlosigkeit fest begründet, trifft der Yogi auf keine Feindschaft.

Das heißt, für den Yogi ist es keine Feindschaft, er empfindet es nicht als solche.

Als Jesus ans Kreuz geschlagen wurde, sagte er: „Vater, vergib ihnen, denn sie wissen nicht, was sie tun.“ Er hat nicht empfunden: Da sind Menschen, die mir gegenüber feindselig gesonnen sind. Sondern er hat Menschen gesehen, die aus Unwissenheit etwas Schlechtes tun.

Von Swami Sivananda wird ein Vorfall berichtet, in dem ihn jemand beim Abend*satsaṅg* (gemeinsame Meditation und Mantrasingen) mit einer Axt ermorden wollte. Der erste Schlag ging auf den Turban und glitt dann seitlich ab. Swami Sivananda hob nicht die Hand, denn ein *svāmī* (Mönch, Entsagter) darf sein eigenes Leben nicht verteidigen. Der Assistent von Swami Sivananda, das war damals Swami Vishnu, ist dem Attentäter in den Arm gefallen und hat letztlich das Leben von Swami Sivananda gerettet. Und das erste, was Swami Sivananda gesagt hat, war: „Vishnu Swami, mäßige deinen Zorn!“ Die erste Sorge, die Swami Sivananda hatte, war, daß Swami Vishnu dem, der ihn fast umgebracht hätte, irgendein Leid zufügt. Er hat ihm natürlich auch nicht gesagt: „Gib ihm die Axt wieder, damit er mich umbringen kann“, sondern er sagte: „Tue ihm kein Leid an.“ Nachher sorgte er auch noch dafür, daß der Angreifer nicht ins Gefängnis kam, sondern nach Hause geschickt wurde. Er blieb ein spiritueller Aspirant und Schüler von Swami Sivananda. Dieses Ereignis hat den Beinahe-Mörder gründlichst transformiert. Er hat nämlich gemerkt: Das ist tatsächlich ein Heiliger – nicht ein Scheinheiliger, sondern ein echter Heiliger.

Jemand, der wirklich in Liebe zerfließt, allen Wesen Liebe und Wohlwollen entgegenbringt, empfindet keine Feindschaft. Selbst wenn er umgebracht wird, empfindet er nicht, daß es aus Feindschaft geschieht. Eine solche innere Einstellung ist möglich, und zwar auch im kleinen, in kleinen Schritten. Je mehr wir Liebe und Mitgefühl empfinden und in die Tat umsetzen, um so weniger spüren wir Feindschaft von anderen, und um so weniger haben wir das Gefühl, daß uns jemand etwas Schlechtes will. Wenn man hingegen das Gefühl hat, viele Menschen mögen mich nicht, handeln absichtlich schlecht mir gegenüber, dann ist das ein Zeichen, daß man selbst viel Feindschaft im Herzen hat.

II.36 Satyapratiṣṭhāyāṃ kriyāphalāśrayatvam

Satya = Wahrhaftigkeit; ***pratiṣṭha*** = fest, beständig; ***kriyā*** = Handlung; ***phala*** = Frucht, Ergebnis; ***āśrayat*** = Grundlage

Wenn Wahrhaftigkeit fest begründet ist, erlangt man die Frucht der Handlung, ohne zu handeln.

Mit anderen Worten, unsere Gedanken werden so stark, daß die Dinge allein durch unsere Gedanken geschehen.

Manche Menschen bauen ein riesiges Lügengeflecht um sich herum auf. Sie sagen etwas, denken etwas anderes und handeln nochmals anders. Dadurch entsteht eine große innere Spannung, man verzettelt sich, und der einzelne Gedanke ist sehr schwach.

Im Rahmen der *kleśas* hatten wir davon gesprochen, daß man ein bestimmtes Selbstbild von sich hat. Gleichzeitig denkt man, andere haben ein anderes Bild von einem, und als drittes will man außen ein anderes Selbstbild schaffen, als man glaubt, daß die anderen von einem haben. Das führt zu Schwäche. Zu sich selbst zu stehen, sich selbst besser kennenzulernen, authentisch zu sein, gibt Stärke und Kraft. Das ist sogar in der Welt der Politik möglich. Von Bismarck heißt es, er habe offen und klar gesagt, was er wollte. Das hat ihm niemand geglaubt, denn es war in dieser Diplomatenwelt unvorstellbar und außergewöhnlich, daß jemand direkt ist – deshalb war er so erfolgreich.

Und das ist durchaus wörtlich zu nehmen. Wenn wir gewöhnt sind, uns immer an die Wahrheit zu halten und dann einmal versehentlich die Unwahrheit sagen, ist unser Geist so stark, daß diese Unwahrheit eintritt.

In der indischen Mythologie gibt es darüber sehr schöne Geschichten, wie etwa die von König *Parikṣit* und dem Sohn des Weisen, der gewöhnt war, sein Leben lang nur die Wahrheit zu sagen, und dessen Gedanken daher so stark waren, daß jedes Wort sich erfüllen mußte. Weil der König unfreundlich seinem Vater gegenüber gewesen war, verfluchte er den König und sagte: „Dieser König wird in sieben Tagen an einem Schlangenbiß sterben." Der König ließ sich nun unter Beachtung aller möglichen Sicherheitsvorkehrungen ein neues Haus auf Pfählen bauen. Als er am siebten Tag hinaufstieg und ihm Essen gereicht wurde, war in einer Frucht eine Schlange, die ihn biß, und er starb daran.

Wenn wir wahrhaftig sind, bekommen unsere Gedanken eine sehr starke Kraft, und unsere Worte auch. In Arabien gibt es ein Sprichwort: „Bevor du etwas sagst, überprüfe erstens, ob es wahr ist, zweitens, ob es freundlich ist, und drittens, ob es notwendig ist. Und nur dann, wenn es wahr, hilfreich und notwendig ist, dann sage etwas." Man sollten keine Unwahrheit sagen, aber auch keine Wahrheit, die andere kränkt. Man sollte überflüssiges Geschwätz vermeiden, ohne deshalb gleich zum Einsiedler zu werden.

Satya, Wahrhaftigkeit, soll also gemildert sein durch *ahiṃsā*, Nichtverletzen. Wenn verschiedene ethische Prinzipien miteinander in Konflikt stehen, heißt es immer: *ahiṃsā paraṃa dharma* – Nichtverletzen ist die höchste Pflicht. Aber Nichtverletzen ist relativ. Eine Mutter muß beispielsweise ihrem Kind auch ab und zu mal etwas verbieten, es erziehen. Für das Kind ist es verletzend, wenn es einen Abend Fernsehverbot bekommt, keinen Nachtisch oder sonst eine „Strafe", aber zum Wohl des Kindes kann es notwendig sein, so vorzugehen. Manchmal muß zum Wohl eines langfristigen *ahiṃsā* (Nichtverletzen) ein kurzfristiges *hiṃsā* (Verletzen) in Kauf genommen werden.

II.37 Asteyapratiṣṭhāyāṃ sarvaratnopasthānam

Asteya = Nichtstehlen; ***pratiṣṭa*** = fest begründet; ***sarva*** = alles; ***ratna*** = kostbare Dinge, Edelsteine; ***upasthānam*** = in Erscheinung treten

Ist Nichtstehlen fest begründet, kommen alle Kostbarkeiten wie von selbst.

Solange wir anderen etwas wegnehmen, sind wir Bettler. In dem Moment, wo wir nichts mehr stehlen, auch nicht mehr unbedingt etwas haben wollen, bekommen wir alles, was wir brauchen. Das ist auch das Gesetz der Entsagung. Es gibt zwar auf einer Ebene im Yoga die vier Wünsche – *kāma* (Sinnesbefriedigung), *artha* (Wohlstand), *dharma* (Pflichterfüllung, Selbstentfaltung) und *mokṣa* (Befreiung) –, die der Mensch im Laufe seines Lebens hat und auch befriedigen soll. Auf dieser Ebene soll man sich durchaus auch darum kümmern, die Menge an Geld, finanzieller Absicherung, äußerer Sicherheit u.s.w. zu bekommen, die man braucht, um den Geist frei zu haben für Spiritualität. Aber je mehr wir unsere Wünsche reduzieren, je weniger Gier wir haben, je mehr wir entsagen, desto mehr kommt alles, was wir brauchen, hinter uns hergerannt. Und solange wir Dinge wegnehmen, die uns nicht gehören, schaffen wir natürlich auch negatives *karma*, so daß uns ebenfalls gewisse Sachen weggenommen werden – auf der materiellen oder emotionalen Ebene. Hier müssen wir sehr aufpassen.

Asteya, Nichtstehlen, ist zum einen sehr wörtlich zu nehmen, also z. B. nichts aus Kaufhäusern mitnehmen. Der Begriff ist aber weitaus umfassender. Wenn man zum

Beispiel feststellt, der Nachtisch reicht nur für zwanzig Personen und man ist der Fünfzehnte in der Reihe, dann heißt *asteya*, sich nur eine kleine Portion zu nehmen, wenn hinter einem noch fünf Leute warten. Oder nicht aus dem Kühlschrank das letzte Stück von etwas wegzunehmen, das andere gerne haben. Nichtstehlen bedeutet auch, sich nicht mit fremden Federn zu schmücken, sich nicht geistiges Eigentum von anderen anzueignen.

Wenn wir darin fest verankert sind, stehlen wir nicht nur nicht, sondern im Gegenteil, wir teilen mit anderen. Alle diese *yamas* (ethisch-moralische Regeln) sind nämlich nicht nur passiv als Verneinung zu verstehen, wie zum Beispiel Nichtstehlen, sondern in logischer Folge auch im aktiven Sinn als Teilen, Geben. Je mehr wir anderen geben, um so mehr bekommen wir. Das ist das *lakshmi*-Prinzip.

Lakshmi (= *lakṣmī*, Göttin des Wohlstands und der Schönheit) hat zwei nach oben geöffnete Hände und zwei Hände nach unten. Die zwei Hände nach unten symbolisieren: sie gibt, gibt und gibt. Und zwei Hände nach oben: sie empfängt, empfängt und empfängt von der Kosmischen Kraft. Je mehr wir geben, tun für andere, um so mehr bekommen wir. Wie auch Swami Vishnu gerne gesagt hat: Die beste, sicherste Investition sind Spenden und gute Werke. Beides bekommen wir karmisch wieder zurück. Alles andere verlieren wir, zum großen Teil schon in diesem Leben – es gab genügend Wirtschaftskrisen und Börsencrashs –, aber spätestens im Moment des Todes. Aber wenn wir geben, bekommen wir alles, was wir brauchen.

II.38 Brahmacaryapratiṣṭhāyāṃ vīryalābhaḥ

> ***Brahmacarya*** = sexuelle Mäßigung, Enthaltsamkeit, Vermeidung von sexuellem Fehlverhalten; ***pratiṣṭha*** = fest begründet; ***vīrya*** = Lebenskraft, Vitalität, Stärke; ***lābha*** = erlangen, erreichen
>
> **Ist Brahmacarya (Enthaltsamkeit) fest begründet, erlangt man große Lebenskraft.**

Die beste Übersetzung von *brahmacarya* ist vielleicht „Vermeidung von sexuellem Fehlverhalten". *Brahmacarya* bedeutet in verschiedenen Lebensumständen und auch in verschiedenen Kulturen jeweils etwas anderes. Für einen Entsagten heißt *brahmacarya* vollständige sexuelle Enthaltsamkeit. Wenn man in einer festen Partnerschaft lebt, heißt es hauptsächlich Treue. Wenn ein Partner enthaltsam leben will, wird der andere das nicht mögen. Daher muß man auch das Prinzip von *ahiṃsā* berücksichtigen. Manchmal hat man aber auch die Gelegenheit, die sexuelle Energie stärker zu sublimieren, zum Beispiel, wenn man aus beruflichen Gründen einmal eine Weile vom Partner getrennt ist, oder die Frau gerade schwanger ist, oder das Kind gerade geboren worden ist. Meistens hat eine Frau dann eine Weile keine Lust auf Sexualität. Oder jemand hat sich vom Partner getrennt. Dies sind alles besondere Gelegenheiten, die sexuelle Energie vollständiger zu sublimieren, das heißt zu verfeinern, in geistige Energie umzuwandeln, *ojas* (spirituelle Energie) zu erzeugen.

Es gibt fünf verschiedene Manifestationen von *prāṇa*, fünf *vāyus*, die alle auf die eine oder andere Art und Weise sublimiert werden können:

Prāṇa ist allgemein der Begriff für Lebensenergie, gleichzeitig ist *prāṇa vāyu* aber auch eine der fünf Arten von *prāṇa*. *Prāṇa vāyu* ist die Energie hinter der Atmung. *Prāṇa vāyu* können wir zum Beispiel sublimieren, wenn wir *prāṇāyāma* üben. Beim Luftanhalten wird der Reflex des Ausatmens nicht befolgt und statt dessen sublimiert. Hinter dem Atem ist der Überlebensinstinkt. Wenn wir *prāṇa vāyu* durch Atemanhalten sublimieren, wandeln wir das physiologische *prāṇa* in *ojas*, spirituelle Energie, um, und auf einer höheren Ebene sublimieren wir den Überlebensinstinkt; das heißt, wir haben ein Herz für andere, nicht nur für uns. Gleichzeitig regeneriert sich *prāṇa vāyu* mit jedem Atemzug und wird harmonisiert.

Die zweite Energieform ist *apāna vāyu*, die Energie hinter Ausscheidung, Sexualität, Menstruation und Geburt. Sie hat ihren Sitz in den unteren Körperteilen und wird sublimiert durch *mūlabandha* (Anusschließmuskeln und Geschlechtsmuskeln zusammenziehen), *aśvini mudrā* (Beckenbodenmuskeln mehrmals schnell zusammenziehen) und Umkehrstellungen. *Apāna vāyu* steht auch für Arterhaltung, sich um Familie und Kinder kümmern. Durch Sublimierung dieser Energie gewinnen wir ebenfalls *ojas*, spirituelle Energie.

Die dritte Energieform ist *samāna vāyu*, die Energie hinter der Verdauung. Das Verdauungsfeuer wird angeregt und sublimiert durch *uḍḍiyāna bandha* (Bauchverschluß), *agnī sāra* (Feueratmung), *naulī* (Bauchmuskelbewegung zur Darmanregung) und *kapālabhātī* (Schnellatmung) und steht gleichzeitig für Durchsetzungsvermögen, Mut, Handlung. Um diese Energie zu sublimieren, ist es gut, sich ab und zu eine nicht aktive Zeit zu gönnen, nichts verändern zu wollen, Dinge zu akzeptieren, loszulassen, das Feuer weniger zum Ausdruck zu bringen. Die so sublimierte Verdauungsenergie steht nachher auf beiden Ebenen wieder vermehrt zur Verfügung, sowohl für die Verdauung als auch für stärkeres Durchsetzungsvermögen und mehr Gleichmut. Wichtig ist auch eine ausgewogene, *sattvige* Ernährung in der richtigen Menge sowie ab und zu zu fasten.

Die vierte Energieform ist *vyāna vāyu*, die Energie hinter dem Herzkreislauf und der Skelettmuskulatur, also der physischen Bewegung. Solange man wach ist, hat man den Impuls, sich zu bewegen. Wenn wir die *āsanas* halten, ohne uns zu bewegen oder in der Meditation still sitzen, wird *vyāna vāyu* nicht gebraucht und als sublimierte Energie in den *cakras* (Energiezentren) aufgespeichert.

Und die fünfte Energieform ist *udāna vāyu*, die Energie hinter den verschiedenen Kommunikationssystemen des Körpers, wie Nerven, Hormonsystem, Sprache, innerkörperliche Koordination sowie Kommunikation mit anderen Menschen. Das Nervensystem regeneriert sich in der Tiefenentspannung. Dabei wird diese Energie sublimiert. Auch beim Mantrasingen und in der Meditation beruhigt sich das Nervensystem. Wenn wir freundlich mit und über andere Menschen sprechen, ab und zu schweigen, nicht zuviel Unnützes reden, sublimiert sich diese Kommunikationsenergie, die uns dann als spirituelle Energie zur Verfügung steht. Gleichzeitig verbessert sich die Kommunikation mit anderen Menschen, der Schlaf wird leichter, und man braucht weniger Schlaf, weil *udāna vāyu* sehr harmonisch wird.

Zur Sublimierung von Energien trägt es ganz generell bei, wenn man sich nicht immer alle Wünsche erfüllt, nicht allen Impulsen sofort nachgibt. Trotzdem sollte man auch das nicht übertreiben, sondern es nur gelegentlich anwenden. Man wird sich dann insgesamt besser fühlen.

Sublimierung der Energie führt also zu *vīrya*, zu starker Vitalität.

II.39 Aparigrahasthairye janmakathaṃtāsaṃbodhaḥ

Aparigraha = Unbestechlichkeit; ***sthairye*** = fest werden; ***janma*** = Geburt; ***kathaṃtā*** = das Wie und Warum; ***saṃbodha*** = Verständnis

Ist aparigraha (Unbestechlichkeit) fest begründet, versteht man den Sinn des Lebens.

Aparigraha wird interpretiert als Nichtannehmen von Geschenken, Unbestechlichkeit, Aufgabe von Gewinnsucht, Nichthorten von Dingen. Geschenke, die aus Liebe gegeben werden, können wir natürlich annehmen, nur dann nicht, wenn wir damit manipuliert werden sollen. Geschenke aus Liebe öffnen das Herz. Liebe muß sich ja auch ausdrücken. Es reicht nicht allein aus, Liebe im Herzen zu haben. Man muß diese Liebe auch zeigen. Wenn man verreist war und wieder nach Hause kommt, bringt man seinem Kind oder seiner Familie und Freunden vielleicht kleine Geschenke mit, und sie freuen sich darüber. Oder man erhält ein selbstgebasteltes Geschenk von seinem Kind. Solche Geschenke helfen, das Herz zu öffnen.

Man sollte bei einem Geschenk nicht das Gefühl haben, zu etwas verpflichtet zu sein. Gleichzeitig sollte man aber auch die Gefühle anderer nicht verletzen, indem man ein gutgemeintes Geschenk ablehnt. Man muß abwägen. Wenn man das Gefühl hat, man soll mit einem Geschenk gekauft werden, es steht eine Absicht dahinter, dann soll man es ablehnen. Viele Menschen werden bestochen durch Geschenke. Man soll sich nicht kaufen lassen. Das ist ein wichtiger Aspekt. Bestechlichkeit ist der Untergang jeder Wirtschaft und jedes politischen Systems. Auch als spirituelle Aspiranten dürfen wir uns nicht bestechen lassen, sonst verlieren wir unsere Freiheit. Wenn man nach dem Prinzip handelt, eine Hand wäscht die andere, dann kann man nicht mehr danach handeln, was richtig und falsch ist, und der Geist wird verwirrt. Im weiteren Sinne verliert man die Unterscheidungskraft zwischen dem, was richtig und falsch ist und damit für den Sinn des Lebens.

Neben keine Geschenke annehmen bedeutet *aparigraha* als zweites Abwesenheit von Gewinnsucht, also nicht so viel haben zu wollen, und als drittes Nichthorten.

Für verschiedene Menschen und verschiedene Umstände heißt „Nichthorten“ jeweils etwas anderes. Eine gewisse finanzielle Unabhängigkeit kann durchaus hilfreich sein. Man braucht sich keine Sorgen zu machen, dadurch wird der Geist ruhig, und man kann anderen helfen. Deshalb rate ich Aspiranten ab, all ihre Ersparnisse zu spenden. Eine gewisse Sicherheit beruhigt und ist gut. Gleichzeitig sollte man aber auch nicht zu viel haben. Wenn man viel hat oder bekommt, zum Beispiel durch eine Erbschaft, sollte man einen Teil davon auch anderen geben, statt immer mehr anzuhäufen oder zu überlegen, wie kriege ich noch mehr Gewinn heraus.

Jesus hat diesbezüglich eine etwas radikalere Lehre verkündet: „Eher kommt ein Kamel durch ein Nadelöhr als ein Reicher in den Himmel", oder „Man soll nicht für das Morgen sorgen, der morgige Tag wird für das Seine sorgen." Und seinen Schülern hat er gesagt: „Wer mir nachfolgen will, der folge mir jetzt nach." Aber das galt auch wieder nur für seine zwölf engsten Schüler, eben die, die ein Leben der Entsagung führen wollten.

Das Prinzip der Besitzlosigkeit gibt es zwar auch im Yoga für *svāmīs*, also Mönche/Nonnen, die das Gelübde der Entsagung ablegen. Für die Mehrheit der Menschen ist eine gewisse finanzielle Absicherung aber durchaus hilfreich.

Wenn man sich an *aprigraha* hält, weiß man, was seine Aufgabe im Leben ist.

Wenn man sich bestechen, kaufen läßt, kann man nicht das tun, was man für richtig hält, und irgendwann weiß man es auch nicht mehr.

Wenn man nur immer mehr haben will, dann weiß man auch nicht mehr, was seine Pflicht, seine Aufgabe, ist.

Wenn man immer mehr hortet, muß man sich um seinen Besitz kümmern, ihn pflegen, verwalten, dafür sorgen, daß er sich vermehrt, einem nicht entgeht. Auch das verhindert, daß man erkennt, was seine Pflicht ist. Wenn man immerzu mehr Geld haben will, dann tut man andere Sachen nicht, die man eigentlich tun sollte.

Umgekehrt, wenn wir alle diese drei Aspekte von *aparigraha* beachten, erlangen wir das Verständnis für den Sinn der Geburt, dafür, was unsere Aufgabe ist.

Patañjali sagt, wenn man sich nicht an die *yamas* hält, wird man auch nicht glücklich. Man wird dann glücklich, wenn man seine Aufgabe findet und tut. Wer dagegen hauptsächlich nach Gewinn und Geld strebt, ist meist oberflächlich und relativ unglücklich.

Die *yamas* beziehen sich auf den Umgang mit anderen. Im Umgang mit anderen wollen wir *ahimsā* üben, sie nicht verletzen und ihnen Liebe schenken. Dann wollen wir sie nicht anlügen, *satya*, Wahrhaftigkeit. Wir wollen ihnen gegenüber *asteya* üben, das heißt, ihnen nichts wegnehmen, sondern im Gegenteil teilen, was wir haben. Wir wollen sie nicht ausnutzen, im Partner nicht nur das Sexualobjekt oder nicht in jedem Menschen einen potentiellen Sexualpartner sehen, sondern im anderen das Göttliche sehen. Das ist *brahmacarya*. Wir wollen uns nicht von anderen bestechen lassen und kein Geld horten, *aparigraha*. – Hohe Ideale, aber durchaus praktikabel.

Nun folgen als zweiter Schritt die *niyamas*, die für unser Privatleben gedacht sind, eine bestimmte Lebenseinstellung. Wir üben *śauca*, Reinheit und *saṃtoṣa*, Zufriedenheit. Wir üben *tapas*, das hier im engeren Sinne als Askeseübung zu verstehen ist. Im Rahmen des *kriyā yoga* kann man *tapas* weiter definieren, aber im Zusammenhang mit den *niyamas* bedeutet es Askese. Wir üben *svādhyāya*,

Selbststudium im Sinne von Studium der Schriften und Studium von sich selbst, Innenschau. Und wir üben *īśvara praṇidhāna*, Hingabe an Gott, Gottesverehrung.

Nun schauen wir, was Patañjali zu den einzelnen *niyamas* sagt und welche Konsequenzen ihre Einhaltung hat.

II.40 Śaucātsvāṅgajugupsā parairasaṃsargaḥ

> ***Sāuca*** = Reinheit, Reinigung; ***svāṅga*** = die eigenen Teile, d.h. der Körper; ***jugupsā*** = Abscheu; ***parai*** = mit anderen; ***asaṃsarga*** = kein Kontakt
>
> **Durch die Reinigung entsteht Ekel gegenüber dem eigenen Körper und eine Abneigung gegenüber physischem Kontakt mit anderen.**

Diesen Vers mögen die wenigsten. In manchen Übersetzungen des Yoga Sūtras werden die Verse sogar abgewandelt, damit westliche Menschen keinen Anstoß daran nehmen. Aber Patañjali hat es tatsächlich so geschrieben, ich kann es nicht ändern...

Wir müssen jetzt aber verstehen, wie das Wort Ekel hier gemeint ist. Das heißt nicht, daß es uns wirklich anekelt, sondern es bedeutet, daß die Fähigkeit entsteht, nicht mehr so sehr an den menschlichen Körper verhaftet zu sein. Wenn wir den Körper so rein wie möglich zu machen versuchen, wird die Bindung an den Körper schwächer. Wir spüren: Ich bin nicht der Körper. Das führt auch dazu, daß wir im anderen Menschen weniger den Körper, die äußere Erscheinungsform sehen, sondern vielmehr seine innere Qualität, seine Göttlichkeit. Letztlich ist *śauca*, Reinheit, eine Hilfe, sich vom Physischen zu lösen. Manche Menschen interpretieren Nichtanhaften etwas falsch: Ich kümmere mich nicht um den physischen Körper, deshalb lasse ich meine Haare wachsen und verfilzen, wasche mich nicht, putze mir die Zähne nicht u.s.w.

Aber Patañjali sagt, nicht Vernachlässigung und Verschmutzung sind ein Zeichen für das Nicht-Verhaftetsein an den Körper, sondern wenn wir uns um Sauberkeit bemühen, hilft uns das, uns von der Anhaftung an den Körper zu befreien. Denn Verschmutzung, Unreinheit, bindet. Reinheit befreit.

Das ist die abgemilderte Bedeutung dieses Yoga Sūtra. Swami Vishnu hat sie in ähnlicher Form interpretiert. Aber er hat auch gesagt, ab einer gewissen Stufe der spirituellen Entwicklung, wenn die Reinheit sehr stark ist, hat man keine Lust mehr, mit anderen auf physische Weise in Kontakt zu kommen. Jedoch sollte man hier aufpassen. Wenn man mit einem Partner zusammenlebt, gibt es Phasen, wo man weniger Lust auf sexuelle Kontakte hat – zum Beispiel bei Frauen während der Periode, nach der Schwangerschaft, in den Wechseljahren, in Streß-Situationen oder bei bestimmten hormonellen Umstellungen. Aber das sind vorübergehende Schwankungen, die nicht wirklich aus *śauca* und einem wahrhaftigen *vairāgya* (Leidenschaftslosigkeit) kommen. Man sollte dann den Partner nicht vor den Kopf stoßen, indem man ihm sagt, daß man ab jetzt nicht mehr in physischen Kontakt mit ihm/ihr treten will. Besser ist, das Zurückgehen der Libido zunächst als vorübergehende Angelegenheit zu betrachten, als was es sich ja meistens herausstellt.

II.41 Sattvaśuddhisaumanasyaikāgryendriyajayātmadarśanayogyatvāni ca

Sattva = Reinheit, Licht, Klarheit; ***śuddhi*** = Reinheit; ***saumanasya*** = heiteres Gemüt; ***aikāgrya*** = Konzentrationsfähigkeit; ***indriyajaya*** = Beherrschung der Sinne; ***ātmadarśana*** = Vision des Selbst, Selbstverwirklichung; ***yogyatvāni*** = Eignung zu; ***ca*** = und

Durch die Reinheit entstehen geistige Klarheit, heiteres Gemüt, Konzentrationsfähigkeit, Kontrolle der Sinne und Eignung für die Verwirklichung des Selbst.

Śauca wird zu *sattvaśuddi*, dem *sattvigen* Prinzip der Reinheit. Ein großer Teil des Yoga besteht darin, daß wir uns bemühen, *sattvig* zu leben, uns *sattvig* zu ernähren, zu kleiden, *sattvige* Musik zu hören, *sattva* zu erzeugen. Je mehr *sattva*, desto mehr Reinheit ist da. Und daraus entsteht auch geistige Klarheit und Heiterkeit. Du kannst auch einmal in deiner Wohnung schauen, wo ist vielleicht etwas, was nicht so *sattvig* ist, und wenn es ein Erbstück von der Urgroßmutter ist, ein uraltes Gemälde, auf dem eine Schlacht abgebildet ist. Natürlich mußt du dabei auch das *ahimsā*-Prinzip beachten – wenn etwas anderen Familienmitgliedern am Herzen liegt, dann wirft man es natürlich nicht gleich weg. Aber wenn es niemand eigentlich mag, tut man es mindestens auf den Speicher oder gibt es weiter, wenn es jemand anders haben will. So kann man in verschiedener Hinsicht schauen, die Umgebung *sattvig* zu machen. Das gibt Klarheit, Heiterkeit, Zielbewußtheit, Kontrolle der Sinne und macht einen geeignet für die Verwirklichung des Selbst.

Natürlich machen wir im Yoga auch noch mehr, um Reinheit zu erreichen: *kriyās, āsanas, prāṇāyāma*, all das trägt sowohl zur Reinigung des physischen Körpers wie auch des Geistes bei.

II.42 Saṃtoṣādanuttamaḥ sukhalābhaḥ

Saṃtoṣād = von Zufriedenheit; ***anuttama*** = unübertroffen; ***sukha*** = Glück; ***lābha*** = Gewinn

Aus Zufriedenheit gewinnt man unübertroffenes Glück.

Das ist vollkommen klar. Freude kommt, wenn wir zufrieden sind. Nun gibt es aber unterschiedliche Arten von Zufriedenheit. Zufriedenheit kann *sattvig, rajasig* oder *tamasig* sein.

Tamasige Zufriedenheit wäre: „Ist ja eh alles egal."

Rajasige Zufriedenheit ist: „Ich bin zufriedener als alle anderen", „Ich bin besser als du, weil ich zufriedener bin" – wenn man also daraus ein dickes Ego züchtet.

Sattvige Zufriedenheit ist, das Beste aus allem zu machen. *Sattvige* Zufriedenheit heißt nicht Untätigkeit, sondern die Gewißheit, daß, was auch immer kommen mag, letztlich zu unserem Besten ist und daß wir daraus lernen können. *Sattvige* Zufriedenheit führt dazu, daß wir zwar aktiv sind, etwas tun, aber dabei innerlich loslassen, wissen, wir können den Ausgang letztlich nicht bestimmen, aber wie auch immer es kommt, irgendwie ist es gut für uns.

Wir haben schon an anderer Stelle die verschiedenen Fragen durchgesprochen, die man sich selbst stellen kann, um diese innere Einstellung zu erreichen. Gerade in einer schwierigen Situation ist es wichtig, sich zu fragen: Was ist hier meine Aufgabe, was kann ich lernen und was kann ich tun, um wieder glücklich zu sein, entweder in der Situation oder wie kann oder muß ich sie ändern.

II.43 Kāyendriyasiddhiraśuddhikṣayāttapasaḥ

Kāya = der Körper; ***indriya*** = Sinnesorgane; ***siddhi*** = Kräfte; ***aśuddhi*** = Unreinheit; ***kṣaya*** = Vernichtung, Auflösung; ***tapas*** = Askese, Selbstzucht

Durch tapas werden Unreinheiten aufgelöst und Kräfte des Körpers und der Sinne herbeigeführt.

Tapas, Askeseübungen, führen zur Auflösung von Unreinheiten und damit zu (übernatürlichen) Kräften des Körpers und der Sinnesorgane.

Hier muß man sich bewußt sein, daß Patañjali eine regelmäßige *āsana*- und *prāṇāyāma*-Praxis bereits als *tapas* einstufen würde. Mit *āsana* hat Patañjali eigentlich die Meditationshaltung gemeint, also das ruhige Sitzen. Wenn wir *tapas* konkret als Askese ausüben, dürfen wir den Körper nicht quälen. Es gibt ja in Indien und auch im Westen die Tradition, den Körper im Namen von Askese zu quälen und zu verunstalten. Im Mittelalter gab es die Geißler, die ihren Körper mit Peitschen und Nägeln zerstört haben – das gibt es in manchen Ländern bis heute. Oder in Indien stehen manche Menschen tage-, wochen- oder jahrelang auf einem Bein, bis Teile des Körpers absterben, verwelken und verledern. Dies bezeichnet schon Krishna in der Bhagavad Gītā als *tamasig*. Sich quälen ist also nicht damit gemeint.

Tapas sollte zur Reinigung führen. Wenn wir Askeseübungen zur Reinigung des Körpers machen, führt das zu Kräften des Körpers und der Sinne und damit zu mehr Gesundheit. Fasten zum Beispiel ist eine einfache Methode, um ein subtileres Wahrnehmungsvermögen zu entwickeln. Kalte Duschen führen zu einer Abhärtung und Kraft des Körpers, wie von der Kneippkur bekannt. Man sollte sich zum Schluß immer kalt abduschen. Das ist eine der wichtigsten vorbeugenden Maßnahmen gegen Herz-/Kreislaufkrankheiten und Erkältungen. Zuerst empfindet man es zwar als unangenehm, aber nach einer Weile nicht mehr. Einmal fiel in einem Yoga-

Center die Heizung und das Warmwasser aus. Wir hatten einen Servicevertrag mit einer Firma, die in solchen Fällen die Reparatur kostenlos ausgeführt hat. Aber unglücklicherweise stand im Vertrag nicht, daß die Reparatur innerhalb von 48 Stunden erfolgen sollte, sondern innerhalb von zwei Wochen! Die Serviceleute kamen also erst nach zwei Wochen, und so lange war erstens das Zentrum kalt, und zweitens hatten wir nur kaltes Wasser. Für die Schüler haben wir mit Elektroöfen die Zimmer aufgewärmt, aber sonst war es ziemlich kalt. Die ersten Tage war das furchtbar. Nach drei Tagen empfand man das Wasser nicht mehr als kalt, sondern als angenehm. Und nach ein oder zwei Wochen brauchte ich eigentlich kein warmes Wasser mehr. Auch *āsanas* und *prāṇāyāma* regelmäßig zu üben, die *āsanas* länger zu halten als einem Spaß macht, *prāṇāyāma* länger zu machen, als man zunächst Lust hat, all das führt zu Kräften des Körpers und der Sinne. Die höheren Sinne werden aktiv, und wir bekommen *siddhis*, übernatürliche Kräfte, wir können Subtiles wahrnehmen.

Darüber hinaus können wir uns natürlich angewöhnen, Dinge zu tun, die wir nicht mögen, in der etwas weiteren Interpretation von *tapas*. Auch das führt zu innerer Kraft (siehe Interpretation II 9).

II.44 Svādhyāyādiṣṭadevatāsaṃprayogaḥ

Svādhyāya = Selbststudium; ***iṣṭa*** = geliebt, gesucht; ***devatā*** = Gottheit, persönlicher Gott; ***saṃprayoga*** = Vereinigung, Verbindung

Svādhyāya (Selbststudium) führt zur Verbindung zum persönlichen Gott.

Das ist zunächst einmal eine überraschende Aussage: Über *svādhyāya* bekommen wir Zugang zu unserer persönlichen Gottheit. Im weiteren Sinne ist *svādhyāya* zu verstehen als Studium der Schriften und Studium des Selbst. Hier bedeutet *svādhyāya* Selbstbefragung und ist der Versuch, immer mehr nach innen zu kommen, weniger zu analysieren, was meine Fehler sind als vielmehr, wer ich selbst bin. Das bringt uns in Kontakt mit Gott, mit unserer *iṣṭa devatā*, unserer Vorstellung von Gott – und zwar noch bevor wir Verbindung zu *ātman* oder *puruṣa*, dem höheren Selbst, bekommen. Auf einer gewissen Stufe der inneren Erkenntnis und inneren Verwirklichung entsteht so eine Verbindung zu einem persönlichen Aspekt Gottes.

Zum anderen erhebt natürlich auch das Studium der Schriften den Geist und hilft, Kontakt zu Gott zu bekommen, so daß wir uns Gott besser hingeben können. Und da die Heiligen Schriften der verschiedenen Religionen (wie Bibel, Koran, Veden, etc.) von Gott selbst offenbart wurden, verbindet man sich über das Studium dieser Schriften mit Gott, und zwar mit dem persönlichen Aspekt Gottes. Denn nur der persönliche Aspekt kann etwas offenbaren.

II.45 Samādhisiddhirīśvarapraṇidhānāt

Samādhi = überbewußter Zustand; ***siddhi*** = Leistung, Fähigkeit; ***īśvara*** = Gott; ***praṇidhāna*** = Selbsthingabe

Iśvara praṇidhāna (Hingabe an Gott) führt zur Fähigkeit, samādhi (Überbewußtsein) zu erreichen.

Hier wiederholt Patañjali, was er im ersten Kapitel schon erläutert hat. Hingabe an Gott führt zwar nicht sofort zu *samādhi*, aber sie versetzt einen in die Lage, *samādhi* zu erreichen. Wenn wir Gott hingegeben sind, kommt *samādhi-siddhi*, die Fähigkeit, die Kraft für *samādhi*.

Patañjali erwähnt *īśvara-praṇidhāna* an drei Stellen in den Yoga Sūtras, aber er konkretisiert es nicht übermäßig, denn er will religiöse Streitigkeiten vermeiden. Indien hatte immer eine Vielzahl von Religionen, und innerhalb des Hinduismus gab und gibt es als religiöse Hauptströmungen die *Shiva-*, *Krishna-* und *Devi-*Verehrer sowie zahlreiche Nebenrichtungen. Wenn Patañjali die Gottesvorstellung nun irgendwie konkretisiert hätte, hätten vielleicht die *vaiṣṇavas* (Anhänger Vishnus) dem widersprochen, oder die *śaivas* (Anhänger Shivas) oder die *śaktas* (Anhänger der weiblichen göttlichen Energie). So hat er seine Aussage ganz allgemein gehalten, um keine religiösen Gefühle zu verletzen.

II.46 Sthirasukhamāsanam

Sthira = fest, unbewegt; ***sukha*** = bequem, angenehm; ***āsana*** = Haltung, Sitzstellung

Die āsana (Sitzhaltung) soll fest und bequem sein.

Für die Meditation sollte die Sitzhaltung längere Zeit unbeweglich und entspannt möglich sein. Sie sollte angenehm sein. Durch Übung ergibt sich das im Laufe der Zeit.

Das gilt aber auch für die Haṭha Yoga *āsanas*. Auch sie sollten fest und angenehm sein, sie sollten keine Quälerei sein, obwohl sie auch anstrengend sein können.

II.47 Prayatnaśaithilyānantasamāpattibhyām

Prayatna = Spannung, Anstrengung; ***śaithilya*** = Entspannung, Loslassen; ***ananta*** = das Endlose; ***samāpattibhyām*** = durch Meditation, Konzentration, Treffen

Die Stellung wird durch Loslassen von Spannungen und durch Meditation auf das Unendliche gemeistert.

Jetzt erklärt Patañjali, wie wir die Stellung meistern, nämlich nicht mit Gewalt, sondern durch Entspannen und Meditieren. Wir lassen erst einmal los, entspannen den Körper und meditieren dann über das Unendliche.

Das gilt auch für die Haṭha Yoga *āsanas*. Wenn wir zum Beispiel in der *Kobra* (Yogastellung) sind, gibt es natürlich gewisse Muskeln, die wir anspannen – manche Gesäßmuskeln, mittlerer und unterer Rücken, Latissimus, ein paar Oberarmmuskeln, Trapezius –, aber das Gesicht bleibt entspannt, der Bauch ist entspannt, Zehen sind entspannt u.s.w. Wir lassen in der Stellung los und entspannen. Wenn wir dann in der *āsana* sind, können wir uns vorstellen: Ich meditiere über das Unendliche, ich bin verbunden mit dem Unendlichen, ich bin eins mit dem Unendlichen – das ist eine schöne Weise, *āsanas* auszuführen und Vollkommenheit darin zu erreichen.

II.48 Tato dvaṅdvānabhighātaḥ

Tataḥ = davon (von der Beherrschung der Haltung); ***dvaṅdva*** = Gegensatzpaare; ***anabhighāta*** = keine Angriffe

Durch diese (Meisterung der āsanas) wird man frei von den Angriffen der Gegensatzpaare.

Die *dvaṅdvas*, Zweiheiten – von *dva*, zwei – greifen einen nicht mehr an. Wenn wir die *āsana* mit dieser inneren Einstellung ausführen, werden wir nicht mehr so schnell berührt von den Gegensatzpaaren wie Hitze und Kälte, Vergnügen und Schmerz, Lob und Tadel, angenehm und unangenehm, gutes Essen oder schlechtes Essen, fades oder versalzenes Essen u.s.w.

Wir lernen es, in der Meditation reglos zu sitzen. Wenn uns eine Fliege über die Nase kriecht, was machen wir? – Ruhig sitzenbleiben. Wenn uns langsam eine Stechmücke ansaugt, schenken wir ihr in der Meditation Liebe und einen Tropfen Blut, so daß sie damit glücklich werden kann. Wenn wir allerdings eine Allergie haben gegen Moskitos, was machen wir dann? – Dann verjagen wir ihn. Und wenn uns die Hüfte wehtut, was machen wir? Wir bleiben ruhig sitzen. Und wenn sie extrem wehtut, was machen wir? Wir bewegen uns. Es gibt Grenzen, man muß abwägen und den gesunden Menschenverstand einschalten, denn wir wollen uns nicht irgendwie schädigen. Aber wir lassen los, wir bleiben ruhig sitzen, soweit es möglich ist, und so lernen wir Gleichmut.

Bei Seminaren gibt es häufig Glaubenskriege unter den Yogaschülern. Es gibt die Partei der Fenster-auf- und die der Fenster-zu-Anhänger. Und die können sich richtig streiten. Es ist ein weit verbreiteter Irrtum, daß schlechte Luft auf Sauerstoffmangel zurückzuführen sei. Der Mensch verbraucht gar nicht so viel Sauerstoff.

Selbst bei geschlossenen Türen und Fenstern gibt es in der Regel noch genügend Luftaustausch, und der Sauerstoffgehalt in der Luft nimmt nicht wirklich ab. Was man riecht, ist nicht der Mangel an Sauerstoff, sondern die Ausdünstungen der Menschen. Bei schlechter Luft ist immer noch genügend Sauerstoff da, aber es sind Geruchspartikel in der Luft und die sind nicht so schädlich! Umgekehrt erkältet man sich auch nicht von Kühle. Es gibt ausreichend Versuche, die zeigen, daß ein Mensch allein davon, daß er im Kalten sitzt, keine Erkältung bekommt. Ein bißchen zu frieren, ist nicht so schlimm, und wenn es mal ein bißchen riecht, ist es auch nicht schlimm. Wir können also ruhig sitzenbleiben und diesen Gleichmut inmitten der *dvaṅdvas* entwickeln.

Natürlich gibt es auch kompliziertere *dvaṅdvas*, Gegensatzpaare, die nicht so leicht aufzulösen sind.

II.49 Tasminsatiśvāsapraśvāsayorgativicchedaḥ prāṇāyāmaḥ

Tasmin = nach dieser; ***sati*** = gewesen; ***śvāsa*** = Einatmung; ***praśvāsa*** = Ausatmung; ***gati*** = Bewegung; ***viccheda*** = Aufhören, Unterbrechung, Anhalten, Beherrschung; ***prāṇa*** = Lebensenergie, ***āyāma*** = Regulierung, Herrschaft, Meisterung

Die nächste Stufe ist prāṇāyāma, die Beherrschung der Bewegung von Einatmung und Ausatmung.

Prāṇāyāma heißt wörtlich „Herrschaft über das *prāṇa*". *Prāṇa* ist die Lebensenergie. Wir beherrschen die Lebensenergie über den Atem.

II.50 Bāhyābhyantarastambhavṛttir deśakāla-saṃkhyābhiḥ paridṛṣṭo dīrgha-sūkṣmaḥ

Bāhya = Äußeres; ***abhyantara*** = Inneres; ***stambha*** = Festigkeit, Ruhe, Unterdrückung; ***vṛtti*** = Bewegung; ***deśa*** = Ort; ***kāla*** = Zeit; ***saṃkhyābhi*** = Zahl, Dauer; ***paridṛṣṭa*** = gemessen, reguliert; ***dīrgha*** = verlängert; ***sūkṣmaḥ*** = subtil, verfeinert

Prāṇāyāma ist Einatmung, Ausatmung und Anhalten des Atems; es wird durch Ort, Zeit und Dauer reguliert und fortschreitend verlängert und verfeinert.

Dieser Vers ist in seiner Einfachheit genial. Darin sind alle *prāṇāyāma*-Techniken zusammengefaßt. Denn eigentlich bestehen alle Atemübungen darin, daß man einatmet, anhält und ausatmet. Es gibt Ort, Zeit und Dauer. Ort: zum Beispiel durch das linke Nasenloch einatmen, durch das rechte Nasenloch ausatmen, durch den Mund ausatmen, tiefe Bauchatmung, Bauch- und Brustatmung – das sind verschiedene Orte der Atmung. Zeit: zum Beispiel vier Sekunden lang einatmen, sechzehn Sekunden lang anhalten, acht Sekunden ausatmen. Und Dauer: Wir können vier Runden machen oder eine halbe Stunde oder zwei Stunden lang üben. Damit sind alle Atemübungen beschrieben. Alle Atemübungen bestehen aus einer entsprechenden Veränderung von Ort, Zeit und Dauer der Ein- und Ausatmung und des Anhaltens.

Und jetzt sagt Patañjali, das *prāṇāyāma* wird fortschreitend verlängert. Man macht mehr und mehr *prāṇāyāma*, gut, vielleicht nicht das ganze Leben lang immer mehr, sonst würde man irgendwann nur noch Atemübungen machen. Aber man beginnt mit der *prāṇāyāma*-Praxis ganz sanft, erhöht die Menge und Dauer langsam und schrittweise. Auch das Atemanhalten wird im Laufe der Zeit typischerweise immer länger.

Der nächste Schritt ist besonders wichtig: es wird verfeinert, wird subtiler. Am Anfang ist es wichtig, wie man die Hand hält, ob die Schultern gerade und locker sind und nicht hochgezogen, ob das Kinn richtig zur Brust gesenkt ist u.s.w. Irgendwann ist das nicht mehr so wichtig, der Körper ist richtig in der Stellung, wir brauchen uns nicht mehr darum zu kümmern. Das *prāṇāyāma* wird feiner, subtiler, und es wird immer wichtiger, wie man sich konzentriert. Man nimmt das *prāṇa* mehr und mehr wahr, und schließlich sitzt man einfach da und steuert das *prāṇa*. Man braucht dann gar keine großartigen äußeren Dinge mehr zusätzlich zu machen. Man hält zwar trotzdem noch die Luft an, atmet auch an der richtigen Stelle aus, aber das ist dann nicht mehr das Wichtige. Das Wichtige wird die subtile Lenkung von *prāṇa*.

II.51 Bāhyābhyantara-viṣayākṣepī caturthaḥ

Bāhya = äußerer; ***abhyantara*** = innerer; ***viṣayā*** = Bereich, Sphäre; ***ākshepī*** = darüber hinausgehend; ***caturtha*** = das Vierte

Die vierte Art des prāṇāyāma geht über den Bereich von Einatmung und Ausatmung hinaus.

Das ist *kevala kumbhaka*, der meditative Atem. Man atmet nicht mehr ein und aus und hält die Luft an, sondern der Atem setzt von selbst aus. Auch das kannst du zuerst üben: Atme bewußt wenig Luft ein und wenig Luft aus, so daß Ein- und Ausatmung ineinander übergehen und die Entfernung, die der Atem aus den Nasenlöchern macht, sehr klein wird. Dies führt zu einer wunderbaren Konzentration. Irgendwann setzt der Atem vielleicht sogar ganz aus. Das geschieht in der Meditation oder am Ende einer guten *prāṇāyāma*-Sitzung irgendwann von selbst. Wenn das geschieht, lasse es einfach zu. Du brauchst keine Angst zu haben. Du fällst nicht in Ohnmacht und hast auch keinen Sauerstoffmangel. Das gilt vielmehr als die höchste Form des *prāṇāyāma*.

II.52 Tataḥ kṣīyate prakāśāvaraṇam

Tataḥ = dann, davon; ***kṣīyate*** = wird aufgelöst, verschwindet; ***prakāśa*** = Licht; ***āvaranam*** = Bedeckung, Schleier

Dadurch wird der Schleier, der das Licht verhüllt, entfernt.

Kevala kumbhaka als höchste Form im besonderen und *prāṇāyāma* im allgemeinen entschleiern, enthüllen das Licht. Wer regelmäßig *prāṇāyāma* übt, hat ein Gefühl von Licht, von Leichtigkeit, von Erleuchtung, von Energie, fühlt sich sehr licht, leicht und weit.

II.53 Dhāraṇāsu ca yogyatā manasaḥ

Dhāraṇāsu = für Konzentration; ***ca*** = und; ***yogyatā*** = Eignung, Befähigung; ***manas*** = Geist Verstand

Dadurch wird der Verstand tauglich für dhāraṇā (Konzentration).

Atemübungen sind das Beste, um Konzentrationsfähigkeit zu entwickeln.
Meine große Schwierigkeit am Anfang des spirituellen Weges war, daß ich nicht meditieren konnte, weil mein Geist sehr aktiv war. Ich konnte mich zwar auf äußere Objekte gut konzentrieren. Ich konnte gut lernen, aber mich auf Oṃ oder ein *mantra* zu konzentrieren, das ging nicht. Ich habe dann jeden, dessen ich habhaft werden konnte, gefragt: „Was soll ich tun, um besser meditieren zu können?" Daraufhin habe ich natürlich viele Ratschläge bekommen. Einer davon war, viel *prāṇāyāma* zu üben. Das habe ich dann auch gemacht, und es hat schließlich dazu geführt, daß mein Geist sich besser konzentrieren konnte.

II.54 Svaviṣayāsaṃprayoge cittasvarūpānukāra ivendriyāṇām pratyāhāraḥ

Sva = eigen, sein, entsprechend; ***viṣaya*** = Objekt; ***asaṃprayoge*** = nicht in Berührung kommend; ***citta*** = Geist, Verstand; ***svarūpa*** = eigene Natur; ***anukāra*** = Nachahmung; ***iva*** = als ob, wie; ***indriyāṇām*** = durch die Sinne; ***pratyāhāra*** = Abstraktion, Zurückziehen

Wenn die Sinne nicht in Kontakt mit den Objekten treten und gleichsam in die Natur des Geistes eingehen, entsteht pratyāhāra (Zurückziehen der Sinne).

Anstatt die Sinne weiterhin unkontrolliert nach außen gehen zu lassen, lernen wir die Fähigkeit, die Sinne nach innen zu bringen und so in unserem Inneren zu bleiben. Im Normalfall gehen die Sinne ständig nach außen. Man hört etwas und will sofort reagieren, denkt darüber nach. Man sieht etwas und denkt darüber nach oder will es gleich haben. Der Mensch sieht eine schöne Blume im Wald – was macht er? Er will sie haben und pflückt sie. Er sieht ein Kleidungsstück in einem Geschäft, das ihm gefällt – was macht er? Er kauft es.

Da gibt es eine schöne Geschichte. Es war einmal ein Minister in einem indischen Königreich. Jeden Tag ritt er mit einem wunderbar geschmückten Pferd, das eine prachtvolle Decke trug, zum Palast. Er selbst war prächtig gekleidet und mit Diamanten und Juwelen geschmückt. Ein alter Bettler im Park sah ihn jeden Tag vorbeikommen. Nach ein paar Jahren sagte er zu dem Minister: „Ich danke dir so sehr." Der Minister fragte: „Warum dankst du mir?" Der Bettler antwortete: „Du hast mich so reich beschenkt, vor allem mit deinen Juwelen." Der Minister fürchtete, er habe vielleicht Juwelen verloren und der Bettler habe sie gefunden. Deshalb fragte er: „Habe ich dir Juwelen gegeben?" Da sagte der Bettler: „Nein, aber jeden Morgen und jeden Abend sehe ich dich geschmückt mit diesen Juwelen. Das ist ein so schöner Anblick für mich." Die Moral von der Geschichte: Der Bettler sieht die Juwelen und erfreut sich daran, aber der Minister sieht sie nicht, während er sie trägt. Der Bettler hätte natürlich auch anders empfinden können. Er hätte vor Neid erstarren und denken können: „Der hat all diese Juwelen, und ich armer Schlumpf muß von Bettelgaben leben." Aber er hat sich daran erfreut. So können wir uns an Dingen freuen, ohne sie zu besitzen.

Wir können aber auch die Sinne nach innen ziehen und gar nicht mehr an die äußeren Objekte denken. Auch eine Übung, die man ab und zu machen kann, wenn man plötzlich den Wunsch nach irgend etwas hat: Man versucht, den Geist nach innen zu bringen. Es gibt verschiedene Techniken, wie man den Geist von äußeren Objekten wegziehen kann. Die einfachste ist, sich bewußt auf den Atem zu konzentrieren oder ein *mantra* zu wiederholen oder beides zusammen.

II.55 Tataḥ paramā vaśyatendriyāṇām

Tataḥ = dann, davon, daraus; ***parama*** = höchste, größte; ***vaśya*** = Herrschaft, Macht; ***indriyāṇām*** = über die Sinne

So entsteht die höchste Meisterschaft über die Sinne.

Wenn wir in der Lage sind, den Geist immer dann, wenn die Sinne nach außen gehen, wieder zurückzuziehen und innen zu behalten, so lange wir wollen, ist es *pratyāhāra*.

Volles *pratyāhāra* ist auch, wenn über uns jemand mit dem Schlagbohrer bohrt, während wir in der Meditation sitzen und wir es nicht merken.

Da gibt es ein Ereignis aus dem Leben von Swami Sivananda. Einmal sagte er, er wolle den ganzen Tag hauptsächlich meditieren und deshalb nicht ins Büro kommen. Seine Schüler dachten in diesem Moment nicht mehr daran, daß das der Tag war, an dem die Straße gemacht werden sollte, die direkt an Swami Sivanandas *kuṭīr* (Hütte) vorbeiführte. Den ganzen Tag arbeiteten die Straßenbauer also dort mit dem Preßlufthammer und allem, was so mit dem Straßenbau zusammenhängt. Am Abend, als Swami Sivananda zum *satsaṅg* (gemeinsame Meditation) kam, entschuldigten sich die Schüler, daß sie ihn nicht vorgewarnt hatten. Er fragt, wieso und wovor. „Na ja, die Straßenarbeiten ..." Swami Sivananda sagte: „Ich habe nichts gehört" und war wirklich total erstaunt, als sie ihm das sagten. Er war nicht nur höflich, sondern er hatte tatsächlich nichts gehört. Er hatte einen Preßlufthammer direkt neben seinem Meditationsraum nicht gehört. Das ist *pratyāhāra* in Vollendung.

Dieses Beispiel soll uns nun nicht frustrieren ob unseres eigenen Entwicklungsstandes, sondern uns zeigen, daß wir auch irgendwann einmal so weit kommen werden. Auch wir werden diesen Zustand erreichen. Wenn wir üben.

Zusammenfassung

Das zweite Kapitel hat drei Hauptthemen:

- *kriyā yoga* und *kleśas*, Ursachen des Leidens und ihre Überwindung.
- Die Lebenseinstellung des Yogis aus der *sāṃkhya*-Philosophie heraus. *Karma*, Identifikation, Unterscheidung: Was bin ich und was bin ich nicht?
- Die *aṣṭāṅgas*, die acht Stufen des Yoga, der berühmteste Teil der Rāja Yoga Sūtras. Die ersten fünf davon, *yama, niyama, āsana, prāṇāyāma* und *pratyāhāra* werden im zweiten Kapitel abgehandelt, die letzten drei, *dhāraṇā, dhyāna* und *samādhi*, sind Thema des dritten Kapitels.

Drittes Kapitel

Vibhūti Pāda – Außergewöhnliche Kräfte

Das dritte Kapitel ist vielleicht das faszinierendste und trotzdem in den Standardwerken am wenigsten kommentierte. Das dritte Kapitel wird *vibhūti pāda* genannt. *Vibhūti* sind außergewöhnliche geistige Kräfte. Von Swami Vishnu wird *vibhūti* als „göttliche Manifestationen der Kraft" übersetzt.

Patañjali beschreibt im dritten Kapitel, was geschieht, wenn man den Geist wirklich konzentrieren kann. Das dritte Kapitel ist jedoch nicht nur für fortgeschrittene Yogis, welche in der Lage sind, zu *samādhi* zu kommen. Es gibt dort eine ganze Reihe von sehr wertvollen, speziellen Techniken zur Kontrolle des Geistes und zur Anwendung geistiger Fähigkeiten, die auch weniger Fortgeschrittene im Sinne der Konzentration auf etwas praktizieren können. Wenn wir uns ganz bewußt auf etwas konzentrieren, bekommen wir *prajñā*, das Wissen über diese Sache, und wir bekommen *jaya*, Herrschaft darüber. Das ist eine Technik, wie wir mit verschiedenen Problemen, Schwierigkeiten, Hindernissen und Krankheiten umgehen können. Durch Konzentration können wir Wissen über die Sache oder über ihre Ursache erlangen und die Situation vielleicht schon allein dadurch ändern.

An einer Stelle warnt Patañjali davor, diese Kräfte zu mißbrauchen und aufzupassen, daß man sie nicht als Zerstreuungen des Geistes benutzt.

Die westliche Psychologie hat schon eine ganze Reihe der Techniken von Patañjali aufgegriffen: Die Tiefenpsychologie hat einiges übernommen, ebenso die humanistische und die Verhaltenspsychologie. Auch Methoden wie NLP (Neurolinguistisches Programmieren), Mind Control und Positives Denken sind praktisch Rāja Yoga-Techniken.

Das dritte Kapitel ist jedoch bisher nahezu unerforscht, und es gibt hier noch vieles an sehr schönen und wirkungsvollen Techniken zu entdecken.

III.1 Deśabandhaścittasya dhāraṇā

deśa = Ort, Stelle, Objekt; ***bandha*** = Bindung, Verschluß, Fixieren; ***cittasya*** = des Verstandes, Geist, Denksubstanz; ***dhāraṇā*** = Konzentration

Dhāraṇā ist das Fixieren des Geistes auf eine Stelle.

Dhāraṇā, Konzentration, bedeutet, den Geist auf ein einziges Objekt zu richten.

III.2 Tatra pratyayaikatānatā dhyānam

tatra = dort; ***pratyaya*** = Bewußtseinsinhalt, Vorstellung, Gedanke; ***eka*** = eins; ***tāna*** = Wandern, Fließen; ***ekatānata*** = als Eines fließend; ***dhyāna*** = Meditation, Kontemplation

Bilden die Bewußtseinsinhalte einen ununterbrochenen Strom, so ist dies dhyāna (Meditation).

Wenn die Konzentration ununterbrochen wird, dann ist es *dhyāna*. *Dhyāna* ist volle Konzentration auf ein Objekt, vollständige Absorption, so daß man ganz in dieser Konzentration aufgeht.

Es ist schwierig, das Wort *dhyāna* zu übersetzen. Meist wird es als Meditation übersetzt. Nur – Meditation ist ja in der ursprünglichen Bedeutung etwas anderes. Es kommt vom Lateinischen und bedeutet Nachdenken. Als Descartes im 17. Jahrhundert seine „Meditationes" schrieb, hat er keine Meditationstechniken beschrieben, sondern tiefes Nachdenken über bestimmte Themen. Wenn wir dagegen heute sagen, ich meditiere jetzt eine halbe Stunde, dann ist damit gemeint, wir setzen uns hin (*āsana*), regulieren den Atem (*prāṇāyāma*), ziehen die Sinne nach innen zurück (*pratyāhāra*) und konzentrieren uns auf etwas (*dhāraṇā*). Ob wir wirklich den *dhyāna*-Zustand erreichen oder nicht, können wir im voraus nie genau sagen. *Dhyāna* ist, wenn die Konzentration anstrengungslos ist. Wenn man zum Beispiel in der Meditation das *mantra* „Oṃ namaḥ śivāya" wiederholt und sich dabei bemühen muß, die Konzentration bei der Mantrawiederholung zu halten, weil der Geist wegwandert und man ihn immer wieder zurückholen muß, dann ist das *dhāraṇā*. Ist der Geist vollkommen konzentriert, und ist man total absorbiert in der Meditation und wiederholt „Oṃ namah śivāya" nicht mit absichtlicher Konzentration, sondern es wiederholt sich von selbst und man ist ganz verschmolzen darin, dann ist es *dhyāna*.

Dieses *dhyāna* kann sogar außerhalb von reiner Meditation passieren. Das haben wir im Rahmen des ersten Aphorismus des zweiten Kapitels im Zusammenhang mit den fünf Zustandsformen des Geistes besprochen: *mūḍha, kṣipta, vikṣipta, ekāgratā* und *nirodha*. *Ekāgratā*, Einpünktigkeit des Geistes, entspricht in der niederen Ausprägung *dhyāna*, in der oberen Stufe *saṃprajñāta samādhi*.

Wenn man ganz konzentriert ist, auch im täglichen Handeln, ist auch das *dhyāna*. Es ist das, was in der modernen Glücksforschung als Flow-Erlebnis bezeichnet wird: Man fließt mit der Sache, man handelt nicht, sondern es handelt durch einen hindurch. Das sind die Momente, wo der Mensch das Außergewöhnlichste leistet, sich vollkommen losgelöst und frei fühlt. Der Tennisspieler Boris Becker hat in einem Interview einmal beschrieben, was während seiner besten Spiele in ihm abläuft: Er denkt nicht mehr, macht nichts mehr bewußt, es geschieht einfach. Das ist eine perfekte Beschreibung von *dhyāna*.

Dhāraṇā gibt es in zweierlei Formen: die angestrengte und die entspannte Konzentration. Wenn wir unter Zeitdruck stehen und etwas unbedingt in der nächsten halben Stunde fertig haben müssen, dann ist es die angestrengte Konzentration.

Wenn wir in den Yogastunden entspannt sind oder uns mit unserem Hobby beschäftigen, dann ist es die entspannte Konzentration. Die entspannte Konzentration kann zu *dhyāna* führen und einen richtig beleben. Die angespannte Konzentration kann zwar auch effektiv sein, aber sie führt zu Müdigkeit.

III.3 Tadevārthamātranirbhāsaṃ svarūpaśūnyamiva samādhiḥ

Tad = so, dort, daher, nun; ***eva*** = genauso, tatsächlich; ***artha*** = Sinn, Bedeutung, Objekt; ***mātra*** = nur; ***nirbhāsa*** = leuchtend; ***svarūpa*** = eigene Natur, Persönlichkeit, Subjektivität; ***śūnya*** = leer; ***iva*** = als ob; ***samādhi*** = überbewußter Zustand

Wenn nur die eigentliche Bedeutung (des Meditationsgegenstandes) frei von Subjektivität erstrahlt, so ist dies samādhi.

Das ist die Beschreibung von *saṃprajñāta samādhi*. Eine noch höhere Stufe wäre *asaṃprajñāta samādhi*, der dem *nirodha*-Zustand entspricht: vollkommene Gedankenstille, kein Gedanke mehr im Geist. Das ist das Ziel des Yoga. Darauf kommt Patañjali gegen Ende dieses Kapitels noch zu sprechen. Im 2. und 3. Vers des 1. Kapitels heißt es ja bereits: *„Yogaś citta vṛtti nirodhaḥ"* – „Yoga ist das Zur-Ruhe-Kommen der Gedanken im Geist", und *„Tadā draṣṭuḥ svarūpe 'vasthānam"* – „Dann ruht der Sehende in seinem wahren Wesen".

Aber bevor wir dorthin gelangen, kommen wir durch verschiedene andere Zustände. Es reicht nicht aus, dem Geist zu befehlen: „Jetzt höre auf zu denken!" Das klappt nicht. Manche Menschen schaffen es zwar, ihre Wortgedanken auszuschalten, und glauben dann, sie dächten an nichts. Das ist aber nicht wirklich *asaṃprajñāta samādhi*; sie sind nicht selbstverwirklicht. Wenn sie es wären, würde man das auch sonst an ihrem Verhalten merken. Ein Selbstverwirklichter ist schwer zu übersehen. Wenn man ihn anbrüllt, macht ihm das nichts aus. Wenn er sich den Fuß bricht, auch nicht. Wenn er einen Tag nichts zu essen hat, auch nicht. Wenn er jemanden sieht, dem es schlecht geht, dann wird er in Mitgefühl zerfließen und ihm alles geben, was er kann und hat. Manchen Menschen gelingt es, ihre Wortgedanken zur Ruhe zu bringen, dann sind aber immer noch Bilder und Gefühle da. Und manchen gelingt es, Worte und Bilder zur Ruhe zu bringen, aber dann haben sie alle möglichen Gefühle.

Wie im Kommentar zu I 5 gesagt, gibt es drei Grundbestandteile von Gedanken: Worte, Bilder und Gefühle, die normalerweise zusammenspielen. Darüber hinaus gibt es aber noch einen vierten Bestandteil der Gedanken, und das ist die eigentliche Bedeutung. Normalerweise gehören alle drei oben erwähnten Bestandteile dazu, um eine Bedeutung zu erfahren. Wenn ich zum Beispiel „Uhr" sage, was siehst du dann vor dem geistigen Auge? – Irgendeine Uhr: ein Zifferblatt, eine Armbanduhr, einen Wecker, eine Bahnhofsuhr, meinetwegen auch eine Standuhr oder eine Kuckucksuhr. Und mit dieser Vorstellung ist eine bestimmte Emotion verbunden.

Jeder Gedanke beinhaltet eine Emotion. Außer in *saṃprajñāta samādhi* gibt es keinen Gedanken ohne Emotion. Wenn ich jetzt zum Beispiel sage: „Handgranate“, dann löst das eine andere Emotion aus als „Uhr“ oder „Sonnenuntergang“. Wenn man etwas einmal gesehen hat und hört dann das Wort dafür, entsteht das Bild des Gegenstandes vor dem geistigen Auge, und es ist auch eine Emotion damit verbunden.

Was in *saṃprajñāta samādhi* passiert, ist, daß das Bewußtsein von Subjekt und Objekt verschwindet, nur die reine Bedeutung bleibt. Wort, Bild und Gefühl verschwinden. Kannst du dir darunter etwas vorstellen? Ich hoffe nicht, denn man kann sich eigentlich nichts darunter vorstellen. Aber wahrscheinlich hast du eine Ahnung davon, was damit gemeint sein könnte. Es kann zum Beispiel passieren, wenn man in der Meditation ein *mantra* wiederholt. Wenn man sich um Konzentration bemüht, ist es *dhāraṇā*. Wenn man in das *mantra* absorbiert ist, ist es *dhyāna*. Wenn plötzlich das *mantra* aufhört und vielleicht ein Bild da ist, ist das der Übergang von *dhyāna* zu *saṃprajñāta samādhi*. In dem Moment kann man eine Vision Gottes haben, oder es können Bilder entstehen. Nicht jedes Bild oder jede innere Vision muß ein Zeichen für diesen Übergang sein, aber es kann so sein. Und wenn dann plötzlich das Wort verschwindet, auch das Bild verschwindet und kein konkretes Gefühl mehr da ist, man aber in der Essenz des *mantras* drin ist, dann hat man *saṃprajñāta samādhi* erreicht. Dann existiert auch nicht mehr die Vorstellung oder das Bewußtsein: „Ich wiederhole das *mantra*“, oder „Ich will das *mantra* wiederholen“, es gibt noch nicht einmal das Gefühl: „Da ist ein *mantra*“, sondern man verschmilzt mit der Essenz der Bedeutung des *mantras*.

In der *mantra*-Theorie finden wir das in ähnlicher Form beschrieben. Dort gibt es vier verschiedene Ebenen von *mantras*:

- *para* = wenn man in die Essenz hineingeht
- *paśyanti* = die telepathische Sprache, bestehend aus innerem Bild und Gefühl
- *madhyama* = die geistige Wiederholung
- *vaikharī* = das gesprochene *mantra*

Das gilt allgemein für Sprache, aber bei *mantras* natürlich besonders. Wenn man zum Beispiel in einem anderssprachigen Land lebt, dann übersetzt man ein Wort, das man hört, im Geist zuerst ins Deutsche. Das äußerlich gesprochene Wort ist eine andere Sprache als die innerliche. Aus dem innerlichen Wort entstehen ein Bild und ein Gefühl, und aus allem zusammen bekommen wir eine Ahnung der Bedeutung. Wenn wir ein *mantra* wiederholen, wiederholen wir es erst laut, dann geistig, verbinden es vielleicht mit einem Bild, einer Visualisierung, und dann kommt ein inneres Gefühl dafür. Das Gefühl ist jenseits einer konkreten Sprache, es ist für alle Menschen identisch. Und darüber kommen wir zur Bedeutung. Wir erfahren die Bedeutung.

Machen wir ein kleines Experiment. Jetzt nenne ich ein Wort, mit dem du wahrscheinlich nichts anfangen kannst, zum Beispiel *„jala“*. Was für ein Bild entsteht da bei dir? – Wahrscheinlich gar keines, und du fühlst dich verwirrt. *„Jala“* heißt Wasser. Jetzt wiederhole ich noch einmal „*jala*“. Was geschieht jetzt? Plötzlich ist das Wort mit einem Bild und Gefühl für Wasser verbunden. Ein Wort, bei dem nichts auf der *paśyanti*-Ebene geschieht, kein Bild oder Gefühl auftritt, schafft keine Bedeutung für uns.

In *dhāraṇā* gibt es normalerweise Worte, Bilder und Gefühle. In *dhyāna* werden typischerweise die Worte weniger, es sind eher Bilder oder Gefühle da, und wir sind in der *paśyanti*-Ebene. Wir fließen mit den Bildern und Gefühlen mit. Deshalb haben Gefühlsmenschen oft in der Meditation schneller Erfahrungen als Wortmenschen. Dem Intellektuellen fällt es oft sehr schwer, den Geist abzuschalten. Er denkt die ganze Zeit. Wer aber sowieso eher ein Gefühlsmensch ist, der macht schnellere Sprünge bis zu *paśyanti*. Allerdings heißt das nicht, daß er auch schneller *samādhi* erreicht. Denn der weniger gefühlsbetonte Mensch muß sich so anstrengen, bis er überhaupt einmal ein einigermaßen befriedigendes Meditationserlebnis erreicht, daß er seinen Willen bis dahin schon so weit geschult hat, daß er auch die nächsten Stufen noch gehen will. Währenddessen die emotionellen Menschen es relativ zügig schaffen, zu einer schönen Meditation zu kommen, ihnen aber oft die Ausdauer für die zusätzliche Willensanstrengung fehlt, die man braucht, um wirklich zu den höchsten Erfahrungen zu kommen. Oder sie genießen die schönen Erlebnisse in der Meditation so, daß sie gar keine Lust haben, diese zu überwinden und weiterzukommen.

In *samādhi* verschwindet auch die Subjekt-Objekt-Trennung.

Solange man in *vaikharī* und *paśyanti* ist, gibt es ein Objekt, dessen man sich bewußt ist. Es gibt ein Ich als Subjekt. Dieses Ich hat einen Gedanken, und über diesen Gedanken kommt man zur Bedeutung des Objektes. Die *para*-Ebene, die eigentliche Essenz, die Bedeutung eines Gegenstandes, kann man so von außen nicht wahrnehmen. Nur wenn das Bewußtsein mit der Essenz des Gegenstandes verschmilzt, erfährt man die wirkliche Bedeutung des Gegenstands.

Es gibt kein objektives Wahrnehmen. Die Wahrnehmung geschieht immer über die Sinne und den Geist und ist damit gefärbt durch *vṛttis* (Gedankenwellen), unser Unterbewußtsein und alle möglichen wahrnehmungstheoretischen Abläufe. Ein einfaches Beispiel: Wenn es einem gesundheitlich einmal nicht so gutgeht – angenommen, man hat starke Kopfschmerzen –, dann erlebt man einen Tag, eine Situation, ganz anders als jemand, dem es gutgeht oder als man selbst, wenn man in einer guten Verfassung ist. Der Geist prägt die Erfahrung erheblich. Aber wenn der Yogi nicht mehr durch den Geist wahrnimmt, sondern mit dem Bewußtsein in die Essenz der Sache hineingeht, dann kann er sie direkt wahrnehmen, ohne subjektive Färbung. Das ist dann die objektive, direkte Wahrnehmung, von der Patañjali im ersten Kapitel gesprochen hat. Und das geschieht eben in *saṃprajñāta samādhi*.

In *samādhi* verschwinden also die *vṛttis* (Gedanken), wie wir sie kennen. Wir haben keine Wortgedanken mehr, keine Bildgedanken mehr, keine emotionellen Gedanken mehr. Es verbleibt nur die reine Bedeutung des Objekts. Dabei verschwinden Subjekt und Objekt, das heißt, wir verschmelzen mit unserem Bewußtsein mit diesem Objekt, sind uns in dem Moment unserer selbst nicht mehr als Subjekt bewußt. Auf diese Weise bekommen wir zwei Dinge, nämlich *jaya*, Herrschaft und *prajñā*, Wissen.

III.4 Trayamekatra saṃyamaḥ

trayam = die drei; ***ekatra*** = zusammen, an einem Ort; ***saṃyama*** = Selbstbeherrschung

Diese drei (dhāraṇā, dhyāna und samādhi) zusammen bilden saṃyama.

Wenn *dhāraṇā, dhyāna* und *samādhi* aufeinander folgen, ist es *saṃyama*. Man kann *saṃyama* auch definieren als eine bestimmte Form der Konzentration, die, wenn wir sie perfektionieren, zu *samādhi* führt.

Saṃyama heißt die Konzentration auf eine Sache, ohne darüber nachzudenken, ohne darauf zu reagieren, ohne zu beurteilen und ohne zu analysieren.

Normales *dhāraṇā* wäre durchaus auch, den Gegenstand anzuschauen und zu beurteilen, zum Beispiel eine Uhr anzuschauen, festzustellen: Sie ist schwarz oder grün, sie ist schön, die Zifferblätter leuchten, das Band ist aus Plastik oder Leder u.s.w.

Die *saṃyama*-Konzentration bemüht sich, die Uhr einfach wahrzunehmen, zu erfassen, zu spüren, zu fühlen. Natürlich sieht man sie auch, man kann am Anfang auch noch das Wort „Uhr“ wiederholen, aber man hält einfach die volle Konzentration bei der Uhr und bei nichts anderem. Und zwar ohne zu beurteilen: Das ist eine schöne Uhr. Das ist eine häßliche Uhr. Das ist meine Uhr. Ohne zu reagieren: Oh, der Sekundenzeiger geht nicht, da muß ich etwas daran machen. Oh, es ist schon zehn Uhr. Wir reagieren nicht, wir analysieren nicht, wir urteilen nicht, wir beurteilen nicht, sondern wir gehen einfach in die Uhr hinein. Das ist eine Übung von *saṃyama*, eine spezifische Form von *dhāraṇā*, die irgendwann zu *dhyāna* und schließlich zu *samādhi* führt.

III.5 Tajjayāt prajñālokaḥ

Tat = das, dort; ***jaya*** = Meisterung, Herrschaft; ***prajñā*** = höheres Bewußtsein, direktes Wissen; ***āloka*** = Licht, Sichtweise

Dadurch (durch saṃyama) entsteht Meisterung und das Licht direkten Wissens.

Wer *saṃyama* auf irgendeine Sache ausführt, bekommt das volle Wissen (*prajñā,*) und die volle Meisterschaft (*jaya*) darüber.

Eine ganz praktische Anwendungstechnik: Angenommen, jemand will seine Uhr reparieren. Er könnte dafür *saṃyama* auf die Uhr ausführen. Er konzentriert sich ganz auf die Uhr. Er versucht, die Uhr zu erspüren. Und schließlich versucht er, mit der Uhr zu verschmelzen. So geht er in die Essenz der Uhr hinein. Und dann weiß er plötzlich, was an der Uhr kaputt ist. Das ist eine Vorstufe. Und wenn er aus *saṃyama* herauskommt, weiß er, was er machen muß, um die Uhr wieder zum

Laufen zu bringen. Oder wenn er noch tiefer in *saṃyama* hineingeht, repariert er die Uhr, ohne etwas zu tun. Allein dadurch, daß er sich auf die Uhr konzentriert, kann er die Uhr beherrschen. Gerade wenn er dabei ist, wieder herauszukommen – solange er drin ist, tut er nichts, er ist nur darin verschmolzen –, im Moment des Übergangs kann er die Uhr verändern. Das gilt für jedes beliebige Objekt.

Man kommt von selbst in diesen Zustand. Es geschieht einfach. Um wieder herauszukommen, geben sich Yogis normalerweise vorher Suggestionen, um von der überbewußten Ebene her wieder ins Tagesbewußtsein zu kommen.

Nehmen wir einmal das Beispiel eines schmerzhaften Knies. Angenommen, wir haben ein Knieproblem. Da könnten wir Verschiedenes machen: Wir könnten *kriyā yoga* machen, also über *tapas, svādhyāya, īśvara praṇidhāna* erst einmal logisch analysieren, was passiert ist, was den Schmerz ausgelöst haben könnte. Wir können Röntgenbilder anfertigen oder eine Magnetresonanztomographie machen lassen, durch Tasten etwas Genaueres herauszufinden versuchen, Fachbücher lesen – also Selbststudium, Befragung. Wir können auch etwas tun, *tapas*: Sei es, daß wir warme Umschläge machen, die Stelle einsalben, die Hände auflegen, Energie hinschicken, das *Oṃ tryaṃbakam*-Heil*mantra* wiederholen, Kohlwickel darauf geben, krankengymnastische Übungen ausführen, Fahrrad fahren oder es operieren lassen. Und wenn alles nichts nützt, und der Arzt feststellt, daß es sich um eine degenerative Krankheit wie Arthritis, Arthrose oder Rheuma handelt, dann kann man nochmals alles mögliche ausprobieren, zum Beispiel Fasten, auf Trennkost oder Rohkost oder ayurvedische Ernährung umsteigen u.s.w. Und wenn das alles nichts nützt, kommt die nächste Stufe, *īśvara praṇidhāna*, die Hinwendung zu Gott: Loslassen. Erkennen: Damit muß ich leben, das ist meine Aufgabe, mein *dharma*, irgendwie wird es auch seine Richtigkeit haben.

Aber jenseits von *tapas*, etwas tun, *svādhyāya*, analysieren, *īśvara praṇidhāna*, loslassen, gibt es als vierte Möglichkeit *saṃyama*, die volle Konzentration auf das Knie. Man versucht, das Knie zu spüren, in es hineinzugehen, mit dem Knie zu verschmelzen. Und wenn es wirklich gelingt, sich ganz in das Knie hineinzuversetzen, wenn man fühlt: „Knie“ – nicht mehr: „Ich beobachte das Knie“, sondern einfach nur „Knie“ –, wenn das Bewußtsein ganz im Knie ist, dann weiß man vielleicht nachher, was dem Knie fehlt und was man tun kann. Es kann auch sein, daß allein die Tatsache, daß man mit vollem Bewußtsein in dem Knie ist und das Knie ganz erfährt, dauerhaft alle Knieprobleme heilt. Wichtig ist hineinzugehen, ohne zu denken: „Wie furchtbar, wie kann das sein, ich mache jetzt seit zwanzig Jahren Yoga, ernähre mich vegetarisch, mache Sport – und trotzdem habe ich Knieprobleme. Das kann nicht sein. Warum ich?“ oder „Was habe ich schon wieder falsch gemacht? Immer mache ich etwas falsch.“ All diese Gedanken müssen weg. Einfach volle Konzentration auf das Knie, ohne zu urteilen, ohne zu analysieren. Aus der vollen Konzentration kann direktes Wissen kommen.

Man kann also die *saṃyama*-Technik anwenden bei Krankheiten. Bei eigenen Krankheiten, aber auch bei Krankheiten von anderen Menschen. Gute Ärzte sind solche, die eine Krankheit und den Menschen als Ganzes intuitiv erspüren, „sich in den anderen hineinversetzen“, wie es so schön heißt, und was, wörtlich genommen, *saṃyama* ist. In der Medizin wird das selten erwähnt, aber es ist ausreichend bekannt. Ein guter Arzt ist nicht der wissenschaftlichste Arzt, sondern derjenige, der ein Gespür für den Menschen hat. Er stellt Fragen, schaut den Menschen an und erfaßt dann in etwa, was falsch ist, was nicht stimmt. Also, ein guter Arzt spürt, fühlt und macht mehr oder weniger *saṃyama* auf den Patienten, wenn auch nur ganz kurz.

Man kann die *saṃyama*-Konzentration auch in den Haṭha Yoga-Übungen anwenden. Eigentlich kann man sie generell überall einsetzen. Zum Beispiel auch, wenn Menschen mit verschiedenen Beschwerden und Krankheiten in eine Yogastunde kommen. Eine Reaktionsmöglichkeit wäre zum Beispiel, den Menschen zu spüren, zu fühlen. Man kann sich auch innere Fragen stellen und versuchen, das Unterbewußtsein oder das Überbewußtsein daran arbeiten zu lassen. Wenn jemand in der Familie oder im Freundeskreis irgendwelche Schwierigkeiten hat, kann man versuchen, sich in ihn hineinzuversetzen, in die Krankheit, in das Problem hineinzuspüren. So kann man Wissen über das Problem erlangen und vielleicht auch Wissen über die Heilung oder Lösung. Und angenommen, man wäre in der Lage, in *samādhi* hineinzukommen, dann könnte man die Krankheit des Menschen sogar heilen. Wobei hier Yogis sagen würden, das könnte auch ein Mißbrauch der Kraft sein, denn ein Yogi wendet die *siddhis* nicht an, sie sind eine große Versuchung. Deshalb ist das alles ein zweischneidiges Schwert. Für sich selbst ist es sicher in Ordnung – letztlich ist es unsere Aufgabe, unseren Körper gesund zu halten. Wir haben diesen Körper bekommen und müssen uns um ihn kümmern. Uns selbst können wir mit *saṃyama* auch heilen, da spricht nichts dagegen.

Ein großer Meister könnte alle heilen, wenn er wollte. Er tut es aber nicht, wenn er merkt, das ist jetzt nicht seine Aufgabe und in dem Moment auch nicht im *karma* des betroffenen Menschen. Man muß vorher das Göttliche anrufen und fragen: „Bitte hilf mir, wenn Heilen jetzt das Richtige ist, und halte mich ab, wenn es jetzt nicht das Richtige ist.“ Wir müssen diese Demut haben. Ein ganz großer Meister wird sich nicht mehr um den Körper kümmern und nicht einmal mehr seinen eigenen Körper heilen. Er wird das machen, was notwendig ist, und sagen: „Gottes Wille geschehe.“ Ob der Körper gesund ist oder nicht, spielt aus seiner Sicht nicht so eine große Rolle. Wenn er noch *karma* hat, das er ausarbeiten, ausleben muß, wird er gesund erhalten, wenn er kein *karma* mehr hat, eben nicht. Er wird den Körper natürlich auch nicht mißbrauchen, denn dazu gibt es wiederum auch keine Veranlassung, aber er wird auch nicht so besorgt um ihn sein. Denn für einen großen Meister spielt es keine Rolle, ob er noch im Körper ist oder woanders, ob der Körper Schmerzen hat oder nicht – was ist der Unterschied? Er fühlt das ganze Universum. Wieso sollte er jetzt dieser einen Zelle so viel mehr Aufmerksamkeit schenken! Aber das liegt für die meisten von uns, glaube ich, noch in der Zukunft!

Im Haṭha Yoga und bei manchen Psychotherapien, wo man versucht, einfach nur zu erspüren, wendet man die *saṃyama*-Technik an. Bei den Therapien wird es oft dann aber auch in Worte gefaßt. Wenn man es überhaupt nicht in Worte faßt, sondern einfach nur mit dem Bewußtsein voll hineingeht, dann kommt man zur Essenz der Sache.

Aber natürlich ist nicht jedes intuitive Gespür gleich *saṃyama*. Wir hatten ja von den drei Formen der direkten Wahrnehmung gesprochen: Es gibt die Sinneswahrnehmung, die instinktive Wahrnehmung und die überbewußte Wahrnehmung, die eben aus *saṃyama* kommt.

Saṃyama ist eine entspannte Konzentrationsform, Konzentration auf eine Sache an sich, die im Idealfall bis zu *samādhi* führt. Der typische Yoga-Aspirant wird normalerweise nicht geradewegs in *samādhi* eingehen, wenn er sich um *saṃyama* bemüht. Deshalb werden auch die Wirkungen nicht gleich so weitreichend sein wie von Patañjali beschrieben, aber es werden sich doch gewisse Wirkungen einstellen, die in diese Richtung gehen. Deshalb kann man auch als normaler Aspirant diese Konzentrationstechniken benutzen. Wir können sie nutzen, wir können sie gebrauchen – nur müssen wir aufpassen, daß wir sie nicht mißbrauchen. Es sind nämlich sehr, sehr machtvolle Techniken.

Man sollte sich allerdings nicht einzig und allein auf diese Technik spezialisieren. Ich hatte einmal in einem Seminar eine Teilnehmerin, die sagte, sie halte nichts von Affirmationen, Visualisierung und Geisteskontrolle. Das einzig Notwendige sei es, den Geist auf etwas zu konzentrieren, ohne zu beurteilen. Wenn sie nicht so viele psychische Probleme gehabt hätte, hätte ich sie bei dem Glauben gelassen. So habe ich versucht, ihr klarzumachen, daß das allein nicht alle anderen Techniken ersetzen kann, mit denen man an sich selbst arbeiten sollte. Es gibt eine gewisse Gefahr dabei. Wenn man in bestimmte unangenehme psychische Zustände wie Depression, Trauer und ähnliches mit dem ganzen Bewußtsein hineingeht, kann es zwar sein, daß es hilft, aber es kann genauso gut sein, daß es statt dessen noch tiefer in diese Zustände führt.

In vielen Situationen muß man erst einmal prüfen, ob man nicht die anderen Techniken anwenden kann, die Patañjali in den vorherigen Kapiteln erwähnt hat. Wir können zum Beispiel unseren Geist ablenken, an etwas anderes denken, an einen Aspekt der Wahrheit. Erinnere dich an das erste Kapitel: „Wenn Hindernisse im Geist kommen, sollte man sich auf einen Aspekt der Wahrheit konzentrieren" (I 32). Oder im zweiten Kapitel die Anwendung von *tapas, svādhyāya, īśvara praṇidhāna*: Versuchen, etwas zu begreifen, zu studieren, zu verändern oder loszulassen, Hingabe an Gott, Gottesverehrung. Manchmal hilft es auch, die richtige Lebenseinstellung zu haben. Und manchmal ist es erforderlich und hilfreich, die ersten Stufen wie *yama, niyama, prāṇāyāma, āsana, pratyāhāra* bewußt zu kultivieren. *Prāṇāyāma* bereitet den Geist für *dhāraṇā* vor. Das sind die Voraussetzungen, um den Geist richtig reif zu machen für die höheren Stufen der Konzentration und Transzendierung des Normalbewußtseins. Wenn wir hier im dritten Kapitel fortgeschrittene Techniken wie die *saṃyama*-Konzentration kennenlernen, müssen wir uns bewußt sein, daß sie auf den vorhergehenden als Fundament aufbauen und daß sie die anderen Techniken nicht ersetzen, sondern ergänzen.

Verwirklichte Yogis brauchen natürlich gar nichts. Sie bringen nur einfach den Geist zur Ruhe: *Yogaś citta vṛtti nirodhaḥ*. Und um das zu erreichen, machen sie die *samprajñāta*-Meditation in den Stufen, wie wir es kennengelernt haben: *savitarka, nirvitarka, savicāra, nirvicāra, sasmitā, asaṃprajñāta samādhi*. (I 17)

III.6 Tasya bhūmiṣu viniyogaḥ

Tasya = seine; ***bhūmi*** = Stufe, Grad; ***viniyoga*** = Anwendung

Seine Anwendung (des saṃyama) erfolgt in Stufen.

Das heißt zum einen: Eines geht ins andere über. Zum anderen: Wir können unseren Fortschritt nicht erzwingen. Es geschieht schrittweise. Aber es heißt auch, wir können *saṃyama* üben, selbst wenn wir nicht in *samprajñāta samādhi* sind. Der Fortschritt kommt allmählich, eine Stufe nach der anderen.

III.7 Trayamantaraṅgaṃ pūrvebhyaḥ

Trayam = drei; ***antar*** = innerlich; ***aṅga*** = Teil, Glied, Stufe; ***pūrvebhyaḥ*** = in Bezug auf die Vorangegangenen

Diese drei Stufen sind innerlicher als die vorhergehenden.

Dhāraṇā, dhyāna und *samādhi* sind innerlicher als die ersten fünf Stufen des achtstufigen Yoga, nämlich *yama, niyama, āsana, prāṇāyāma* und *pratyāhāra*.

III.8 Tadapi bahiraṅgaṃ nirbījasya

Tat = das; ***api*** = auch; ***bahir*** = äußerlich; ***aṅga*** = Teil, Glied Stufe; ***nirbīja*** = samenlos (*samādhi*)

Aber sogar diese sind äußerlicher als der samenlose Zustand.

Nirbīja, ohne Samen, ist ein anderer Ausdruck für *asaṃprajñāta samādhi* und *nirvikalpa samādhi*.

III.9 Vyutthānanirodhasaṃskārayorabhibhavaprādurbhāvau nirodhakṣaṇacittānvayo nirodhapariṇāmaḥ

Vyutthāna = Erwachen, Wachsen, Auftauchen; ***nirodha*** = Beherrschung, Ruhe des Geistes; ***saṃskāra*** = Eindruck im Unterbewußtsein; ***abhibhava*** = Überwindung, Verschwinden; ***prādurbhāva*** = Aufsteigen, Erscheinung; ***nirodha*** = Beherrschung, Ruhe des Geistes; ***kṣaṇa*** = Moment, sofort, jederzeit; ***citta*** = Verstand; ***anvaya*** = Durchdringung, Beziehung, Verbindung; ***nirodha*** = Beherrschung, Meisterschaft, Ruhe des Geistes; ***pariṇāma*** = Umwandlung, allmähliche Entwicklung

Durch die wachsende Beherrschung der ständig auftauchenden und wieder verschwindenden Eindrücke des Unterbewußtseins und das jederzeitige Verweilen des Geistes im Ruhezustand entwickelt sich allmählich die Meisterschaft (nirodha).

Auch das geschieht wieder Schritt für Schritt. Wir lassen eine störende Gedankenwelle nach der anderen verschwinden, so daß irgendwann diese *nirodha-pariṇāma* entsteht. *Pariṇāma* bedeutet eine Veränderung, eine Transformation. *Nirodha-pariṇāma* ist also die Transformation des Geistes, die dazu führt, daß wir irgendwann immer in *nirodha*, im Zustand frei von gedanklichen Ablenkungen, sein können, wenn wir wollen. Aber das geschieht eben dadurch, daß wir eins nach dem anderen beherrschen.

Ein Beispiel, das Swami Vishnu gerne gebraucht hat, war: Angenommen, man wollte ein farbiges Meditationstuch in ein goldenes Tuch umwandeln. Was müßte man machen? – Einen Faden nach dem anderen durch einen Goldfaden ersetzen. Wie lange dauert das? – Sicher sehr lange. Wir bräuchten vielleicht geeignete Hilfsmittel dazu wie Nadel, Faden, eine Lupe. Aber in einem Jahr oder so hätten wir es geschafft.

Natürlich könnte man sagen: Dann schaffe ich mir doch gleich ein goldenes Tuch an, wozu soll ich die anderen Fäden erst alle mühsam herausziehen und ersetzen. Aber genau das ist die Schwierigkeit mit unserem Geist. Wir können nicht sagen: Ich lege diesen Geist ab und schaffe mir gleich einen ganz neuen an, der „richtig" funktioniert. Das klappt nicht. Wir müssen diesen Geist ganz allmählich zu einem goldenen Geist machen. Und das machen wir, indem wir eine Gedankenwelle nach der anderen ersetzen. Schrittweise lassen wir die alten *tamasigen* und *rajasigen* Wünsche langsam los und ersetzen sie durch *sattvige* Wünsche. Wir schaffen Furchen für positive, geduldige, verständnisvolle, liebevolle Reaktionen des Geistes auf irgendwelche Zumutungen oder scheinbare Zumutungen unserer Umwelt und anderer Menschen. Und das wird langsam zu einem neuen Teil unseres Geistes, unserer Persönlichkeit.

Natürlich müssen wir im Laufe der Entwicklung auch die *sattvigen* Wünsche und Gedanken überwinden, wie Krishna schon im 2. Kapitel der Bhagavad Gītā zu Arjuna sagt: „Überwinde *rajas* und *tamas* und mache deinen Geist *sattvig*. Hänge aber an keinen *guṇas*."

So bekommen wir schließlich einen Geist, der insgesamt beherrschbar ist. Zum Schluß erreichen wir volles *nirodha*, aber vorher kommt *kṣaṇa-cittān-vayo*, die Herrschaft über den Geist. Diese Herrschaft über den Geist führt zum dauernden *nirodha*, dem Zur-Ruhe-Kommen der Gedanken im Geist.

III.10 Tasya praśāntavāhitā saṃskārāt

Tasya = sein (des *nirodha-pariṇāma*); ***praśānta*** = ruhig, ungestört; ***vāhitā*** = Fluß; ***saṃskāra*** = (wiederholter) Eindruck

Sein Fluß wird durch Wiederholung ruhig.

Wenn wir regelmäßig unsere Gedanken beherrschen, positive Gedanken erzeugen, dann führt das schließlich zu einem ungestörten Fluß.

Den Geist zu erziehen, ist wie einen Hund zu erziehen. Wenn man in der Erziehung konsequent ist, dann macht er alles, was man will. Wenn man inkonsequent ist, hat man ein ständiges Tauziehen. Und das ist weder für den Hund noch für den Menschen gut. Kindererziehung ist wieder etwas anderes, denn wir wollen unsere Kinder ja nicht dressieren. Außerdem läßt sich der Mensch glücklicherweise nicht dressieren. Wir hatten in diesem Jahrhundert genügend Experimente, wo Machthaber versucht haben, ihre Untertanen umzuerziehen. Es hat nicht geklappt. Das einzige, was sie geschafft haben, war, den Glauben an Gott zu ruinieren. Das ist zum Beispiel der Hauptunterschied zwischen Ost- und Westdeutschen. In Westdeutschland glauben nach einer Umfrage in den neunziger Jahren 73 % der Menschen an Gott, in Ostdeutschland nur 20 %. In den letzten Jahren ist die Tendenz allerdings wieder leicht steigend.

Man kann den Menschen nicht dressieren, weil er nicht nur *saṃskāras* (Eindrücke aus früheren Leben) hat, sondern auch *buddhi* (Intellekt). Es ist auch nicht Aufgabe der Kindererziehung, das Kind zu dressieren. Aber ein Hund hat keine *buddhi*, deshalb kann man ihn dressieren. Und unseren unterbewußten Geist, die Teile des Geistes, die auch im Menschen ähnlich funktionieren wie in den Tieren, nämlich *manas* und *citta*, und die uns zunächst einmal stören, können wir auch ausbilden, wie wir ein Tier ausbilden können. Wenn dieser Teil des Geistes langsam beherrscht ist, wird er zu unserem gehorsamen Diener. Dann fühlen wir uns wohl und der unterbewußte Geist auch.

III.11 Sarvārthataikāgratayoḥ kṣayodayau cittasya samādhipariṇāmaḥ

Sarva = alles, vieles; ***artha*** = bezogen auf; ***sarvārthata*** = Zustand mentaler Zerstreutheit; ***ekāgratā*** = Sammlung, Konzentration, Einpünktigkeit; ***kṣaya*** = absteigen, abnehmen, aufhören; ***udaya*** = aufsteigen, zunehmen; ***citta*** = Verstand, Geist; ***samādhi*** = überbewußter Zustand; ***pariṇāma*** = Wandlung, Entwicklung

Durch Abnahme der Zerstreutheit und Zunahme der vollkommenen Konzentration im Geist entwickelt sich samādhi.

Im Grunde genommen ist das eine Wiederholung dessen, was Patañjali im ersten Kapitel gesagt hat, nämlich die Praxis von *abhyāsa* (Übung) und *vairāgya* (Leidenschaftslosigkeit, Nichtanhaften).

III.12 Tataḥ punaḥ śāntoditau tulyapratyayau cittasyaikāgratāpariṇāmaḥ

Tatah = dann; punaḥ = wieder; ***śānta*** = ruhig, aufgelöst; ***udita*** = gesagt, aufgestiegen; ***tulya*** = genau gleich; ***pratyaya*** = Vorstellung, Gedanke; ***cittasya*** = des Verstandes; ***ekāgratā*** = Sammlung, Konzentration; ***pariṇāmaḥ*** = Wandlung, Entwicklung zu

Wenn die auf- und absteigenden Geistesinhalte genau gleich sind, entwickelt sich vollkommene Konzentration.

Dieser Aphorismus beschreibt noch einmal von einem anderen Standpunkt aus, was *saṃprajñāta samādhi* ist. Im Grunde genommen sind *saṃprajñāta samādhi* und *ekāgratā* gleichbedeutend. *Ekāgratā* ist Einpünktigkeit des Geistes. *Ekāgratā* hat zwei Stufen: die eine ist *dhyāna*, die zweite *saṃprajñāta samādhi*. Das ist der Zustand, in dem zwei aufeinanderfolgende Gedanken gleich sind. Und das können sie nur dann wirklich sein, wenn unsere Aufmerksamkeit nicht zwischen Worten, Bildern und Emotionen hin- und herspringt, sondern das geht nur, wenn wir in der Essenz eines Objektes sind.

III.13 Etena bhūtendriyeṣu dharmalakṣaṇāvasthāpariṇāmā vyākhyātāḥ

Etena = durch dieses; ***bhūta*** = die Elemente; ***indriyeṣu*** = in den Sinnesorganen; ***dharma*** = Eigenschaft, Beschaffenheit, im übertragenen Sinne: Form; ***lakṣaṇā*** = Attribut, Merkmal, im übertragenen Sinne: Zeit; ***avasthā*** = Zustand; ***pariṇāma*** = Wandlung, Veränderung; ***vyākhyā*** = Erklärung, Kommentar; ***vyākhyātāḥ*** = werden erklärt

Dieses erklärt die Veränderungen der Elemente und der Sinnesorgane in bezug auf Form, Zeit und Zustand.

Wenn wir uns auf diese Weise konzentrieren, verändert sich unsere Wahrnehmung von Form, Zeit und Sinnesorganen. Wir nehmen nicht mehr Formen wahr, es gibt kein Zeitempfinden mehr, wir spüren die Elemente nicht mehr, und die Sinnesorgane sind nicht mehr aktiv.

Zeit kann es nur geben, wenn Dinge sich verändern. Wenn zwei Gedanken identisch sind, gibt es keine Zeit mehr. Es gibt auch keinen Zustand und keine Sinneswahrnehmungen mehr, denn es gibt niemanden mehr, der etwas wahrnimmt.

In dem Maße, in dem wir in *ekāgratā* sind, verändern sich all diese Dinge. So ist auch unser Geist nicht mehr durch sie begrenzt.

III.14 Śāntoditāvyapadeśyadharmānupātī dharmī

Śānta = das Abgeklungene, Vergangene; ***udita*** = das Aufgekommene, Manifestierte, Gegenwärtige; ***avyapadeśya*** = das Unmanifeste, in der Zukunft Liegende; ***dharma*** = die Eigenschaften; ***anupātī*** = aufeinander bezogen, gemeinsam; ***dharmī*** = der die Eigenschaften Besitzende

Es gibt einen gemeinsamen Besitzer aller vergangenen, gegenwärtigen und künftigen Eigenschaften.

Also bei all diesen *pariṇāma*, Veränderungen, bleibt etwas gleich, und das ist natürlich unser Selbst, *puruṣa*, der *ātman*.

III.15 Kramānyatvaṃ pariṇāmānyatve hetuḥ

Krama = Abfolge, Naturgesetz; ***anyatva*** = Unterschied, Verschiedenheit; ***pariṇāma*** = Wandlung, Entwicklung; ***anyatva*** = Unterschied, Verschiedenheit; ***hetu*** = Ursache

Ursache der verschiedenen Entwicklungen sind die verschiedenen Naturgesetze.

Die Naturgesetze sind die Ursache für alles, was sich im Leben verändert. Sie sind auch die Ursache für das, was Patañjali als nächstes beschreibt, nämlich die sogenannten übernatürlichen Kräfte. Auch diese Kräfte beruhen auf Naturgesetzen, aber eben auf einer anderen Ebene. Es sind überphysische Naturgesetze. Und sie sind nicht nur überphysisch, sondern auch überparapsychologisch, also überastral. Alle Umwandlungen unterliegen Naturgesetzen. Auch das, was scheinbar als *siddhis*, übernatürliche Kräfte, bezeichnet wird, entspricht in Wahrheit der Natur – nur ist uns das nicht ohne weiteres einsichtig, weil es Gesetze auf einer anderen Ebene sind.

Hier machen wir einen kurzen Sprung zum ersten Vers des vierten Kapitels, wo Patañjali sagt, *siddhis* werden als Ergebnis der Geburt, durch medizinische Kräuter, *mantras*, Übungen der Selbstzucht oder durch *samādhi* erreicht.

- Durch **Geburt**: Manche Menschen haben einfach von Anfang an irgendwelche übernatürliche Fähigkeiten, wahrscheinlich, weil sie in früheren Leben viel spirituelle Praktiken gemacht haben und von daher weiter entwickelt sind.
- Durch medizinische **Kräuter** und **Drogen**: Das kennt man zum Beispiel bei schamanistischen Kulturen. Gewisse Kräuter und Essenzen bringen den Geist in einen

anderen Bewußtseinszustand. Mittels Drogen kann man zu allen möglichen bewußtseinserweiternden Zuständen und Erfahrungen kommen. Aber das ist eine gefährliche Sache, weshalb wir das im Yoga nicht anwenden.

- Dann natürlich **mantras**, was in diesem Zusammenhang auch alle Formen von Zeremonien und Ritualen mit einschließt. Ich habe einmal ein Feuerlauf-Ritual miterlebt. Zuerst wurden bestimmte Rituale gemacht. Anschließend konnte man über glühende Kohlen gehen, auch darin stehen oder sie in die Hand nehmen. Der Körper war immun gegen die Kraft des Feuers.
- Durch Übungen der Selbstzucht (**tapas**), wobei eine intensive *āsana*- und *prāṇāyāma*-Praxis von Patañjalis Standpunkt aus bereits zur Askese zählt. Oder auch Fasten. Fasten macht den Geist leicht, durchlässig, empfänglich für Subtiles.
- Und natürlich ***samādhi***.

Hier im dritten Kapitel spricht Patañjali über *saṃyama*, das in *samādhi* mündet, und welche Kräfte man dabei erlangen kann. Aber im vierten Kapitel sagt er: Nicht jeder, der übernatürliche Kräfte hat, hat deshalb auch gleichzeitig *samādhi* erreicht. Deshalb müssen wir aufpassen und vorsichtig sein. Übernatürliche Kräfte sind nicht das Hauptkriterium zur Beurteilung eines Meisters.

Es wird keinen Meister geben, der nicht irgendwelche übernatürlichen Kräfte irgendwann einmal manifestiert. Er kann gar nicht anders. Selbst wenn er es abstreitet. Man braucht nur mit Schülern eines Meisters zu sprechen, dann erfährt man alles mögliche, was in Gegenwart des Meisters geschehen ist. Ich habe einiges mit Swami Vishnu erlebt. Und uns hat er immer erzählt, er hätte keine *siddhis* – das war schon fast nicht mehr *satya*! Aber er hat diese Kräfte nicht bewußt angewendet. Er hat nicht versucht, etwas zu machen. So etwas geschieht bei Meistern einfach. Wenn der Geist zu einer gewissen Konzentration fähig ist, kann man gar nicht anders, dann geschehen Wunder von selbst.

Und es gibt andere Menschen, die aus irgendwelchen der oben genannten Gründe bestimmte Fähigkeiten haben, aber keine Meister sind. Wenn jemand einem etwas über die eigene Vergangenheit sagen kann oder das persönliche *mantra* errät oder aus der Hand heraus etwas manifestiert, heißt das nicht notwendigerweise, daß er ein Meister ist. Es gibt genügend Scharlatane. Und manchmal sind es auch einfach nur Taschenspielertricks.

In seiner Jugend hat Swami Vishnu sich hobbymäßig mit Zaubertricks beschäftigt. Im Sivananda-Ashram gab es regelmäßig Bunte Abende. Im Rahmen eines solchen Abends hat Swami Vishnu einmal ein paar Zaubertricks aufgeführt. Anschließend hat Swami Sivananda ihn gebeten, ihm zu zeigen, wie das funktioniert, und Swami Vishnu hat ihm die Tricks dahinter gezeigt. Daraufhin hat Swami Sivananda gesagt: „Du als *svāmī* solltest von heute an niemals mehr solche Zaubertricks vorführen. Du magst sagen, es sind Zaubertricks, aber die Leute werden denken, daß es *siddhis* sind. Und es kann sein, daß du irgendwann einmal in Versuchung gerätst.“ Deshalb hat Swami Vishnu diese Zaubertricks danach nie mehr vorgeführt.

Swami Vishnu hat uns immer davor gewarnt, zu leichtgläubig zu sein. Auch später noch hat er oft Pseudomeister, die irgendwelche angeblichen übernatürlichen

Kräfte demonstrierten, mit Video aufgenommen, das Video dann im Zeitlupentempo abgespielt und so versucht, den Trick dahinter herauszufinden.

Am Anfang des dritten Kapitels hat Patañjali generell gesagt: Durch Anwendung von *saṃyama* erreichen wir *prajñā*,, direktes Wissen, und *jaya*, Herrschaft, über alles. Nun kommt er zu den praktischen Anwendungen und zeigt uns auf, wie wir *saṃyama* auf bestimmte Dinge anwenden können.

Das klingt teilweise ganz phantastisch. Er beschreibt zum Beispiel, wie wir die Vergangenheit und die Zukunft erkennen können, hellsichtig werden, wie wir die Sprache der Wesen verstehen können, ohne die Sprache systematisch zu lernen, wie wir frühere Leben kennenlernen oder die geistigen Vorstellungen eines anderen wissen können – also Telepathie –, wie wir unsichtbar und unhörbar werden können, wie wir die Zeit unseres Todes erkennen können, wie wir bestimmte Eigenschaften und Kräfte in uns entwickeln, Subtiles wahrnehmen können, wie wir die Welt erkennen, Astrologie, Anatomie und Physiologie verstehen können, ohne sie studieren zu müssen, wie wir Hunger und Durst beherrschen, Kontakt zu höheren Wesen aufnehmen können, intuitive Sinne entwickeln können, wie wir levitieren und Übernatürliches hören können u.s.w.

Diese Verse sind aber nicht nur Anleitungen für übernatürliche Kräfte, sondern enthalten auch praktische Anweisungen und Anwendungsmöglichkeiten für das Leben jedes Aspiranten.

III.16 Pariṇāmatrayasaṃyamādatītānāgatajñānam

Pariṇāma = Wandlung, Veränderung; ***traya*** = die drei; ***saṃyama*** = konzentrierte Versenkung; ***atīta*** = vergangen; ***anāgata*** = künftig; ***jñāna*** = Wissen

Durch saṃyama auf die drei Arten der Veränderungen (Form, Zeit und Zustand) kommt Wissen um Vergangenheit und Zukunft.

Wenn wir wissen wollen, wie Vergangenheit und Zukunft von etwas beschaffen ist, dann müssen wir schauen, wie es sich momentan verändert oder wie es sich in einem gewissen Zeitraum verändert hat. So können wir die Gesetze herausfinden, wie es sich in der Vergangenheit verhalten hat und wie es sich in Zukunft entwickeln wird.

Das ist eine Technik, die wir oft rein verstandesmäßig anwenden: Man stellt fest, daß ein Grashalm heute fünf Zentimeter hoch ist, vor zwei Wochen war er zwei Zentimeter hoch – was ist die logische Schlußfolgerung, wie hoch er in zwei Wochen sein wird? Wahrscheinlich um die acht Zentimeter. Aus Erfahrung wissen wir, daß das nicht immer ganz genau zutrifft. Denn wenn wir ein Baby anschauen, ist es bei der Geburt um die 50 Zentimeter groß, mit zwei Jahren 80 Zentimeter, mit fünf Jahren etwa 1,20 m – wenn wir das hochrechnen, wie groß müßte jemand sein, der 100 Jahre ist? – Das klappt also nicht so ganz!

Vieles kann man mit dem Intellekt erkennen und steuern. Aber es gibt etwas jenseits des Intellekts, und das ist unsere Intuition, die wir wiederum mit *saṃyama* erwecken können. Wenn man also die Zukunft oder auch die Vergangenheit erkunden will, schaut man, wie die Veränderung in einem gewissen Zeitraum verläuft. Dazu konzentriert man sich gleichzeitig entweder auf einen Punkt in der Vergangenheit und den jetzigen Zeitpunkt oder auf zwei auseinanderliegende Punkte in der Vergangenheit und macht *saṃyama* auf die Veränderung dazwischen.

Wenn du beispielsweise wissen willst, wie sich ein Mensch in Zukunft entwickeln wird, versuche, dich zu erinnern, wie der Mensch vor einem Jahr war, analysiere, wie er heute ist, und nimm dann den Menschen von heute und den von vor einem Jahr gleichzeitig wahr. Und während du das gleichzeitig wahrnimmst, kannst du dich auf die Veränderung konzentrieren, die dazwischen passiert ist. Und wenn du dich absichtslos und urteilslos auf diese Veränderung konzentrierst, verstehst du intuitiv, wie dieser Mensch in Zukunft sein wird. Das kann manchmal ganz praktisch sein, wenn man seine Beziehung zu einem Menschen analysieren will. Man kann überlegen, wie ist die Beziehung jetzt, wie war sie vor einem halben Jahr, sich auf die Veränderung konzentrieren, und dann kommt eine Intuition, wie sich die Beziehung in Zukunft entwickeln wird. Wobei wir natürlich wissen müssen, daß die Zukunft nie determiniert ist. Sobald wir – oder der andere – neue Ursachen setzen, entwickelt sich die Zukunft anders. Man kann die zukünftige Entwicklung also nur insoweit erkennen, als keine neuen Ursachen gesetzt werden. Da die meisten Menschen sehr unbewußt leben und nichts wirklich aus ihrem freien Willen entscheiden, sondern sich von ihren Verhaltensmustern bestimmen lassen, hat man in der Regel eine ziemlich hohe Treffsicherheit – wenn man das will. Die wenigsten Menschen überlegen sich wirklich, was sie tun könnten, und tun dann auch wirklich etwas, um den Lauf der Dinge zu verändern.

III.17 Śabdārthapratyayānāmitaretarādhyāsātsaṃkarastatpravibhāgasaṃyamātsarvabhūtarutajñānam

Śabda = Wort, Ton; ***artha*** = Objekt, Zweck, Bedeutung; ***pratyayāna*** = Gedanke, Verstandesinhalt; ***itara*** = das eine; ***itaretarā*** = das eine und das andere; ***adhyāsa*** = auf etwas legen; ***saṃkara*** = Vermischung, Verwirrung; ***tat*** = von ihnen; ***pravibhāga*** = Trennung, Auflösung; ***saṃyama*** = konzentrierte Versenkung; ***sarva*** = alle; ***bhūta*** = Lebewesen; ***ruta*** = Klang, Ton; ***jñāna*** = Wissen, Verständnis

Klang, Bedeutung und geistige Vorstellung sind normalerweise im Geist miteinander vermengt; durch saṃyama (auf den Klang) entwirren sie sich, und man erlangt Wissen der Klänge aller lebenden Wesen.

Hier erfahren wir, wie wir Menschen und auch Tiere verstehen können, deren Sprache wir nicht kennen.

Wie erwähnt, sind normale Gedanken verbunden mit Klängen, Bildern und Vorstellungen. Mit Vorstellungen sind auch Gefühle verknüpft. Wenn wir eine Sprache lernen wollen, können wir auf herkömmliche Weise Wörter, Grammatik u.s.w. lernen und die verschiedenen Bestandteile zusammensetzen. Oder wir konzentrieren uns voll auf den Klang der Sprache an sich, und zwar auf ganz entspannte Weise, noch nicht einmal mit der Absicht, verstehen zu wollen. Und wenn man sich ganz entspannt konzentriert auf die Laute, egal welcher Wesen, dann versteht man plötzlich, was sie meinen. Das kannst du nächstes Mal ausprobieren, wenn du irgendwo bist, wo sich Menschen in einer fremden Sprache unterhalten. Versuche einfach, dich ganz entspannt dem Klang hinzugeben, ihn in dich aufzunehmen, als sei es das schönste Musikstück. Wenn du das eine Weile machst, bekommst du plötzlich ein Gefühl für die Bedeutung – auch für abstrakte Inhalte. Die modernen Super-Learning-Methoden für Sprachen beruhen letztlich auf diesem Prinzip. Statt Grammatik und Vokabeln zu pauken, hört man einfach zu und fängt relativ zügig an, selbst in der Sprache zu sprechen. Teilweise erzielt man damit gute Erfolge. Ob es für alle Zwecke ausreicht, sei dahingestellt. Aber auf jeden Fall ist es eine sehr gute Ergänzung zum herkömmlichen Büffeln.

Und wir können es auch mit einer Katze ausprobieren, einem Hund oder einem Vogel, sogar mit einem Bach. Auch Bäche können etwas ausdrücken. Wenn man sich voll auf das Rauschen konzentriert, erfährt man vielleicht plötzlich, was der Bach einem sagen will, oder auch, was Gott einem über das Rauschen des Baches sagen will.

III.18 Saṃskārasākṣātkaraṇātpūrvajātijñānam

Saṃskāra = Eindrücke; ***sākṣāt*** = direkt, unmittelbar; ***sākṣātkaraṇa*** = direkte Erfahrung; ***pūrva*** = vorher; ***jāti*** = Geburt; ***jñāna*** = Wissen

Durch die direkte Erfahrung von saṃskāras (Eindrücke im Unterbewußtsein) entsteht das Wissen um das vorige Leben.

So geht man in frühere Inkarnationen hinein. Manche Reinkarnationstherapeuten arbeiten mit dieser Technik.

Eine Weise, in frühere Leben zu gehen, ist, sich zu entspannen und mit der Vorstellung in die Vergangenheit hineinzugehen. Diese Methode habe ich einmal im Rahmen eines Workshops als kollektive Rückführung kennengelernt. Swami Vishnu hat zwar grundsätzlich gesagt, man soll keine Rückführung machen, man soll nicht in frühere Leben gehen, aber er war nicht immer ganz so konsequent, was ja typisch indisch ist. Zweimal im Jahr hat er Festivals veranstaltet, zu denen er bekannte Leute eingeladen hat, einmal auf den Bahamas und im Sommer im Hauptashram in Kanada. Zu einem solchen Symposium, bei dem es um Yoga und Reinkarnation ging, hat er alle Fachleute eingeladen, die auf diesem Gebiet Rang und Namen hatten. Dazu gehörten Jan Stevenson, Raymond Moody und die bekannteste amerikanische Reinkarnationstherapeutin, die dort einen Workshop für kollektive Rückführung durchgeführt hat. Unter ihrer Anleitung legten wir uns auf den Rücken, entspannten uns, stellten uns vor, eine Wolke kommt herunter, wir setzen uns auf sie, und die Wolke trägt uns in die Vergangenheit. Dann sollten wir von oben hinunterschauen, und sowie wir etwas sehen, sollten wir herunterkommen, uns dort niederlassen und schauen, was geschieht. Gut, dabei haben wir dann Verschiedenes gesehen. Ich habe mich zum Beispiel auf Eukalyptusbäumen in Australien gesehen, umgeben von Koalabären, die ich zu beschützen versuchte, und dabei wurde ich von Piraten erschossen. Ich bin da etwas skeptisch. Es ist nicht unbedingt sicher, daß das, was wir auf diese Weise sehen, auch wirklich ein früheres Leben ist. Denn der Geist hat eine lebhafte Phantasie. Wir können uns auch einiges ausmalen. Eigentlich kann man nur dann etwas sicherer sein, daß es ein früheres Leben ist, wenn man sich mit ausreichender Sicherheit an den Namen erinnert und an konkrete, nachvollziehbare Ereignisse, die man überprüfen kann, zum Beispiel in alten Gemeinde- oder Kircheneinträgen. Es gibt eine ganze Reihe von Menschen, die bei solchen Rückführungen zu so konkreten Angaben kommen, daß man sie über Standesämter oder kirchliche Register nachprüfen kann.

Eine zweite Weise wäre, man nimmt ein *saṃskāra* (Eindruck im Geist, Fähigkeit) wahr, der in diesem Leben keine Begründung hat. Jemand hat zum Beispiel große Angst vor Wasser, und man kann mit Sicherheit ausschließen, daß er oder sie als Kind ins Wasser gefallen ist. Es könnte ja auch sein, daß man als Baby in die Badewanne gefallen ist und fast ertrunken wäre und daher Angst vor dem Wasser hat. Oder jemand hat Angst vor dem Feuer, weil er als Kind in eine Flamme oder auf eine heiße Herdplatte gefaßt hat oder Zeuge geworden ist, wie jemand verbrannt ist. Oder man hat als Kind einen Horrorfilm gesehen, wo Menschen im Feuer umkamen oder als Hexen verbrannt wurden. Das wären alles logische Erklärungen. Aber angenommen, jemand hat vor etwas Angst, ohne daß es in diesem Leben eine Begründung dafür gibt, dann läßt das auf Eindrücke aus früheren Leben schließen. Man hat zum Beispiel ein Talent, für das es in der eigenen Biographie und in der Genetik der Eltern und Vorfahren keine Begründung gibt. Angenommen, jemand ist sehr musikalisch, und weder Vater noch Mutter sind musikalisch, und man wurde auch nicht von Kindheit an gefördert. Dann kann man sich auf diesen *saṃskāra* konzentrieren, entspannt konzentrieren, mit vollem Bewußtsein. Man kann als Vorarbeit darüber nachdenken, aber das eigentliche *saṃyama*, wenn man versucht, diesen *saṃskāra* intuitiv wahrzunehmen, geschieht ohne Nachdenken. Über die *saṃyama*-Konzentration auf dieses Talent oder diese besondere Eigenschaft kommt man in das Leben, in dem der Ursprung dafür gelegt wurde. Beispielsweise Angst vor dem Feuer – dann sieht man plötzlich ein Bild, wo man selbst im Feuer umgekommen ist. Angst vor dem Wasser – man merkt vielleicht, wie man in einem früheren Leben ertrunken ist. Oder man war schon als Kind von Yoga fasziniert, aber keiner sonst aus der Familie, dann kann man sich vielleicht als Yogi irgendwo sehen.

Diese Erinnerungen sind nicht notwendig für das spirituelle Leben. Sie können einem unter Umständen dabei helfen, mit bestimmten Schwierigkeiten besser fertig zu werden. Auf Schwierigkeiten können wir auf verschiedene Weise reagieren:

Wir können mit *tapas, svādhyāya, īśvara praṇidhāna* arbeiten – wie bereits erläutert – und mit verschiedenen anderen geistigen oder praktischen Techniken. Oder wir können uns einfach auf die Schwierigkeit an sich konzentrieren, und das kann uns manchmal helfen, zur Ursache zu kommen oder die Lösung zu finden. Allein die Tatsache, daß wir uns darauf konzentrieren, kann oft schon dazu führen, daß es sich auflöst. Wenn es aber etwas ist, was seine Ursache in einem früheren Leben hat, dann kann es sein, daß Bilder aus einem früheren Leben aufsteigen, während wir uns darauf konzentrieren. In einem solchen Fall brauchen wir nicht zu befürchten, verrückt geworden zu sein, sondern wir wissen: Wir sind bewußt in dieses Problem hineingegangen, nicht in der Absicht, unsere früheren Leben zu ergründen, sondern um das Problem zu erfassen, und dabei ist halt jetzt dieses Bild aus einem früheren Leben aufgestiegen. Wenn wir das erkannt haben, kann es uns helfen, mit einer bestimmten vorhandenen Schwierigkeit in unserem jetzigen Leben besser fertig zu werden. Man muß aber damit umgehen können, man darf aus früheren Leben keine Schuldgefühle entwickeln. Man sollte nicht unbedingt in der Vergangenheit wühlen und nicht grundlos in frühere Leben hineingehen. Deshalb hat Swami Vishnu normalerweise auch davon abgeraten.

Die Reinkarnationstherapeuten argumentieren eben damit, daß, wenn jemand unerklärliche emotionale und psychische Reaktionen zeigt, es ihm manchmal helfen kann, in die Vergangenheit zu gehen, um dann loszulassen. Ich will den therapeutischen Wert auch nicht in Abrede stellen. Es gibt Menschen, die dadurch zu einer gewissen Heilung gekommen sind. Aber als Yogis machen wir es normalerweise nicht.

III.19 Pratyayasya paracittajñānam

Pratyaya = Geistesinhalt, Gedanke; ***para*** = eines anderen; ***citta*** = Verstand, Geist; ***jñāna*** = Wissen

Durch saṃyama auf die Gedanken eines anderen erhält man Wissen über seinen Geist.

Mit anderen Worten, wenn wir jemanden besser verstehen wollen, können wir versuchen, uns auf seine Gedanken zu konzentrieren. Wir versuchen, seine geistigen Vorstellungen zu erspüren und zu erfühlen. Das ist natürlich schwierig, denn im Normalfall konzentrieren wir uns auf den Körper eines Menschen. Wenn wir an einen anderen Menschen denken, haben wir sein äußeres Erscheinungsbild vor Augen. Aber der Körper ist nur der Träger des Geistes. Schwieriger ist es, sich auf den Geist des anderen einzustellen. Da aber der Körper letztlich ein Ausfluß des Geistes ist, können wir uns auch einfach den anderen vorstellen und uns auf ihn oder sie konzentrieren. Das ist eine nützliche Methode, wenn wir uns mit jemandem verkracht haben und uns gerne wieder vertragen möchten – neben allem anderen natürlich, was wir auch tun sollten: Mit ihm oder ihr sprechen, die Kommunikation aufnehmen, einen Dritten als Vermittler zu Hilfe nehmen, ihm/ihr ein Geschenk machen, uns entschuldigen, klar sagen: „So geht es nicht“, auf den Tisch hauen, um Verständigung beten, entsprechende Affirmationen wiederholen, visualisieren, Licht schicken u.s.w. Oder man kann sich eben in den anderen hineinversetzen. Und wenn wir den anderen wirklich von innen heraus spüren, so als ob wir in dem anderen Körper drin wären, identifizieren wir uns mit dem anderen Geist und wissen, was mit ihm los ist.

Mit der richtigen Motivation ist das sicherlich positiv nutzbar. Man konzentriert sich auf einen anderen und lernt, ihn zu verstehen. Man kann besser auf ihn eingehen, sich besser mit ihm vertragen, besser mit ihm zusammenarbeiten und ihm vielleicht auch einen Tip geben zur Hilfe.

Aber es kann natürlich auch mißbraucht werden. Denn wenn man sich gänzlich in den anderen hineinversetzt und es einem wirklich gelingt, im anderen so zu sein, als sei man selbst in dessen Körper, dann kann man theoretisch auch anfangen, dem anderen Gedanken aufzuoktroyieren, ihm vorzuschreiben, was er tun soll. Hier wird es zur Manipulation und zu einem Mißbrauch der *siddhis*. Und ein Mißbrauch führt immer zu einer karmischen Reaktion.

Deshalb schreckt uns Patañjali im nächsten Vers ab:

III.20 Na ca tatsālambanaṃ tasyāviṣayībhūtatvāt

Na = nicht; ***ca*** = und; ***tat*** = das; ***sa*** = ihre; ***alambana*** = das Zugrundeliegende; ***tasya*** = seine; ***aviṣayibhūtatvāt*** = weil es nicht das Objekt (von *saṃyama*) ist

(Man erhält aber) kein (Wissen) über die zugrundeliegenden (geistigen Faktoren), die nicht Gegenstand des saṃyama sind.

Wir lernen nicht den ganzen Geist des anderen kennen. Wenn wir einen Teilaspekt des anderen erspüren, sollten wir uns nicht einbilden, ihn jetzt vollständig zu verstehen. Dazu ist die menschliche Psyche zu kompliziert. Mit dem einfachen *saṃyama* auf einen Menschen lernen wir ihn noch lange nicht vollständig kennen, sondern nur bestimmte Teile seiner Psyche.

III.21 Kāyarūpasaṃyamāttadgrāhyaśaktistambhe cakṣuḥprakāśāsaṃprayoge 'ntardhānam

Kāya = der Körper; ***rūpa*** = Form, Gestalt; ***saṃyamāt*** = durch Übung von ***saṃyama***; ***tat*** = von ihm, daher; ***grāhya*** = wahrnehmbar; ***śakti*** = Kraft, Fähigkeit; ***stambha*** = Behinderung; ***cakṣu*** = Auge; ***prakāśa*** = Licht; ***asaṃprayoga*** = keine Verbindung; ***antardhāna*** = Verschwinden, Unsichtbarkeit

Saṃyama auf die Gestalt des eigenen Körpers hebt die Kraft, die ihn wahrnehmbar macht, auf; die Verbindung des Lichts mit dem Auge wird unterbrochen; er wird unsichtbar.

Hier sagt Patañjali uns, wie man unsichtbar wird.

Ich nehme an, es funktioniert wirklich im wörtlichen Sinn. Wenn jemand volles *saṃyama* beherrscht, kann er sich tatsächlich so weit unsichtbar machen, daß selbst eine Kamera ihn nicht sieht und man ihn nicht fotografieren kann. Es gibt viele Berichte von Menschen, die unsichtbar geworden sind. Manche Menschen berichten, daß sie gesehen haben, wie Heilige vom einen Moment auf den anderen verschwunden sind. Ich selbst habe so etwas noch nie gesehen und kenne es nicht aus Erfahrung.

Dieser Vers hat aber auch eine praktische Anwendung im abgeleiteten Sinn. Wenn du irgendwo in eine Menschenmenge kommst und willst nicht gesehen werden, ist die beste Technik, dich nur auf dich selbst zu konzentrieren. Nimm nur dich selbst wahr. Wenn du nur dich selbst wahrnimmst und an niemand anderen denkst, dann werden dich die anderen nicht bemerken. Du kannst durch die Menge hindurchgehen, ohne daß jemand von dir Notiz nimmt.

Die meisten Menschen machen dummerweise das Gegenteil, wenn sie nicht wahrgenommen werden wollen. Sie denken ständig: „Hoffentlich sieht der mich jetzt nicht." – „Jetzt bin ich so ungekämmt oder unrasiert oder ungeschminkt, ich hoffe, keiner sieht mich in dem Aufzug." Man denkt also ständig an andere Menschen. Und was passiert logischerweise? Weil man ständig an andere Menschen denkt, weckt man ihre Aufmerksamkeit und wird wahrgenommen.

Natürlich gibt es auch das Gegenteil, nämlich, daß man sich bemerkbar machen will. Schüchterne Menschen zum Beispiel: Sie gehen auf eine Party oder eine Versammlung und nehmen sich vor: „Heute will ich endlich auch mal im Mittelpunkt stehen." Und dann überlegen sie ständig: „Was müßte ich jetzt machen, damit mich jemand bemerkt? Wie komme ich zu Wort? Wie drücke ich mich jetzt richtig aus? Sehe ich richtig aus?" – Sie sind nur auf sich selbst konzentriert. Was ist die Folge? Man sieht sie nicht, nimmt sie nicht wahr!

Wenn du wahrgenommen werden willst, bringe die Aufmerksamkeit weg von dir selbst. Richte deine Aufmerksamkeit auf die anderen, und du wirst wahrgenommen. Das ist eine gute Hilfe für schüchterne Menschen, die sich nicht trauen, auf andere zuzugehen. Es ist gar nicht nötig, auf andere zuzugehen. Es reicht, sich auf die anderen zu konzentrieren und sie wahrzunehmen, Interesse für sie aufzubringen und zu lächeln. Dann kommen sie von allein auf dich zu – manchmal mehr als einem lieb ist! Es ist hilfreich, wenn man auch mal das erste Wort sagt, um den Kontakt herzustellen. Aber das ist nicht einmal so nötig.

III.22 Etena śabdādyantardhānam uktam[2]

Etena = durch dieses; ***śabda*** = Ton; ***ādi*** = andere; ***antardhāna*** = Verschwinden; ***ukta*** = gesagt, beschrieben, erklärt

Dies erklärt auch das Verschwinden von Lauten und anderem.

Das gilt also nicht nur für das Unsichtbarwerden, sondern auch für das Unhörbarwerden. Wenn man voll auf sich selbst konzentriert ist, kann man sogar *mantras* singen, ohne daß andere es hören.

Wenn man hingegen selbst sehr konzentriert mit etwas beschäftigt ist, z. B. wenn man ein interessantes Buch liest oder einen Film schaut und dann nichts hört, wenn jemand hereinkommt, klopft oder etwas sagt, das ist *pratyāhāra*.

III.23 Sopakramaṃ nirupakramaṃ ca karma tatsaṃyamādaparāntajñānam ariṣṭebhyo vā

Sopakrama = energisch wirksam, aktiv; ***nirupakrama*** = langsam wirkend, schlummernd; ***ca*** = und; ***karma*** = Karma, Handlung, Ursache oder Wirkung einer Handlung, Schicksal; ***tat*** = dies; ***saṃyamāt*** = durch Ausübung von ***saṃyama*** über; ***aparānta*** = Tod, Ende; ***jñāna*** = Wissen; ***ariṣṭa*** = Schicksal; ***ibhya*** = sein; ***vā*** = oder

Karma ist jetzt wirksam oder schlummernd. Durch saṃyama darauf erhält man Wissen über den eigenen Tod oder sein Schicksal.

Es gibt die drei Hauptformen von *karma*: *prārabdha*, das Karma, das jetzt aktiv ist, *sañcita* (= *saṃcita*), das gespeicherte Karma und *āgāmi*, das neu geschaffene Karma.

Wenn man *saṃyama* ausführt auf das *karma*, das jetzt aktiv ist (*prārabdha*) und auf den Speicher des *karmas* (*sañcita*), also die Lektionen, die noch vor einem liegen, und sich auf beides konzentriert, dann weiß man plötzlich, welche Aufgaben man noch zu erfüllen hat. Und dann weiß man auch, wann es vorbei ist. Und wenn es vorbei ist, stirbt der Körper natürlich.

Eigentlich ist es nicht empfehlenswert, den Zeitpunkt des Todes zu wissen. Allein die Vorstellung und Überzeugung, daß wir zu einem bestimmten Zeitpunkt sterben werden, kann dazu führen, daß wir tatsächlich an diesem Tag sterben.

Ein Beispiel dafür ist die negative Beeinflussung durch ärztliche Diagnosen. Bei Untersuchungen hat man festgestellt, daß eine außergewöhnlich große Zahl von Menschen genau dann stirbt, wie es die Ärzte vorausgesagt haben. Wenn die Ärzte

---

2 Anmerkung: In manchen Ausgaben wird dieser Aphorismus nicht berücksichtigt, so daß eine andere Zählweise entsteht.

eine Lebenserwartung von sechs Monaten oder zwei Jahren diagnostizieren, dann sterben viele Patienten auf den Tag genau nach sechs Monaten oder nach zwei Jahren – selbst wenn sich bei der Obduktion nachher herausstellt, daß der Mensch eigentlich gar nicht so krank war oder daß die Krankheit nicht notwendigerweise zum Tod hätte führen müssen. Der Mensch stirbt aufgrund der Suggestion durch die Prognose des Arztes.

Ein Arzt erzählte einmal folgenden Fall, den er in seiner eigenen Praxis erlebt hat: Er hatte einen Patienten mit einer eigentlich tödlichen Krankheit. Gegen diese Krankheit war ein ganz neues Medikament entwickelt worden, das aber noch nicht zugelassen war, weil es erst noch erprobt werden mußte. Jedes Medikament muß erst an Hunderten von Tieren, Zellkulturen und schließlich an Menschen erprobt werden, bevor es zugelassen wird. Dieser Patient hatte also eine sehr heimtückische Krankheit mit einer sehr geringen Lebenserwartung. Der Arzt erzählte ihm von dem Medikament, das vielleicht zur Heilung führen könne, das aber noch erprobt werden müsse und das unter Umständen auch Nebenwirkungen mit sich bringen könne. Ob er trotzdem bereit wäre, es auszuprobieren. Der Patient nahm das Medikament und wurde innerhalb von zwei Monaten vollkommen gesund. Eine ganze Weile später hat er in einer Zeitschrift gelesen, daß dieses Medikament für seine damalige Krankheit nun doch nicht eingesetzt werden könne, weil es nicht sehr wirkungsvoll sei. Einen Monat, nachdem er das gelesen hatte, war er tot, nachdem er dazwischen um die drei Jahre vollkommen beschwerde- und symptomfrei gelebt hatte!

Man muß vorsichtig sein mit dem, was man zu Menschen sagt. Worte haben Macht, wie wir im ersten Kapitel gesehen haben, wo Patañjali *vikalpa* (Wortirrtum, Einbildung, Suggestion) als eine der fünf *vṛttis* (Gedankenwellen) behandelt.

III.24 Maitryādiṣu balāni

Maitrī = Güte, Wohlwollen, Freundlichkeit; ***ādiṣu*** = und so weiter; ***bala*** = Kraft

Durch saṃyama auf Freundlichkeit u.s.w. erlangt man deren Kräfte.

Ähnliches hat Patañjali nun schon mehrmals erzählt:

Im ersten Kapitel hieß es, indem man sich auf etwas konzentriert, auf eine positive Eigenschaft zum Beispiel, verschwinden die Hindernisse (I 33).

Im zweiten Kapitel hat er gesagt, wenn wir negative Emotionen haben, sollten wir über das Gegenteil nachdenken (II 33).

Und hier erwähnt er es im Zusammenhang mit *saṃyama*. Wenn wir also nicht nur über eine Eigenschaft nachdenken, sondern tief in die Eigenschaft hineingehen, dann erlangen wir deren Kräfte. Die Eigenschaftsmeditation (siehe Kommentar zu I 33) zum Beispiel umfaßt neben anderen Techniken auch die *saṃyama*-Konzentration. Sie beginnt mit der Wiederholung einer Affirmation zu der Eigenschaft, die man entwickeln will, zum Beispiel: „Ich bin geduldig". Als zweites denkt man über die Vorteile dieser Eigenschaft nach. Als drittes folgt der *saṃyama*-Teil: Man konzentriert sich auf die Eigenschaft an sich, ohne Visualisierung und ohne Affirmation, man erspürt die Eigenschaft als solche, konzentriert sich voll darauf, geht völlig in ihr auf. Das ist der machtvollste Teil dabei. Wenn wir uns auf Geduld konzentrieren, die Essenz der Geduld und sie wirklich in uns spüren, dann wird sie sehr machtvoll in uns. Zum Abschluß kann man nachher nochmals eine Visualisierung und eine Affirmation machen.

Es kann aber sein, daß es einem schwerfällt, eine bestimmte Eigenschaft in sich selbst zu spüren. Dafür bietet Patañjali die folgende Lösung an:

III.25 Baleṣu hastibalādīni

Baleṣu = (durch *saṃyama*) über Kräfte; ***hasti*** = erreicht; ***balādīni*** = Stärke des Elefanten u.s.w.

Durch saṃyama auf die Kräfte verschiedener Tiere erlangt man die betreffende Kraft (z. B. eines Elefanten oder des betreffenden Tieres).

Wenn wir schwach sind und gerne stärker wären, können wir versuchen, uns auf unsere innere Stärke zu konzentrieren. Möglicherweise fällt uns das aber sehr schwer, weil wir vielleicht das Gefühl haben, wenig innere Stärke zu haben. Wenn wir uns dann beispielsweise auf einen Elefanten konzentrieren, werden wir stark wie ein Elefant. Wenn wir Sanftmut entwickeln wollen, können wir uns auf eine Kuh konzentrieren. Wenn wir Durchsetzungsvermögen und Mut in uns stärken wollen, können wir uns auf einen Tiger konzentrieren. Und natürlich können wir auch *saṃyama* auf die positiven Eigenschaften anderer Menschen ausführen.

Hier machen viele Menschen leider oft das Gegenteil. Was muß man machen, um alle negativen Eigenschaften von anderen zu übernehmen? – Sich ständig auf die negativen Eigenschaften der anderen konzentrieren, ständig darüber nachdenken, welche Fehler die anderen haben, ständig darüber sprechen, was die anderen alles schlecht und falsch machen. Auf diese Weise werden diese negativen Eigenschaften in einem selbst eben auch stärker. Hingegen, wenn wir uns auf die positiven Eigenschaften von anderen konzentrieren, dann stärken wir diese positiven Seiten auch in uns.

III.26 Pravṛttyālokānyāsātsūkṣmavyavahitaviprakṛṣṭajñānam

pravṛtti = Anwendung; ***āloka*** = Licht; ***nyāsā*** = Projizieren; ***sūkṣma*** = des Feineren, Subtilen; ***vyavahita*** = das Verborgene, das Verdeckte; ***viprakṛṣṭa*** = das Entfernte; ***jñāna*** = Wissen

Durch saṃyama auf Licht erhält man intuitives Wissen über das Subtile, das Verborgene und das weit Entfernte.

Eine einfache Anwendung ist zum Beispiel *trāṭaka*[3], das Starren auf eine Kerzenflamme. Mir ist es schon so gegangen, daß ich anschließend an *trāṭak* in einer Gruppe die Auras der anderen gesehen habe. Man schaut in die Flamme, und dann sieht man darum herum die Aura. Wenn man das regelmäßig macht, eine halbe Stunde bis zu einer Stunde jeden Morgen, kann es auch sein, daß man Astralwesen im Raum wahrnimmt. Denn *trāṭaka* ist nicht nur eine Vorbereitungsübung auf die Meditation, sondern auch eine Übung zur Entwicklung von Hellsichtigkeit, wenn man es lange übt. Deshalb wird normalerweise empfohlen, *trāṭaka* nicht länger als 15 bis 20 Minuten am Tag zu machen. Ab einer halben Stunde kann es nämlich sehr machtvoll wirken, und nicht jeder ist darauf vorbereitet. Aber wenn man es eine Weile geübt hat und keine Angst hat, Astralwesen zu sehen, kann man es auf eine oder zwei Stunden verlängern. Das führt zu einigen sehr interessanten Phänomenen.

Es gibt verschiedene Weisen, wie man in die Kerze schauen kann. Man kann entweder versuchen, sie zu fokussieren, sie genau anzuschauen. Oder man kann versuchen, die Kerze als Ganzes wahrzunehmen, indem man mit dem sogenannten weichen Blick durch sie hindurchschaut. Das letztere wäre *saṃyama*: Den weichen Blick auf die Flamme richten, durch sie hindurchschauen, sie aber trotzdem wahrnehmen, ohne sie zu fokussieren, also die entspannte Konzentration auf die Flamme. Wenn man das länger ausübt, führt es dazu, daß man das Feinstoffliche, Versteckte oder weit Entfernte erkennt.

III.27 Bhuvanajñānam sūrye saṃyamāt

Bhuvana = Welt; ***jñāna*** = Wissen; ***sūrye*** = über die Sonne; ***saṃyama*** = tiefe Versenkung

Durch saṃyama auf die Sonne erlangt man Wissen um die Welt.

Die Sonne ist das Zentralgestirn unseres Planetensystems. Das Sonnensystem ist ein organisches Ganzes. Indem man sich auf das Zentrum des Ganzen, die Sonne, konzentriert, erlangt man Wissen um die Welt.

Physiker müßten sich also auf die Sonne konzentrieren, um schneller die Zusammenhänge der Natur und des Sonnensystems zu verstehen.

In Indien gibt es die Technik, *trāṭak* auf die Sonne selbst auszuführen, d. h. direkt in die Sonne zu starren. Dazu muß man aber bestimmte Techniken lernen, sonst

---

3 Anmerkung: Wer *trāṭak* noch nicht kennt, sollte diese Übung von einem erfahrenen Yogalehrer oder einem guten Yogabuch lernen.

erblindet man. Daher hat Swami Vishnu uns davor gewarnt, das zu probieren. Von Swami Sivananda gibt es jedoch Photos, wo er direkt in die pralle Mittagssonne hineinschaut. Er hat die subtile Technik dafür gelernt und keine Augenprobleme dadurch bekommen. Selbst ausprobieren kann es jeder bei Sonnenaufgang und Sonnenuntergang: Wenn man zu diesen Momenten in die Sonne schaut und in die tiefe Versenkung geht, erhält man ein tiefes Verständnis dieser Welt und des eigenen Platzes auf dieser Erde. Und natürlich kann man vollkommen gefahrlos mit geschlossenen Augen *saṃyama* auf die Sonne ausführen.

III.28 Candre tārāvyūhajñānam

candra = Mond; ***tāra*** = Stern; ***vyūha*** = Anordnung, Ganzheit; ***jñāna*** = Wissen; ***tāra vyūha jñāna*** = Wissen um die Anordnung der Sterne, astrologisches Wissen

Durch saṃyama auf den Mond erhält man astrologisches Wissen.

Das ist auch eine sehr interessante Sache. Es ist zwar für einen spirituellen Aspiranten nicht notwendig, aber für manche doch hilfreich, sich mit Astrologie zu beschäftigen. Weniger mit der vorausschauenden Astrologie, die einem sagt: Nächstes Jahr wirst du Millionär oder übernächstes Jahr findest du deinen Lebensgefährten oder ähnliches, sondern mit der Persönlichkeitskonstellation. Astrologie kann helfen, bestimmte Charakterzüge der eigenen Persönlichkeit zu erkennen, Aufgaben und Schwierigkeiten im eigenen Leben zu erkennen, zu akzeptieren, in einen größeren Rahmen einzuordnen. Heutzutage werden ja viele Horoskope per Computer erstellt. Nur, das Programm allein taugt letztlich nichts. Denn ein guter Astrologe nutzt seine Intuition. Er lernt zwar auch sein Handwerkszeug, lernt, was die einzelnen Konstellationen zu bedeuten haben, wie sie zu interpretieren sind u.s.w. Aber dann schaut er dieses Horoskop, das Schaubild mit den einzelnen Planetenkonstellationen, an und läßt es auf sich wirken. In meiner Anfangszeit als spiritueller Aspirant habe ich auch drei Semester lang bei einem recht guten Astrologen etwas Astrologie studiert. Seine Vorgehensweise war: Er malt das Horoskop auf, dann stellt er sich davor und schaut es sich an, läßt es auf sich wirken, ohne darüber nachzudenken, was die Konstellationen zu bedeuten haben. Er ist voll konzentriert, läßt es auf sich wirken, und dann kennt er alle Themen dieses Menschen, dieses speziellen Lebens. Wenn er das Gesamtbild auf diese Weise intuitiv erfaßt hat, deutet er anschließend noch die einzelnen Planeten, untersucht die Mondeinflüsse u.s.w. Aber sein eigentliches Wissen kommt daher, daß er das Horoskop als Hilfe zur Konzentration nimmt. In früheren Zeiten war es noch direkter. Damals haben die Astrologen zur Deutung direkt in den Himmel geschaut. Dann war es natürlich gut, wenn ein Mensch nachts und nicht während der Monsunzeit geboren wurde, dann konnte nämlich der Astrologe die Bewegungen der Gestirne und Planetenkonstellationen direkt am Himmel sehen und wußte instinktiv, was es mit diesem Menschen auf sich hat, der zu diesem Zeitpunkt geboren wurde.

In der indischen Astrologie hat der Mond eine besondere Bedeutung. Er ist der wichtigste Teil des Horoskops. Deshalb heißt es, wenn man sich besonders auf den Mond konzentriert, erkennt man das Hauptthema im Leben von sich selbst oder einem anderen Menschen.

III.29 Dhruve tadgatijñānam

Dhruva = Polarstern; ***tat*** = sein, ihr; ***gati*** = Bewegung; ***jñāna*** = Wissen

Durch saṃyama auf den Polarstern kommt das Wissen um die Bewegung der Sterne.

Wer in seinem astronomischen Wissen weiterkommen will, sollte auf den Polarstern meditieren. Oder nachts den Polarstern anschauen und auf sich wirken lassen. Er hat eine besondere Bedeutung für das ganze Weltall.

Auch die Wissenschaftler kommen ja letztlich auf diese Weise zu ihren Resultaten. Wissenschaftliche Resultate sind nur zum Teil auf logisches Denken, Experimente und Berechnungen zurückzuführen. Der Rest ist Intuition. Jemand beschäftigt sich intensiv mit etwas, konzentriert sich, meditiert darauf, absorbiert das Problem, und dann versteht er es plötzlich. Einstein und Newton sind dafür die besten Beispiele.

III.30 Nābhicakre kāyavyūhajñānam

Nābhi = Nabel; ***cakra*** = Energiezentrum, Rad; kāya = der Körper; ***vyūha*** = Anordnung, Aufbau; ***jñāna*** = Wissen

Durch saṃyama auf das Nabelzentrum kommt das Wissen um den Aufbau des Körpers.

Nābhi cakra, das Nabelcakra, ist der energetische Mittelpunkt und Schwerpunkt des Körpers. Wenn wir uns darauf konzentrieren, kennen wir die Struktur des Körpers.

Das gilt einmal für die ganze Anatomie. Wenn jemand Medizin studiert oder Heilpraktiker werden will, würde ich ihm – neben allem anderen, was er rational zu lernen hat – raten, sich regelmäßig auf sein Nabelcakra zu konzentrieren. Dann kommt ein intuitives Verständnis für den menschlichen Körper.

Zum zweiten läßt sich das auch anwenden bei einer bestimmten körperlichen Krankheit. In diesem Fall könnte man sich, wie schon früher erwähnt, auf den betreffenden Körperteil und die betreffende Krankheit konzentrieren. Oder man könnte sich alternativ auch auf das *nābhi cakra* als Grundlagencakra für alle körperlichen Vorgänge konzentrieren. Die Körperenergien sind konzentriert im Nabelcakra, der Sonne des ganzen Körpers.

Deshalb ist es auch wichtig, sich bei den *āsanas* immer wieder auf den Bauch zu konzentrieren. Nicht umsonst raten wir ja den Schülern in der Anfänger- und Mittelstufe, sich auf den Bauch zu konzentrieren: einatmen – Bauch hinaus, ausatmen – Bauch hinein. Das hilft, Zugang zur Struktur und zu den Bedürfnissen des Körpers zu bekommen. Ich glaube, die richtige Bauchatmung ist ein entscheidender Punkt, daß man lernt, gewisse negative Gewohnheiten von selbst abzulegen. Und meine Beobachtung ist, daß in Yogasystemen, wo kein Wert auf die Atmung gelegt wird, mindestens nicht auf die Bauchatmung – da gibt es ja einige –, die Menschen ihre schlechten Gewohnheiten nicht ablegen. Bei Schulen, die den Atem einfach nur fließen lassen und die Übungen sehr genau ausführen, mag die körperliche Exaktheit richtig sein, aber es entsteht kein intuitives Wissen um die Struktur und die Notwendigkeiten des Körpers. Währenddessen, wenn man sich auf den Nabel konzentriert, geschehen viele Sachen von selbst. So ist es also wichtig, auch wenn man den vollständigen Atem gelernt hat und fortgeschrittene Atemübungen macht, sich immer wieder auf den Bauch zu konzentrieren.

III.31 Kaṇthakūpe kṣutpipāsānivṛttiḥ

Kaṇtha = Kehle; ***kūpa*** = Höhle, Brunnen, Loch; ***kṣudh*** = Hunger; ***pipāsā*** = Durst; ***nivṛtti*** = Aufhören

Durch saṃyama auf die Kehlhöhle hören Hunger und Durst auf.

Sich regelmäßig auf die Höhlung unterhalb des Kehlkopfes zu konzentrieren – vielleicht auch eine Methode, eine Schlankheitskur zu begleiten!

Interessant ist: In diesem Bereich liegt ja auch die Schilddrüse. Und die Schilddrüse steuert den Metabolismus, den Stoffwechsel des Körpers, und auch den Appetit. Indem man sich darauf konzentriert, kann sich die Schilddrüsenfunktion verändern.

Patañjali geht sogar so weit zu sagen, daß Hunger- und Durstgefühl ganz schwinden können.

III.32 Kūrmanāḍyāṃ sthairyam

Kūrma = Schildkröte; ***nāḍī*** = Energiekanal; ***sthairya*** = Festigkeit

Durch saṃyama auf kūrma-nāḍī (feinstofflicher Rückenmarkskanal) wird Festigkeit erlangt.

Die Schildkröten-Nāḍī ist letztlich die gleiche wie die *suṣumnā* (feinstofflicher Kanal in der Wirbelsäule). Wenn wir das *prāṇa* (Lebensenergie) in der *suṣumnā* beherrschen, erlangen wir Festigkeit. Insbesondere Menschen, die körperlich, emotionell oder geistig labil sind, können mit Konzentration auf die Wirbelsäule als Ganzes eine gute Stabilität erreichen.

III.33 Mūrdhajyotiṣi siddhadarśanam

Mūrdha = Scheitel; ***jyoti*** = Licht; ***siddha*** = vollkommene Wesen, Meister im Besitz überirdischer Kräfte; ***darśana*** = Vision, Schau

Durch saṃyama auf das Licht am Scheitel des Kopfes erhält man die Vision vollkommener Meister.

Siddhas sind vollkommene Wesen, große Meister, die uns weiter segnen, auch nachdem sie ihren Körper verlassen haben. Es gibt eine Tradition, in der manche Meister, wenn sie fast selbstverwirklicht waren, sich entschieden haben, nicht ganz mit *brahman* (das Absolute) zu verschmelzen, sondern statt dessen auf subtile Weise weiter zu existieren, um Menschen inspirieren zu können. Diese werden *siddhas* genannt. *Hanuman* zum Beispiel gilt als einer der bekanntesten, auch *Dattatreya, Gorakhnat* und verschiedene Haṭha-Yoga-Meister. Und es heißt, immer wenn ein ernsthafter Aspirant, ein Schüler auf dem spirituellen Weg, in Schwierigkeiten ist und um Hilfe bittet, sind diese *siddhas* da, um ihm zu helfen. Wenn wir uns in einer solchen Situation auf das Licht am Scheitel des Kopfes konzentrieren, kann es passieren, daß wir sie tatsächlich sehen.

Dieser Vers ist auch ein Hinweis darauf, daß wir die Gnade der Meister spüren können, indem wir uns vorstellen, daß Licht von oben in uns hineinströmt. Dadurch bekommen wir tatsächlich die Gnade der Meister. Wir können uns den Meister im Geist auch vorstellen, wie er über uns ist, wie er uns segnet, die Hand hochhält, die Hand auflegt, uns anschaut und Licht schickt oder – für Menschen im Westen nicht unbedingt eine geeignete Vorstellung –, daß er die Füße über uns hält. Letzteres hat den Hintergrund, daß der Meister ein Kanal göttlicher Energie ist und die Energie über seine Füße weitergibt. Es kann aber auch ausreichen, sich einfach Licht oberhalb des Scheitels vorzustellen, und plötzlich ist diese Vision da, der Meister ist da.

III.34 Prātibhādvā sarvam

Prātibhā = von Intuitivem (Wissen); ***vā*** = oder; ***sarvam*** = alles, jedes

Aus Intuition kommt alles Wissen.

Das ist ein Generalvers, der anschließend näher ausgeführt wird.

III.35 Hṛdaye cittasaṃvit

Hṛdaya = Herz; ***citta*** = Verstand, Geist; ***saṃvit*** = Verstehen, Wahrnehmung

Durch saṃyama auf das Herz kommt Verstehen des Geistes.

Nicht über den Intellekt, sondern über das Herz können wir den Geist auf intuitive Art verstehen. Wenn wir einen anderen Menschen verstehen wollen, muß das Herz dabei sprechen. Und wenn wir uns selbst verstehen wollen, auch.

Wenn es einem schwerfällt, sich auf den Geist eines anderen Menschen zu konzentrieren, weil man ihn sich eben körperlich vorstellt, kann man versuchen, sich statt dessen auf das Herz zu konzentrieren. Wir können versuchen, uns von unserem Herzen her in den anderen hineinzuversetzen und so die Natur seines Geistes über das Herz zu erfassen. Oder wir können gleichzeitig unser Herz und das Herz des anderen spüren, uns darauf konzentrieren, dann stellen wir eine Herz-zu-Herz-Verbindung her, über die wir den anderen besser verstehen können.

III.36 Sattvapuruṣayoratyantāsaṃkīrṇayoḥ pratyayāviśeṣobhogaḥ parārthāt svārthasaṃyamātpuruṣajñānam

Sattva = Reinheit, eine der drei guṇas; ***puruṣa*** = Bewußtsein, Selbst, Seele; ***atyanta*** = äußerst; ***asaṃ kīrṇaya*** = verschieden, unvermischt; ***pratyaya*** = Bwußtseinsinhalt, Gedanke; ***aviśeṣa*** = Nicht-Unterscheidung; ***bhoga*** = Vergnügen, Genießen, Erfahrung; ***para*** = höchstes, anderes; ***artha*** = Interesse, Wunsch; ***sva*** = eigenes; ***artha*** = Interesse, Wunsch; ***saṃyama*** = tiefe Versenkung; ***puruṣa*** = puruṣa; ***jñāna*** = Wissen

Vergnügen kommt durch Nicht-Unterscheidung zwischen puruṣa und sattva, die doch ganz verschieden sind. Durch saṃyama auf die Interessen des Selbst statt auf die Interessen des Individuums kommt das Wissen um puruṣa (Seele).

Jetzt geht Patañjali tiefer.

Es gibt die verschiedenen Eigenschaften (*guṇas*) in uns: *sattva, rajas* und *tamas*. Wenn wir uns träge und müde fühlen, überwiegt *tamas*. Wenn wir sehr unruhig sind, ist *rajas* vorherrschend, und wenn wir sehr ruhig und ausgeglichen sind, ist hauptsächlich *sattva* da. Auch wenn wir uns über etwas freuen, überwiegt *sattva*. Denn die Eigenschaft von *sattva* ist Freude. Und selbst eine sinnliche Freude, wie es hier mit *bhoga* gemeint ist, kommt letztlich aus *sattva* heraus. Wir identifizieren uns mit diesem Gefühl der Freude, also mit *sattva*, und haben deshalb den Eindruck, dieses oder jenes Objekt hat mir Vergnügen gegeben.

Aber das ist nur ein Irrtum. Denn wir vergessen zu unterscheiden zwischen *puruṣa* und *sattva*. *Sattva* spiegelt die Freude des Selbst wider; *puruṣa*, das Selbst, ist Freude an sich. Zur Erkenntnis des *puruṣa* gelangen wir, indem wir *saṃyama* ausführen auf die Interessen des Selbst statt des Individuums.

Man könnte es auch als Gebet formulieren: „Nicht mein Wille, sondern dein Wille geschehe."

Man könnte auch darüber meditieren: „Was wäre im Interesse meines wahren Selbst?"

Immer wenn man in einer Situation nicht weiß, was ist jetzt das Richtige, was soll ich tun, dann kann man mit dieser Frage anfangen: Was liegt im Interesse meines individuellen Selbst, auf der Ebene, wo ich alles mögliche haben will, Sicherheiten brauche u.s.w., und was wäre im Interesse meines höheren Selbst? Wenn wir darüber meditieren, lernen wir, uns nicht mehr mit unseren Interessen als Individuum, als diese eine körperliche Erscheinungsform, zu identifizieren mit ihrem individuellen Denken, Gemüt und Emotionen, sondern statt dessen mit dem, was unser tieferes Selbst sagt.

III.37 Tataḥ prātibhaśrāvaṇavedanādarśāsvādavārtā jāyante

Tataḥ = daher, davon; ***prātibha*** = intuitiv; ***śrāvaṇa*** = Gehör; ***vedana*** = Fühlen; ***ādarśa*** = Sehen; ***āsvāda*** = Schmecken; ***vārtā*** = Geruchs-; ***jāyante*** = erzeugt, geboren

Daraus entstehen intuitives Hören, Fühlen, Sehen, Schmecken und Riechen.

Swami Vishnu gibt in seinem Kommentar zu diesem Vers noch ein kosmisches Gesetz an, das wir auch schon kennengelernt haben, nämlich das Gesetz der Entsagung. Wenn wir einer Sache wirklich vom Herzen her entsagt haben – nicht aus Egoismus, um zu zeigen, wie großartig wir sind, worauf wir alles verzichten können, auch nicht aus einer Laune heraus –, sondern für Gott, für das Selbst, für das, was wir von innen heraus spüren, was getan werden muß – wenn wir das tun, dann kommt alles im Überfluß auf uns zu. Wir bekommen sowohl äußere Dinge, die wir brauchen oder haben wollen, als auch Intuition, geistige Kräfte u.s.w. Wenn wir geistigen Kräften hinterherrennen, bekommen wir durch Übung zwar auch eine gewisse Meisterschaft, aber eigentlich gerade dann, wenn wir sie vermeiden, kommen sie.

Patañjali sagt also hier, wenn es uns nur um das Höhere Selbst geht, bekommen wir intuitives Gehör, Blick, Geschmack und Geruch und letztlich auch feineres Gefühl.

III.38 Te samādhāvupasargā vyutthāne siddhayaḥ

Te = sie; ***samādhi*** = Überbewußtsein; ***upasargā*** = Hindernis, Nebenwirkung; ***vyutthāna*** = Erwachen, nach außen gerichtet; ***siddhayah*** = Kräfte

Für samādhi sind diese (Fähigkeiten) Hindernisse; für den nach außen Gerichteten sind sie übernatürliche Kräfte.

Hier warnt er uns. Die verschiedenen Kräfte, die kommen, sind eigentlich Hindernisse. Übernatürliche Visionen, die man sehen kann, übernatürliche Dinge, die man hören kann – man spricht gemeinhin von hellsichtig, aber das gilt für alle Sinne, es gibt hellsehen, hellhören, hellriechen, hellschmecken – erscheinen der Welt als Kräfte und daher auch als erstrebenswert, aber sie sind Versuchungen. Es gibt ja alle möglichen Seminare, wo man Hellsichtigkeit und verschiedenes anderes erlernen können soll. Aber all das sind Hindernisse, oder man kann auch sagen, es sind Zerstreuungen, Ablenkungen vom eigentlichen spirituellen Weg und Ziel. Die Menschen sind dann nur noch daran interessiert, Auras zu sehen, ihren physischen Körper zu verlassen, Bilder, Lichter zu sehen, irgendwelche übersinnliche Erfahrungen zu machen u.s.w. Das hält einen auf einer Zwischenebene, statt daß man zum eigentlichen Ziel, der Einheit mit dem Absoluten, weiter voranschreitet. Es kann sogar gefährlich sein, sich in der Astralwelt zu verlieren. Wenn man nicht ganz gefestigt ist, kann man letztlich von Astralwesen beherrscht werden. Es kann sein, daß niedere Astralwesen einem Energie wegsaugen und daß die spirituelle Kraft, *ojas*, die man durch jahre-, vielleicht jahrzehntelange spirituelle Praxis angesammelt hat, relativ schnell verschwindet.

Macht korrumpiert und absolute Macht korrumpiert absolut. Wenn man zu *saṃprajñāta samādhi* kommt, entsteht so etwas wie absolute Macht. Da muß man sich vor Machtmißbrauch hüten.

Ungeachtet dessen, daß er uns davor warnt, fährt Patañjali fleißig fort, uns andere *siddhis* zu erklären:

III.39 Bandhakāraṇaśaithilyātpracārasaṃvedanācca cittasya paraśarīrāveśaḥ

Bandha = Bindung; ***kāraṇa*** = Ursache; ***śaithilya*** = Lockerheit, Lösung; ***pracāra*** = Durchgänge, Kanäle; ***saṃvedana*** = vom Wissen über; ***ca*** = und; ***citta*** = Geist; ***para*** = von einem anderen; ***śarīra*** = Körper; ***āveśa*** = Eingang

Ist die Ursache der Bindung gelockert, und sind die Kanäle bekannt, kann der Geist in den Körper eines anderen eintreten.

Hier beschreibt Patañjali also, wie man seinen eigenen Körper verlassen und in den Körper eines anderen eintreten kann. Die Technik ist, daß man aufhören muß, sich an seinen eigenen Körper zu verhaften, sich mit seinem eigenen Körper zu identifizieren. Wenn wir erst einmal erkennen: Ich bin nicht der Körper, dazu noch die *nāḍīs* (Energiekanäle) kennen und spüren, dann können wir durch bestimmte *nāḍīs* mit unserem Astralkörper unseren physischen Körper verlassen und in den Körper eines anderen eintreten.

Wir können diesen Vers aber auch für etwas Freundlicheres benutzen, als den Körper eines anderen einzunehmen. Wir können uns nämlich in einen anderen Menschen hineinversetzen, was wiederum eine positive Eigenschaft eines spirituellen Aspiranten ist. Und dazu ist auch eine Voraussetzung, daß wir die Ursache der Bindung ausschalten.

Viele Menschen sind so sehr mit sich selbst beschäftigt, daß sie sich nicht oder nur sehr wenig in einen anderen hineinversetzen können. Sie sind nur in sich selbst verliebt oder verstrickt oder im Konflikt mit sich selbst. Alles, was darüber hinausgeht, ist für sie nicht so wichtig. Viele Menschen können nicht zuhören. Sie warten nur darauf, daß sie unterbrechen und ihren eigenen Kommentar dazugeben können.

Anders erreicht man aber viel mehr: Wenn beispielsweise in einer Yogastunde ein Schüler ein ganz bestimmtes Problem hat und den Yogalehrer fragt, gibt es, wie wir von Patañjali schon wissen, verschiedene Möglichkeiten: Er kann die Frage an Gott weitergeben: Bitte, lieber Gott, sag mir, was ich diesem Schüler raten soll, oder lieber Swami Sivananda, du hast mir diesen Schüler gebracht, hilf mir, die richtige Antwort zu finden. Und plötzlich weiß man die Lösung.

Die andere Möglichkeit, auf die dieser Aphorismus jetzt zielt, wäre, sich ganz in den Menschen hineinzuversetzen, ihn ganz zu spüren, von innen heraus. Dann kommt auch ein bestimmtes Wissen darüber, was ihm helfen kann. Wenn wir uns wirklich vollständig in den Menschen hineinversetzen, können wir auf diese Art sogar heilen. Aber damit sollte man nun wieder vorsichtig sein. Denn das kann Kräfteverbrauch bis zur Kräfteverschwendung oder Mißbrauch der höheren Kräfte sein. Wir sollen nicht durch die Gegend laufen und ständig durch unser *prāṇa* und unsere Willenskraft andere Menschen heilen. Wir können ruhig als Instrument des Göttlichen fungieren und dem anderen Menschen Energie schicken, aber nicht in Kombination mit dieser Technik, sich in den anderen Menschen, in seine Krankheit, hineinzuversetzen, ihn von innen heraus zu spüren und dann von innen heraus diese Krankheit zu heilen. Das wäre ein unzulässiger Eingriff in das Gesetz des *karma*.

Wenn man einmal Streit mit jemand hat, sich mit jemandem nicht mehr so gut versteht oder nicht mehr so gut zusammenarbeitet, kann es sehr helfen, sich in ihn hineinzuversetzen.

Als nächstes können wir lernen, wie man Levitation übt.

III.40 Udānajayājjalapaṅkakaṇṭakādiṣvasaṅga utkrāntiśca

Udāna = eines der fünf Prānas, Lebensströme; ***jaya*** = Meisterung; ***jala*** = Wasser; ***panka*** = Schlamm; ***kantakādiṣu*** = Dornen u.s.w.; ***asaṅga*** = Nichtberührung; ***utkrānti*** = Levitation, Schweben; ***ca*** = und

Durch Meisterung des udāna entsteht die Fähigkeit, nicht von Wasser, Schmutz, Dornen etc. berührt zu werden, sowie Levitation.

Die Verse im dritten Kapitel geben jeweils Techniken für bestimmte Kräfte an. Gleichzeitig sind sie auch *mantras*. Durch die Wiederholung des *mantras* mit voller Konzentration und Glauben an seine Macht entfalten sich die durch das *mantra* beschriebenen Qualitäten. Man kann also entweder die beschriebene Technik benutzen oder das *mantra* wiederholen. Dieses wäre also zum Beispiel das „Flug-*mantra*".

In diesem Vers besteht die Technik darin, *udāna* zu meistern. *Udāna*, die Energie hinter den Steuerungssystemen des Körpers, hinter dem Nervensystem, verantwortlich für Schlafen, Träumen, das Verlassen des physischen Körpers mit dem Astralkörper sowohl im Moment des Schlafens als auch bei der Meditation oder Tiefenentspannung als auch im Moment des Todes, ist eines der fünf Haupt*prāṇas* (siehe Kommentar zu II 38).

Und hier sagt Patañjali interessanterweise, durch Meisterung dieses *udānas* entsteht Levitation. *Udāna vāyu* ist, wie gesagt, dazu da, den physischen Körper zu verlassen, ist eigentlich mehr verantwortlich für den Astralkörper als für den physischen Körper. Von daher würde man eher dazu neigen anzunehmen, daß damit weniger die körperliche Levitation gemeint ist als vielmehr die Fähigkeit, mit dem Astralkörper den physischen Körper zu verlassen. Das wiederum ist eine Erfahrung, die viele Menschen schon gemacht haben. Wahrscheinlich haben etwa 20 % aller langjährig Yoga und Meditation Übenden schon die Erfahrung gemacht, ihren Körper verlassen zu haben. Wer *udāna* meistert, kann das bewußt herbeiführen.

Aber es mag sein, daß sich auch der physische Körper erheben kann. Ich habe das zwar noch nie erlebt, außer Hüpfen – aber Hüpfen ist eben Hüpfen und keine Levitation. Aber es gibt Beschreibungen, wo es manchen Menschen passiert sein soll. Dem Padre Pio soll das ab und zu mal geschehen sein. Und auch vom heiligen Franziskus gibt es Geschichten, nach denen er sich während des Gottesdienstes erhoben und plötzlich ein, zwei Meter über dem Boden geschwebt haben soll. Und von einem anderen Heiligen heißt es, er habe sich immer Backsteine oder Metall in die Taschen gesteckt, weil es ihm unangenehm war, während des Gottesdienstes zu schweben.

III.41 Samānajayājjvalanam

> ***Samāna*** = eine der fünf prāṇa-Energien (u. a. Verdauungsfeuer); ***jaya*** = Meisterung; ***jvalana*** = Auflodern, brennen
>
> **Meisterung des samāna führt zu strahlendem Feuer.**

Samāna vāyu ist das Verdauungsfeuer, die Energie hinter der Verdauung. Wer dieses meistert, kann zum einen alles verdauen und zum anderen auch Hitze ausstrahlen. Es gibt im Himalaya Yogis, die ganz nackt dort leben, auf Gletschern sitzen, sich mit ihrer Körperwärme Eis zu Wasser schmelzen und denen das gar nichts ausmacht. Nun, das ist nicht das Ziel des Yoga, aber wenn wir *samāna* meistern, haben wir das nötige Feuer für alles.

Eine konkrete Methode, wie das *samāna* zu meistern ist, beschreibt Patañjali nicht. Als Hilfstechnik könnte man jetzt zum Beispiel das *mantra*, also diesen Sanskrit-Aphorismus, wiederholen. Du kannst das vielleicht einmal ausprobieren, wenn es dir kalt ist. Nur, du mußt es dann genau richtig aussprechen und betonen. Wenn man ein *mantra* falsch ausspricht, kann es eine ganz andere Bedeutung bekommen und zu ganz anderen Ergebnissen führen. Deshalb braucht man gerade bei diesen machtvollen *mantras* Grundkenntnisse, mindestens in der korrekten Aussprache des Sanskrit.

Es ist nicht wirklich notwendig, das alles zu beherrschen, aber es ist eine Technik, die funktioniert. Ich kenne Leute, die mit diesen beiden *mantras* gearbeitet haben und sagen, sie hatten beim einen tatsächlich das Gefühl, sich zu erheben, und beim anderen konnten sie willkürlich jegliche Hitze erzeugen, in sich und im Raum um sie herum.

III.42 Śrotrākāśayoḥ saṃbandhasaṃyamāddivyam śrotram

Śrotra = Ohr; ***ākāśa*** = Raum, Äther; ***saṃbandha*** = Beziehung; ***saṃyama*** = tiefe Versenkung; ***divya*** = göttlich, übersinnlich, überphysisch; ***śrotram*** = Hören

Durch saṃyama auf die Verbindung zwischen ākāśa (Raum) und Ohr erlangt man überphysisches Hören.

Das kannst du gleich ausprobieren.

Schließe die Augen. Jetzt konzentriere dich zunächst einmal auf deine Ohren, und zwar weniger auf die physischen Ohren oder das Bild von den Ohren, sondern auf das Fühlen deiner Ohren. Spüre nach, wie weit du die Ohren nach innen spüren kannst. Dann werde dir bewußt, wie weit du die Energie der Ohren nach außen spüren kannst. Wenn du dich so entspannt konzentrierst, fühlst du vielleicht die Ohren wie einen Trichter. Und jetzt versuche, weit nach außen zu spüren, und spüre gleichzeitig den physischen Ort der Ohren und den Raum weit weg von den Ohren. So spürst du die Verbindung zwischen dem Raum weit weg und den Ohren. Und dann werde dir bewußt, ob du vielleicht einen inneren Klang hörst.

Das gleiche kannst du mit den Augen machen. Konzentriere dich jetzt auf die Augen. Werde dir bewußt, wie sich die Augen anfühlen. Gehe mit deinem Bewußtsein zunächst durch die Augen nach innen in die Höhle des Kopfes, dann spüre die Augen nach vorn, werde dir bewußt, wie weit du die Augen und die Energieausstrahlung der Augen nach vorne spüren kannst. Jetzt spüre gleichzeitig den Raum weit vor deinen Augen und die Augen selbst. Spüren also *saṃbandha*, die Verbindung der Augen mit dem Raum und werde dir bewußt, ob du dabei mit geschlossenen Augen etwas sehen kannst.

Wenn man das länger macht, ist es eine Möglichkeit, überphysisches Hören und Sehen zu entwickeln. Und es ist durchaus in Ordnung, sich auf so etwas zu konzentrieren. Patañjali hat ja im ersten Kapitel der Yoga Sūtras erwähnt, daß man den Geist leicht zur Stille bekommt, wenn die höheren Sinne, also überphysisches Hören und Sehen, aktiv werden. Das kann man zum Beispiel auch in der Tiefenentspannung sehr leicht üben, indem man sich nicht nur auf die körperliche Entspannung konzentriert, sondern die Verbindung der Ohren mit dem Raum herstellt. Selbst wenn man dabei nichts hört, kann ein schönes Ausdehnungsgefühl entstehen, und es kann auch sehr entspannen.

III.43 Kāyākāśayoḥ saṃbandhasaṃyamātlaghutūlasamāpatteścākāśagamanam

Kāya = Körper; ***ākāśa*** = Raum, Äther; ***saṃbandha*** = Beziehung, Verbindung; ***saṃyama*** = tiefe Versenkung; ***laghu*** = leicht; ***tūla*** = Watte; ***samāpatti*** = Verbindung, Werden, Meditation; ***ca*** = und; ***ākāśa*** = Raum, Äther; ***gamanam*** = gehen, sich bewegen

Durch saṃyama auf die Verbindung zwischen ākāśa (Raum) und Körper und Meditation auf leichte (Gegenstände wie) Watte, erhält man die Fähigkeit zur Bewegung im feinstofflichen Raum.

Hier ist die Astralreise beschrieben. Diese Technik, mit der man den physischen Körper verlassen kann, sollte aber nicht jeder ohne weiteres anwenden. Sie ist nur für geistig und emotional vollkommen stabile Menschen geeignet. Man führt *saṃyama* aus auf den Körper (*kāya*) und die Verbindung (*saṃbandha*) mit dem Raum (*ākāśa*) darüber. Man spürt erst den Körper, dann den Raum darüber, die Verbindung zum Raum, und dann spürt man nur noch den Raum darüber, und plötzlich ist man oben. Je mehr man in der Lage ist, sich zu entspannen und zu konzentrieren, desto einfacher geht es. Es hat durchaus einen Vorteil, das einmal zu erfahren, denn dann weiß man aus Erfahrung: Ich bin nicht der Körper. Wenn man viel liest, und die Wissenschaft einem immer weismachen will, daß der Mensch der Körper ist und der Geist nur ein Ausfluß irgendwelcher Gehirnverbindungen und daß die ganze spirituelle Erfahrung nur auf irgendwelchen eigenartig verlaufenden Nervenreizungen beruht, auf Selbstbetrug und Hormon-Botenstoffen oder so ähnlich, ist eine solche Erfahrung sehr nützlich. Denn wenn man wirklich einmal den physischen Körper verlassen hat, die Welt von oben gesehen hat, dann weiß man es. Man hat es erfahren, und die Wissenschaftler können behaupten, was sie wollen.

Eigentlich ist das ja ein großes Paradoxon bei der modernen Psychologie und Medizin. Die moderne Physik hat sich Ende des letzten und Anfang dieses Jahrhunderts revolutioniert aufgrund von ein paar ganz kleinen Phänomenen, die nicht mit dem Weltbild der Physik übereinstimmten. Noch gegen Ende des letzten Jahrhunderts hat die englische *Royal Academy of Science* Queen Victoria gemeldet, das Universum sei fast ganz enthüllt, es gebe praktisch nichts mehr zu entdecken. Und in Amerika entstand ein ähnlicher Bericht an den Senat. Ein großer schottischer Physiker namens Kelvin (1824–1907) hat einem brillanten Studenten abgeraten, Physik zu studieren, weil er gemeint hat, es gäbe in der Physik nichts mehr zu entdecken. Dann verliefen einige Versuche komisch, nicht so, wie sie hätten sollen, und darauf haben sich die Physiker gestürzt. Daraus entstanden die Atomwissenschaft, die Relativitätswissenschaft, Quantenphysik u.s.w. Also aufgrund von ein paar Ausnahmen von der Regel – man hätte ja auch sagen können, 99 % der Fälle sind abgedeckt, das eine Prozent spielt keine große Rolle – hat sich das Weltbild der Physik radikal geändert. In der Psychologie und Medizin dagegen wird immer nur die Mehrheit berücksichtigt, und man beschäftigt sich damit. Aber wenn nur ein einziger Mensch von unheilbarem Krebs geheilt wird, dann müßte das untersucht werden, denn das ist das Interessante. Und wenn ein einziger Mensch in der Lage ist, seinen physischen Körper zu verlassen und von oben sich und die Welt zu sehen – und solche Fälle sind in der Parapsychologie-Forschung unter wissenschaftlichen Bedingungen dokumentiert –, wenn es dort einen einzigen gibt, dann müßte man sich darauf stürzen, Erklärungen dafür suchen. Statt dessen hält man dieses materialistische Weltbild, das die Physik längst hinter sich gelassen hat, weiter aufrecht und bringt es sogar immer mehr in die Medizin und die Psychologie hinein, wo es überhaupt nichts verloren hat.

Daher ist es durchaus gut für einen selbst, ein paar solcher Dinge zu beherrschen. Eine andere Sache wäre, und da bin ich ein bißchen skeptisch, es auch ein paar Menschen beizubringen, um es so Wissenschaftlern dokumentieren zu können. Wenn zum Beispiel zehn Leute in einem Raum sich kollektiv einen Meter erheben würden, das könnte die Wissenschaft vielleicht nicht mehr ohne weiteres ignorieren. Es müßte sie eigentlich revolutionieren. Aber wahrscheinlich würde es nur ein Riesenspektakel geben und dem authentischen spirituellen Interesse eher schaden.

Patañjali erwähnt noch eine zweite Technik, um Astralreisen zu lernen, nämlich „Meditation auf leichte Gegenstände wie Watte". Man kann sich konzentrieren auf Gegenstände, die im Wind schweben. Dann bekommt man auch die Fähigkeit, im Wind zu schweben und damit Astralreisen zu machen. Leichter, meine ich, ist die erste Methode.

Insgesamt rate ich aber von den sogenannten Astralreisen ab, weil man leicht in Verbindung mit negativen Energien und niederen Astralwesen kommen kann.

III.44 Bahirakalpitā vṛttirmahāvidehā tataḥ prakāśāvaraṇakṣayaḥ

Bahiḥ = außen, außerhalb, jenseitig; ***akalpita*** = unvorstellbar; ***vṛtti*** = Gedankenwelle, Seinsweise; ***maha*** = groß; ***videha*** = Körperlosigkeit; ***tataḥ*** = daher, davon; ***prakāśa*** = Licht; ***āvaraṇa*** = Verhüllen, Schleier; ***kṣaya*** = Verschwinden, Vernichtung

Durch saṃyama auf nicht vorstellbare jenseitige Seinsweisen kommt die Fähigkeit, außerhalb des Körpers zu verweilen. Der Schleier vor dem Licht verschwindet.

Jetzt erklärt Patañjali, wie man den physischen Körper verläßt, wenn man will, ohne daß der physische Körper gleich stirbt. Das geht auch dann, wenn das *karma* noch nicht vollständig abgearbeitet ist.

Im ersten Kapitel hatten wir von *jīvanmukti* und *videhamukti* gesprochen. *Jīvanmukti* ist die lebendige Befreiung, die Befreiung, während man weiter in seinem physischen Körper lebt, *videhamukti* ist die Befreiung ohne den Körper.

Mahā-videha, wahrhafte Nichtkörperlichkeit, wird erreicht, wenn der Yogi es schafft, jenseits der eigenen *vṛttis* zu kommen. Man kann den Körper einfach so verlassen, indem man sich nicht mehr mit dem physischen Körper, dem Ego und dem Intellekt identifiziert – und damit ist man dauerhaft davon befreit.

Es gibt noch eine zweite, vielleicht schönere Interpretation dieses Aphorismus. Die Fähigkeit, sich mit dem physischen, mentalen und anderen Körpern nicht mehr zu identifizieren, entsteht, wenn wir jenseits von Ego und Intellekt spüren, wer wir wirklich sind. Wir spüren dann diese *mahā-videha*, diese große Körperlosigkeit. Und es ist wiederum ganz praktisch, sich öfter mal selbst zu fragen: Was ist jenseits von Ego und Intellekt? Diese Frage geht ja schon über Emotion und *prāṇa,* und was sich da sonst noch alles anklammert, hinaus.

III.45 Sthūlasvarūpasūkṣmānvayārthavattvasaṃyamādbhūtajayaḥ

Sthūla = grob; ***svarūpa*** = wirkliche Form, Natur; ***sūkṣma*** = subtil; ***anvaya*** = alles durchdringend; ***artha-vattva*** = dem Zwecke förderlich, Funktion; ***saṃyama*** = tiefe Versenkung; ***bhūta*** = Elemente; ***jaya*** = Herrschaft, Meisterschaft

Meisterschaft über die Elemente kommt durch saṃyama auf ihre groben, subtilen, durchdringenden und funktionellen Zustände.

Wenn wir uns ganz bewußt auf ein Element konzentrieren, bekommen wir die Herrschaft darüber.

Eine Technik dafür ist zum Beispiel die *samanu*-Konzentration (bestimmte Atem- und Konzentrationstechnik), wo wir uns auf die Reinigungswirkung der Elemente konzentrieren.

In den Haṭha Yoga-Schriften wie der *Gheraṇḍa Saṃhitā* und der *Yoga Vasiṣṭa* sind diese Techniken detailliert beschrieben.

III.46 Tato 'ṇimādiprādurbhāvaḥ kāyasaṃpattaddharmānabhighātaśca

Tataḥ = daher, davon; ***aṇiman*** = Fähigkeit, den Körper winzig klein zu machen; ***prādurbhāva*** = Erscheinung, Auftauchen, Entspringen; ***kāya*** = physischer Körper; ***saṃpat*** = Vollkommenheit; ***tat*** = von ihnen (den Elementen); ***dharma*** = Funktionen; ***anabhighāta*** = Nichtüberwältigung, Unverwundbarkeit; ***ca*** = und

Daraus entspringen Fähigkeiten, wie den Körper winzig klein zu machen sowie Vollkommenheit und Unverwundbarkeit des Körpers.

Hier spricht Patañjali die acht *maha siddhis*, die großen Kräfte, an. Diese sind:

- Fähigkeit, winzige Größe anzunehmen, sich zu verkleinern zum Atom,
- Fähigkeit zu kolossaler Größe,
- Fähigkeit zu Schwerelosigkeit,
- Fähigkeit, sich ganz schwer zu machen, zu großem Gewicht,
- Jede Wunscherfüllung und alles Wissen,
- Eintritt in den Körper eines anderen,
- Unbehinderter Wille,
- Göttliche Macht.

Auf eine gewisse Weise bekommen wir diese acht Fähigkeiten auch im Kleinen am Anfang unseres spirituellen Weges. Was bedeuten diese acht *maha siddhis* für den spirituellen Alltag?

Wir sind in der Lage, winzige Größe anzunehmen. Es macht uns zum Beispiel nichts aus, die Toiletten zu putzen und ähnliche Arbeiten zu verrichten oder uns mal tadeln zu lassen.

Aber gleichzeitig auch zu kolossaler Größe: Wenn wir aufgefordert werden, vor fünfhundert Leuten einen Vortrag zu halten oder große Verantwortung zu übernehmen, dann machen wir das halt.

Meistens fällt uns das letztere schwerer als das erste. Aber wir können beides. Und wir verhaften uns an keines von beidem.

Schwerelosigkeit: Wir können uns an andere anpassen, wir brauchen nicht immer diese große Schwere zu haben, wo es um uns selbst geht. Wir sind in der Lage, auch mal das zu tun, was die anderen wollen, und doch ganz autonom zu bleiben.

Großes Gewicht: Wir können, wenn nötig, auch auf unserem Standpunkt beharren, uns durchsetzen.

Wir haben die Fähigkeit zu jedem Wunsch oder Wissen. Wir können uns ab und zu unsere Wünsche erfüllen. Umgekehrt heißt Herrschaft über den Wunsch auch, daß wir in der Lage sind, den Wunsch nicht zu erfüllen. Beides gehört zum Yogi. Er ist in der Lage, sich mal einen Wunsch zu erfüllen und alles mögliche dafür zu tun, er ist aber auch in der Lage, den Wunsch nicht zu erfüllen, ohne sich deshalb frustriert zu fühlen. Und damit erwirbt er auch das Wissen, das er braucht.

Eintritt in den Körper eines anderen bedeutet im übertragenen Sinn: Man kann sich in einen anderen Menschen hineinversetzen, mit ihm fühlen, wie schon weiter oben besprochen.

Unbehinderter Wille und göttliche Macht: Durch regelmäßige Übung der Yogapraktiken, Innenschau, Hingabe an Gott, Anwendung der Rāja Yoga-Techniken zur Persönlichkeitsentfaltung entwickeln wir allmählich eine starke Willens- und Gedankenkraft.

III.47 Rūpalāvaṇyabalavajrasaṃhananatvāni kāyasaṃpat

Rūpa = Schönheit, richtige Gestalt; ***lāvaṇya*** = Anmut; ***bala*** = Stärke; ***vajra*** = Diamant, Donnerkeil; ***vajra-saṃhana-natvāni*** = diamantgleiche Härte, Festigkeit; ***kāya*** = Körper; ***saṃpat*** = Vollkommenheit

Vollkommenheit des Körpers ist Schönheit, Anmut, Kraft und diamantene Festigkeit.

Durch die Konzentration auf die Elemente kann man das alles bekommen, wenn man will. Da der Körper aus den Elementen besteht, kann man ihn durch Konzentration auf die Elemente vervollkommnen.

Es gibt eine Tradition im Haṭha Yoga, deren Hauptziel es ist, den physischen Körper unsterblich zu machen. Wobei damit nicht wirklich unsterblich gemeint ist, sondern die Absicht, ihn möglichst lange jung, gesund und leistungsfähig zu erhalten. Zu den spezifischen Techniken dabei gehören in Abständen von einigen Jahren jeweils mehrere Monate dauernde „Verjüngungskuren“ mit allen möglichen *kriyās* (Reinigungshandlungen), *mudrās* (Gesten), *āsanas*, wo vor allem Kopfstand und Schulterstand sehr lange gehalten werden, mit besonderer Diät und Kräutern, und auch die Elementekonzentration. Durch die Elementekonzentration bekommt man Herrschaft über die Elemente, und so kann man den physischen Körper etwas länger erhalten.

Heutzutage gibt es Menschen, die ihre Zellen unsterblich machen wollen. Ich persönlich sehe keinen großen Sinn darin. Ob der physische Körper nun ein paar Jahrzehnte länger lebt oder nicht, was bedeutet das schon? Das Selbst ist unsterblich.

Trotzdem, die Herrschaft über den Körper kann über die Elementekonzentration erreicht werden.

III.48 Grahaṇasvarūpāsmitānvayārthavattvasaṃyamādindriyajayaḥ

Grahaṇa = Wahrnehmung; ***svarūpa*** = eigene Natur; ***asmitā*** = Egoismus; ***anvaya*** = Verbindung; ***arthavattva*** = Zweckdienlichkeit, Funktion; ***saṃyama*** = tiefe Versenkung; ***indriya*** = Sinnesorgane; ***jaya*** = Herrschaft

Ausführung des saṃyama auf die Wahrnehmungskraft, ihre eigene Natur, die Beziehung zu ihrer Funktion und zum Ego führt zur Herrschaft über die Sinne.

Auf diese Weise könnte man Hören, Sehen, Riechen u.s.w. verbessern.

Aber die Meisterung ist hier zweifach zu verstehen.

Zum einen kann man die Sinnesorgane besser benutzen, und zum zweiten kann man sie auch besser beherrschen.

Saṃyama ausführen auf die Kraft der Wahrnehmung heißt, ganz bewußt etwas anzuschauen und sich dabei auf die Wahrnehmungskraft zu konzentrieren. Oder man kann sich auf die wahre Natur der Kraft der Wahrnehmung als solcher konzentrieren, auf ihre Beziehung zu unserem Ego, auf ihre Funktion und schließlich auf ihre Beherrschung. Das enthüllt einem dann intuitiv, wie man das Organ beherrscht, so daß man nicht mehr durch das Organ nach draußen gezogen wird. Zum anderen können wir damit erreichen, daß die Organfunktion besser erfüllt wird.

Vielleicht eine praktische Anwendung für Menschen, die sehr am Essen hängen. Wir sind ja in unserer Zivilisation eine Gesellschaft von Eßgestörten. Viele denken, sie seien zu dick, manche denken, sie seien zu dünn. Fast niemand meint, das richtige Gewicht zu haben. Etwa 10 % der weiblichen Jugendlichen, nach anderen Untersuchungen sogar 20 %, haben die Eß-Brechsucht oder die Freß-Fastsucht, sind also sehr essensgestört. Vieles kompensieren wir über das Essen. Nur noch im Zusammenhang mit Essen spricht man von „Sünden".

Diesen Sinn kann man beherrschen, indem man saṃyama ausführt auf den Geschmack an sich. Was ist Geschmack an sich? Was ist die Natur des Schmeckens? Wie bezieht sich mein Ego auf dieses Schmecken? Was bedeutet für mich Beherrschung dieses Geschmacksinns? Und was ist eigentlich die ursprüngliche Funktion des Geschmacksinns? Das kann man zunächst einmal als Anlaß nehmen für svādhyāya, für Selbststudium, logisches Nachdenken. Das ist noch nicht saṃyama. Auch das kann schon helfen. Paradoxerweise, wenn ich jetzt darüber schreibe, sammelt sich Speichel im Mund. Geht es dir auch so? – Die Kraft des Geistes! Man schreibt nur über Geschmack und die Kraft der Wahrnehmung – wenn du dir noch dazu einen Obstkuchen oder eine saftige Mango vorstellst….! Danach geht man über das Nachdenken hinaus, führt saṃyama darüber aus, das heißt, man spürt einfach und geht in das hinein, worüber man vorher nachgedacht hat. Man versucht, die Natur des Schmeckens, des Geschmacksinns, seine Funktion, die persönliche Beziehung dazu u.s.w. jetzt intuitiv zu erfassen. So kann man den Eßsinn beherrschen, wenn man will.

Aber statt zu versuchen, den Eßsinn zu beherrschen, ist es meist sinnvoller, nicht mehr zu denken, man müsse aussehen wie eine Barbiepuppe.

III.49 Tato manojavitvaṃ vikaraṇabhāvaḥ pradhānajayaśca

Tataḥ = daher, davon; ***manojavitva*** = Schnelligkeit des Geistes; ***vikaraṇabhāva*** = Unabhängigkeit von Werkzeugen; ***pradhāna*** = Materie, Natur, Schöpfung; ***jaya*** = Herrschaft, Meisterschaft; ***ca*** = und

Daraus entsteht Schnelligkeit des Geistes, außersinnliches Wissen und Herrschaft über die Natur.

Wer die Sinnesorgane meistert, kann darüber die Fähigkeit zur direkten Wahrnehmung ohne Sinne erwerben. Patañjali sagt hier, wir bekommen direktes Wissen ohne Einschaltung des Geistes, einfach indem wir uns in etwas hineinversetzen. Aber wir können ebenso, wenn wir unseren Geist beherrschen, ihn ohne die Sinne zu einem Objekt oder einem Wesen hinschicken und es so intuitiv wahrnehmen. Auch bei geschlossenen Augen können wir zum Beispiel in einen Raum nebenan schauen.

III.50 Sattvapuruṣānyatākhyātimātrasya sarvabhāvādhiṣṭhātṛtvaṃ sarvajñātṛtvaṃ ca

Sattva = Reinheit, eine der drei ***guṇas*** (Eigenschaften der Natur); ***puruṣa*** = Puruṣa, das individuelle Selbst; ***anyata*** = Unterschied; ***khyāti*** = Verwirklichung, gewahr werden; ***mātrasya*** = nur; ***sarva*** = alle; ***bhāva*** = Daseinszustände, -formen; ***adhiṣṭhātṛtvaṃ*** = Vorherrschaft, Beherrschung, Allmacht; ***sarva-jñātṛtva*** = Allwissenheit; ***ca*** = und

Nur durch die Verwirklichung des Unterschiedes zwischen sattva und puruṣa erlangt man die Beherrschung aller Daseinsformen und Allwissenheit.

Diese Unterscheidung zwischen unserem wahren Selbst, *puruṣa*, und *sattva*, der Reinheit, hatten wir schon einmal. Reinheit ist das, womit man sich als spiritueller Aspirant gerne identifiziert: Freude, Wonne, Schönheit, Reinheit, Wissen, Licht, Liebe und all das. *Sattva* ist zwar positiver als *rajas* und *tamas*, aber auch die Identifikation mit *sattva* ist und bleibt eine Identifikation, die uns bindet. Und letztlich kann es einem nie gelingen, sein Leben wirklich in jeder Hinsicht und vollständig *sattvig* zu machen. Denn *sattva* ist eine *guṇa* (Eigenschaft der Natur), und die *guṇas* sind *pariṇāma*, d. h. in ständiger Veränderung. So ist alles im Leben mal schön, mal nicht so schön – *sattva, rajas* und *tamas* lösen sich ab. Man sollte also nach mehr *sattva* streben, aber unverhaftet bleiben.

Es gibt nämlich einen Unterschied zwischen diesen wunderschönen *sattvigen* Visionen, den wunderschönen Wonneerfahrungen der *ānandamaya kośa* oder auch *saṃprajñāta samādhi* und unserem wahren Selbst. Indem wir uns auf diesen Unterschied zwischen *sattva* und *puruṣa* konzentrieren, erreichen wir Allwissenheit. Denn *sattva* gilt als erste Manifestation der *prakṛti* (Schöpfung, Natur), die von *puruṣa* ausging. Indem wir den Unterschied zwischen *sattva* und *puruṣa* erfassen, kommen wir zurück zu diesem Urpunkt, von dem die Schöpfung und unsere eigene Verwicklung in *prakṛti* ausgeht. Wir erkennen intuitiv das Prinzip, das Warum und Wie der Schöpfung. Was jetzt nicht notwendigerweise heißt, daß wir es wirklich in allen Details wissen – dazu müssen wir nochmals die spezifischen *saṃyamas* ausführen –, aber wir haben das generelle Wissen darüber, die richtige Antwort auf die Frage: Warum ist das Universum zustande gekommen? Was ist die Ursache für das Universum? Die richtige Antwort ist dann jedoch nicht in Worte zu fassen. Verwirkliche den Unterschied zwischen *puruṣa* und *sattva*, dann weißt du es!

Das zweite wichtige Stichwort ist Allmacht. Allmacht des *puruṣa* ist auf zwei Weisen zu verstehen. Einmal hat der routinierte Yogi jetzt alle *siddhis*, das ist der machtvollste Zustand. Er kehrt zurück zum Beginn der Schöpfung, ist in diesem Urprinzip und hat von daher die Fähigkeit, alles in der Schöpfung zu ändern. Aber insbesondere hat er die Fähigkeit, die Schöpfung zu verlassen, wenn und wann er will, d. h., in *nirvikalpa samādhi, asaṃprajñāta samādhi*, einzugehen oder auch wieder zurückzukehren, wenn er weiß, daß der Körper noch *karma* abzuarbeiten hat. Er hat diese ursprüngliche Macht zurückgewonnen, in die Welt hinein- und aus der Welt herauszugehen.

III.51 Tadvairāgyādapi doṣabījakṣaye kaivalyam

Tad = an sie; ***vairāgya*** = Nichtanhaften; ***api*** = sogar; ***doṣa*** = Unreinheit; ***bīja*** = Samen; ***kṣaya*** = Zerstörung; ***kaivalya*** = Befreiung

Durch Nichtanhaften sogar an diese (Allmacht und Allwissenheit) kommt die Zerstörung des Samens der Unreinheit, und man erlangt Befreiung.

Mit der Verwirklichung des Unterschiedes zwischen *puruṣa* und *sattva*, dem subtilsten Teil von *prakṛti*, hat der Yogi vollkommene Allmacht erlangt. Wenn er sich daran nicht verhaftet, *tad-vairāgyād*, also auch diesem entsagt, dann kommt der Yogi zu *kaivalya*, zur Befreiung. *Api doṣa bīja kṣaye*: Der letzte Samen der Bindung wird zerstört.

Jetzt kommt noch einmal eine Warnung:

III.52 Sthānyupanimantraṇe saṅgasmayākaraṇaṃ punaraniṣṭaprasaṇgāt

Sthāni = himmliches Wesen; ***upanimantraṇe*** = eingeladen; ***saṅga*** = Anhaften, Vergnügen; ***smaya*** = Stolz, Gefallen; ***akaraṇa*** = Vermeidung; ***punaḥ*** = wieder; ***aniṣṭa*** = Unerwünschtes, Schlechtes; ***prasaṇgāt*** = infolge Wiederbelebung

Laden ihn himmlische Wesen ein, sollte der Yogi Vergnügen oder Stolz vermeiden; denn es droht die Wiederbelebung des Unerwünschten.

Es gibt, wie bereits besprochen, verschiedene Versuchungen durch astrale Wesen. Es kommen Wesen in Engelsgestalt, wunderschöne *gandharvas* (Engelswesen, himmlische Musikanten) und *apsarās* (himmlische Wesen, Gemahlinnen der *gandharvas*) u.s.w., mit herrlicher Musik, die einem himmlische Erfahrungen, Gefühle, Bilder versprechen, einem die Gesetze verschiedener Ebenen lehren wollen. Da gilt es, vorsichtig zu sein, denn das ist nicht das Ziel! Und vor allem muß man sich vor dem Aufblähen des Egos hüten.

III.53 Kṣaṇatatkramayoḥ saṃyamādvivekajam jñānam

Kṣaṇa = Augenblick; ***tat*** = seine; ***krama*** = Folge; ***saṃyamāt*** = durch Ausübung von ***saṃyama***; ***vivekaja*** = „geboren aus der Unterscheidungskraft", Unterscheidungskraft; ***jñāna*** = Wissen

Durch saṃyama auf einen Augenblick und seine Folge erreicht man aus Unterscheidungskraft geborenes Wissen.

Wenn man einen bestimmten Augenblick, nämlich diesen Moment, dieses Jetzt, bewußt wahrnimmt und sich bewußt wird, was daraus entstehen könnte, dann bekommt man Unterscheidungskraft. Man merkt, was da ist, was für einen Wunsch man zum Beispiel gerade hat. Dann kann man sich konzentrieren auf diesen Augenblick, wo man gerade dabei ist, eine Dummheit zu begehen. Und man konzentriert sich auf die Folge. Dann kommt die Unterscheidungskraft: Lieber nicht – in Anlehnung an einen Vers aus dem zweiten Kapitel (II 16): *„Heyaṃ duḥkham anāgatam"*, „Leid, das sich noch nicht manifestiert hat, sollte vermieden werden" – ein wichtiger Vers, den wir öfter vergessen.

Viele Menschen machen das leider nicht – einen Augenblick innezuhalten und sich auf die Folgen und Auswirkungen eines Wunsches oder einer Handlung zu konzentrieren –, sondern sie tun es einfach. Das ist die einfache Interpretation dieses Verses.

Er hat aber auch eine tiefere, philosophischere Ebene. Wenn man über den Augenblick und seine Folge nachdenkt, kommt man zur letzten Unterscheidungskraft, nämlich, daß Zeit eine Illusion ist.

Er ist im Kleinen anzuwenden wie auch im Großen, wie fast alle Verse des dritten Kapitels.

Eine weitere interessante Interpretation hat Swami Swami Vishnu gerne genannt: Lebe im Hier und Jetzt. Konzentriere dich auf das Jetzt, statt immer in der Zukunft zu leben. Überlege nicht immer wieder: Was könnte ich noch machen, was muß ich noch tun, ich werde glücklich sein, wenn…

Auch mir geht es manchmal mit dem Yoga Vidya Ashram hier so. Ich denke immer, wenn die und die Mitarbeiter so und so lange da sind, sich in dieses und jenes Gebiet eingearbeitet und richtig eingelebt haben und wenn die Mannschaft vollständig ist, dann wird alles glatt laufen. Eigentlich müßte ich es besser wissen. Ich bin jetzt seit 19 Jahren in solchen Yogazentren, und es war nie so gewesen, daß alles ganz ideal lief.

Man denkt, in Zukunft wird es so sein, anstatt jetzt im Augenblick, in diesem Moment zu sein, zu leben, zu genießen. Deshalb bemühe ich mich immer wieder darum, diesen Moment, mit allem Chaos, das ab und zu herrscht, als das Leben anzunehmen. Swami Vishnu sagte: „Chaos muß herrschen, dann kann sich das *karma* richtig ausarbeiten. Sobald alles unter Kontrolle ist, lernt man nichts Neues mehr." Swami Vishnu hat in den Sivananda Zentren auch immer für Chaos gesorgt, wenn es irgendwo einmal funktioniert hat. Wenn wir in einem Center mal ein Team hatten, in dem sich alle gut verstanden haben, konnte man sicher sein, daß Swami Vishnu bald anrufen und denjenigen versetzen würde, der für die Harmonie im Team vielleicht am notwendigsten war. Oder er versetzte einen neuen Mitarbeiter dorthin, der ein richtiger Unruhestifter war und sich woanders hoffnungslos mit allen überworfen hatte. Viele solcher Dinge hat Swami Vishnu im Bewußtsein gemacht, Diener und Kanal Gottes zu sein.

Wir können uns nicht ausruhen, sondern wir lernen, immer wieder im Moment zu sein, zu tun, was jetzt in diesem Moment notwendig ist, und wir lernen, alle Verhaftungen aufzugeben. Wir müssen immer wieder bereit sein, Projekte oder unsere Aufgaben aufzugeben, etwas anderes zu tun, wenn es notwendig ist, ohne uns dabei zu verheddern. Indem wir Konzentration auf den Augenblick üben: Was liegt in dem Moment an? Was ist in dem Moment zu tun? Was lerne ich in dem Moment? Wie manifestiert sich Gott in diesem Moment? Wie offenbart er sich in diesem Moment?, bekommen wir Unterscheidungskraft.

III.54 Jātilakṣaṇadeśairanyatānavacchedāttulyayostataḥ pratipattiḥ

Jāti = Art; ***lakṣaṇa*** = Merkmal; ***deśa*** = Ort, Position; ***anyata*** = Unterschied; ***anavacchedāt*** = infolge der Abwesenheit von Definition; ***tulya*** = gleich, ähnlich; ***tataḥ*** = davon; ***pratipatti*** = Verständnis, Wissen

So kommt das Wissen um den Unterschied zwischen zwei ähnlichen Objekten, deren Unterschied nicht durch Art, Merkmale oder Ort bestimmt werden kann.

III.55 Tārakaṃ sarvaviṣayaṃ sarvathāviṣayamakramaṃ ceti vivekajaṃ jñānam

Tāraka = transzendieren, hinübertragen; ***sarva*** = alle; ***viṣaya*** = Objekt, Sphäre; ***sarvathā*** = auf alle Weise gänzlich; ***viṣaya*** = Objekt, Sphäre; ***akra-***

ma = ungeordnet, ohne Abfolge, gleichzeitig; ***ca*** = und; ***iti*** = fertig, Ende; ***vivekajaṃ*** = aus Unterscheidungskraft; ***jñānam*** = Wissen

Das höchste Wissen, geboren aus der Unterscheidungskraft, transzendiert alle Objekte und Sphären auf jede Weise gänzlich und gleichzeitig.

Wenn wir diese Unterscheidungskraft, *viveka*, gut trainiert haben, wenn wir ganz in der Gegenwart leben, wenn wir uns auf diesen Augenblick und seine Folge bzw. eigentlich sogar auf das Geschehen zwischen Augenblick und Folge konzentrieren, dann sind wir in allem. Aus dieser Unterscheidungskraft transzendieren wir alles.

In diesem *viveka* stehen wir zwischen *puruṣa* und *prakṛti* und haben die Wahl, entweder das Universum als Ganzes gleichzeitig wahrzunehmen – was Vergangenheit, Gegenwart und Zukunft, Hier, Jetzt und Überall gleichzeitig einschließt –, oder *prakṛti*, die Schöpfung als Ganzes wahrzunehmen, oder uns als reines Bewußtsein in uns zurückzuziehen und einfach nur zu sein, d. h. *puruṣa* zu verwirklichen.

III.56 Sattvapuruṣayoḥ śuddhisāmye kaivalyam

Sattva = Reinheit, eine der drei *guṇas*; ***puruṣa*** = Bewußtsein; ***śuddhi*** = Reinheit; ***sāmya*** = Gleichheit; ***kaivalya*** = Befreiung

Ist gleiche Reinheit in puruṣa und sattva, kommt die Befreiung.

Wenn *puruṣa* in sich selbst ruht, hört *prakṛti* auf zu arbeiten. Das Universum hört in diesem Augenblick für diese individuelle Manifestation des *puruṣa* auf zu existieren. Die Natur hört auf zu bestehen, und der Mensch ist endgültig befreit. Er ruht im Unendlichen. Er ist das Unendliche. Für die anderen, die diese Erfahrung nicht haben, bleibt die Welt jedoch bestehen.

Viertes Kapitel

Kaivalya Pāda – Befreiung

Das dritte Kapitel hat schon mit der Befreiung geendet, und eigentlich beschreibt jedes Kapitel irgendwo die Befreiung sowie Mittel und Wege, sie zu erreichen. Denn Patañjali hält sich nicht ganz an sein Schema, nach dem er im ersten Kapitel *samādhi pāda*, die Theorie des Geistes, im zweiten Kapitel *sādhana pāda*, die spirituelle Praxis, im dritten Kapitel *vibhūti pāda*, die verschiedenen höheren Kräfte des Geistes, und im vierten Kapitel *kaivalya*, die Befreiung, behandeln will. Er beschreibt eigentlich in jedem Kapitel, was Befreiung ist, und verschiedene Techniken, wie man dort hinkommt.

IV.1 Janmauṣadhimantratapaḥsamādhijāḥ siddhayaḥ

Janma = Geburt; ***auṣadhi*** = Drogen, Kräuter; ***mantra*** = Mantra, Klangenergie; ***tapas*** = Askese, Selbstzucht; ***samādhi*** = überbewußter Zustand; ***-jāḥ*** = entstanden durch; ***siddhayaḥ*** = übernatürliche Fähigkeiten

Siddhis (übernatürliche Kräfte) sind angeboren oder werden durch Kräuter, mantras, Askese-Übungen oder samādhi erlangt.

Diesen Vers haben wir schon behandelt (s. III 15).

Übernatürliche Kräfte kann man nicht nur durch spirituellen Fortschritt erlangen, sondern auch auf anderen Wegen.

Wenn jemand übernatürliche Kräfte zur Schau stellt, kann man zuerst einmal überprüfen, ob er irgendeinen Zaubertrick anwendet. Vieles, was als übernatürlich erscheint, beruht einfach nur auf Taschenspieler- und Schauspielertricks. Swami Vishnu hatte als Jugendlicher das Hobby, den Trick hinter angeblichen übernatürlichen Kräften von Menschen herauszufinden. Als Jugendlicher war er ein großer Skeptiker, der von Spiritualität, Heiligen u.s.w. wenig gehalten hat. Denn es gibt in Indien sehr viele Pseudomeister und Pseudoheilige – und nicht nur in Indien.

Einmal sah er unterwegs, wie jemand auf dem Rücken auf dem Boden lag und einen riesigen Stein auf dem Bauch trug. Alle dachten, das muß ein großer Heiliger sein, haben sich verneigt und ihm Geld gegeben. Swami Vishnu hat sich überlegt: „Wie ist das möglich?“ Und er dachte: „Irgendwann muß der ja mal aufs Klo gehen. Ich warte hier einfach lang genug.“ Gegen Abend kamen Schüler des „Heiligen“ und wollten den Weg absperren. Aber Swami Vishnu weigerte sich wegzugehen. Es wurde immer später, und irgendwann fragte der Mann, der dort lag: „Du willst jetzt nicht gehen?“ Swami Vishnu antwortete: „Nicht, bevor ich deinen Trick herausgefunden habe." – Was ja an sich schon eine Anmaßung ist, jemandem, der als heilig gilt, einen Trick zu unterstellen! Daraufhin fragte der Mann: „Wieviel Geld hast du dabei?" „Ja, so ein paar Paisas". „Gut, gib sie mir, dann zeige ich es dir." Swami Vishnu gab ihm seine paar Münzen. Der Mann öffnete seine Beine. Zwischen den Oberschenkeln lag ein kleinerer Stein, auf dem der riesige Felsblock so lag, daß es ausgesehen hatte, als ob der Fels auf seinem Oberschenkel und Bauch ruhen würde. Bei solchen Dingen muß man also durchaus kritisch sein.

Swami Vishnu hat öfter versucht, uns zu desillusionieren, und gesagt: „Hört auf mit eurem naiven Glauben." Aber er sagte, in Indien sei das auch nicht anders. Einmal wollte er zeigen, wie leicht man auf irgendwelche Vorspiegelungen hereinfällt. Dies wurde mir wie folgt erzählt:

Eines Abends gab er einen öffentlichen Vortrag. Am Ende des Vortrags kam ein sehr asketisch wirkender Inder kurz herein, setzte sich einen Augenblick für eine Meditation hin und ging dann wieder hinaus. Swami Vishnu stellte ihn mit den Worten vor: „Das ist ein ganz großer Yogi aus dem Himalaya. Seit zwanzig Jahren spricht er nicht mehr. Morgen früh wird er zum ersten Mal wieder etwas sagen, aber nur zehn Minuten lang. In diesen zehn Minuten wird er denen, die dann anwesend sind – und es dürfen maximal nur zehn Leute sein –, eine Minute lang ganz wichtige Ratschläge geben. Das macht er nur zwischen 2.30 h und 2.40 h nachts. Jeder, der dabei sein will, muß vorher 1000 Dollar bezahlen. Anmeldung ist nicht möglich. Die ersten, die kommen, dürfen rein." Das hat er bei einem Vortrag von ungefähr hundert Leuten gesagt. Nachts um ein Uhr warteten über zweihundert Leute vor dem Hotel. Swami Vishnu hat sie alle hereingelassen und den großen Meister enthüllt, der gar kein Inder war, sondern ein Westler, der sich das Gesicht gefärbt hatte. Und er hat gesagt: „So naiv und leichtgläubig seid ihr! Ohne irgend etwas zu prüfen, glaubt ihr sofort, daß jemand im Besitz der alleinigen Weisheit ist." Denn die meisten der Zuhörer waren Menschen, die auch Swami Vishnu nicht kannten und gar nicht wissen konnten, ob er selbst überhaupt authentisch war oder nicht. Natürlich hat er ihnen das Geld wieder zurückgegeben und sie darauf hingewiesen, daß sie sich das eine Lektion sein lassen sollten.

Wenn man einen Meister einmal geprüft hat, dann folgt man ihm natürlich. Aber man sollte nicht naiv sein und sich von Showbusiness beeindrucken lassen. Es gibt eine ganze Reihe von Leuten, die ein Riesen-Showbusiness aufgezogen haben. Mit ein bißchen psychologischer Show kann man die meisten Menschen betrügen. Natürlich, einfach, authentisch zu sein, wirkt aber langfristig besser.

Natürlich gibt es nicht nur Zaubertricks, sondern auch echte *siddhis*. Aber selbst diese sind kein verläßliches Zeichen dafür, daß jemand tatsächlich ein großer Meister ist. Ethisches Verhalten ist ein viel wichtigeres Zeichen.

Wobei man dabei auch nicht das Kind mit dem Bad ausschütten darf. Selbst hoch entwickelte (aber noch nicht voll verwirklichte) Meister können einmal einer Versuchung erliegen. Das heißt noch lange nicht, daß sie deshalb verachtenswert sind oder daß wir das Recht haben, sie zu verurteilen. Ich habe von spirituellen Lehrern gehört, die zweifellos ernsthaft waren, nie Anspruch auf Vollkommenheit erhoben haben und etwas sehr Großartiges aufgebaut haben. Und plötzlich kam heraus, daß sie einmal in ihrem Leben, vor vielen Jahren irgend etwas Komisches oder nicht hundertprozentig Ethisches gemacht haben. Und schon liefen alle Schüler weg, oder der Lehrer wurde von seinen eigenen Schülern rausgeworfen. Auch bei einer relativ geringfügigen Sache ist ein Meister sofort unten durch, nur, weil er nicht ganz so perfekt ist, wie die Schüler es in ihn hineinprojizieren.

Wir müssen uns also vor verschiedenen Sachen hüten. Zum einen dürfen wir uns nicht von Shows beeindrucken lassen, auch nicht von übernatürlichen Kräften. Aber es gibt auch echte Meister, die trotzdem auch einmal einen Fehler machen. Man muß letztlich schauen: Ist es wirklich nur ein Fehler, oder ist es ein systematisches Vorgehen, bei dem ein Meister seine Schüler und Schülerinnen ausnützt und ruiniert. Das gibt es ja leider auch. Dann wird es sehr unethisch.

Siddhis können auch erlangt werden als Ergebnis der Geburt. Manche Menschen haben *siddhis* von Geburt an, wahrscheinlich durch karmische Eindrücke aus früheren Leben.

Manche Menschen können Kräfte erzeugen durch Drogen, Pilze, Kräuter und ähnliches.

Es gibt auch Rituale und *mantras*, mit denen man spezifische übernatürliche Kräfte erzeugt, wie zum Beispiel der Feuerlauf, von dem ich schon berichtet habe. Ich habe einmal eine *kavadi*-Zeremonie zur Verehrung von *Shanmug* (myth.: bestimmte Rituale ausführt und anschließend seine Haut mit 108 Speeren durchbohrt und mit einem Metallgestell befestigt (die Speerspitze im Körper, der Schaft im Metallgestell). Anschließend tanzte und sang er zwei Stunden lang. Es floß fast kein Blut, es gab keine Infektionen, und innerhalb von wenigen Stunden waren alle Wunden zu. Man sah nichts mehr. Rituale und *mantras* können also außergewöhnliche Kräfte verleihen. Der Ausführende des Rituals befand sich in einem Trancezustand, jenseits des Normalbewußtseins. Er stellte seinen Körper der Gottheit zur Verfügung. Das ist, neben der Verehrung, der zweite Sinn dieses Rituals: Man stellt sich als Kanal Gottes zur Verfügung, um spirituelle Energie zu verbreiten.

Übungen der Selbstdisziplin, *tapas*, haben wir bereits besprochen, auch, daß Patañjali die intensive Übung von *āsanas* und *prāṇāyāma* als *tapas* bezeichnen würde. Wenn man ein paar Monate lang jeden Tag elf bis zwölf Stunden lang *prāṇāyāma* macht, bekommt man bestimmt übernatürliche Kräfte.

Und *samādhi* bringt natürlich auch übernatürliche Kräfte.

Im nächsten Vers erklärt Patañjali, daß diese scheinbar übernatürlichen Kräfte nicht wirklich übernatürlich sind.

IV.2 Jātyantarapariṇāmaḥ prakṛtyāpūrāt

Jāti = Art, Klasse, Existenzform; ***antara*** = andere; ***pariṇāma*** = Wandlung; ***prakṛti*** = Natur, natürliche Neigungen; ***āpūrāt*** = durch Füllen, Überfließen, Strömen

Die Umwandlungen der Existenzformen kommen vom Fließen der prakṛti (Natur) her.

Alles, auch die *siddhis*, geschieht nur aufgrund und in Erfüllung von Naturgesetzen. Alles ist Naturgesetzen unterworfen. Wir kennen nur nicht alle, denn auf anderen Ebenen als der physischen gelten andere Gesetze.

IV.3 Nimittamaprayojakaṃ prakṛtīnāṃ varaṇabhedastu tataḥ kṣetrikavat

Nimitta = sichtbare Ursache; ***aprayojakaṃ*** = nicht verursachend; ***prakṛti*** = Vorgänge in der Natur; ***varaṇa*** = Hindernis; ***bheda*** = Beseitigung, Auflösung; ***tu*** = aber, sondern; ***tataḥ*** = davon; ***kṣetrikavat*** = wie der Bauer

Eine sichtbare (vom Menschen hervorgerufene) Ursache bewirkt nicht die Vorgänge in der Natur; sondern sie beseitigt nur wie ein Bauer die Hindernisse. (Der Bauer räumt Steine beiseite, um Wasser aus einem Bewässerungskanal auf sein Feld fließen zu lassen).

In Indien wird sehr viel künstlich bewässert. Es gibt riesige Bewässerungskanäle. Wenn ein Bauer sein Feld bewässern will, muß er ein paar Steine aus dem Bewässerungskanal herausnehmen, damit das Wasser auf sein Feld gelenkt wird. Die Dorfgemeinschaft stellt genaue Regeln und ein ausgeklügeltes System auf, so daß alle Bauern der Dorfgemeinschaft ihre Felder bewässern können, ohne daß jemand zu viel hat oder zu kurz kommt. Zu einem festgelegten Zeitpunkt nimmt man die Steine weg, die den Kanal zum eigenen Feld verschließen. So bekommt man das nötige Wasser in seine Reisfelder. Der Bauer erzeugt also kein Wasser, sondern er räumt Hindernisse aus dem Weg, damit das Wasser fließen kann

Nicht alles, was an spiritueller Erfahrung, Kräften, Fähigkeiten kommt, haben wir notwendigerweise selbst durch unsere Übungen, durch unsere Anstrengung, geschaffen. Wenn man beispielsweise eine Vision Gottes, eine Erfahrung der Einheit oder ein ekstatisches Gefühl beim Mantrasingen oder in der Meditation hat, dann hat man es gewiß nicht durch die ganzen eigenen Praktiken erzeugt. Durch diese Praktiken haben wir die Steine – Hindernisse, Unreinheiten – weggeräumt, die im Wege standen, so daß die göttliche Gnade durch uns hindurchfließen kann. Das, was vorher schon da war, enthüllt sich, das Göttliche kann sich manifestieren. Wir schaffen nicht wirklich Freude in der Meditation, wir räumen nur die Hindernisse aus dem Weg, so daß die natürliche Freude, die immer schon da war, erfahrbar wird. Wir machen uns zum Instrument der kosmischen Energie, die durch uns wirken will. Wir müssen uns nur für sie öffnen.

Wenn es regnet und du Wasser brauchst, was mußt du haben? – Ein Gefäß. Was mußt du mit dem Gefäß machen? – In den Regen halten. Das allein reicht aber nicht aus. Du mußt es richtig in den Regen halten, wie nämlich? – Mit der Öffnung nach oben. Genauso ist auch die göttliche Gnade immer da. Wir müssen nur unser Gefäß, unser Bewußtsein, unseren Geist, nach oben öffnen. Die meisten Menschen haben ihren Geist nach unten geöffnet. Daher spüren sie keine Gnade.

Natürlich kommt die Gnade nicht wirklich von oben, nicht räumlich von oben. Sie kommt nicht von der Sonne und auch nicht vom Polarstern, sondern von höheren Ebenen. Energie strömt ständig von *īśvara*, dem Göttlichen, aus. Wirklich verstehen kann man es, wenn man den Unterschied verwirklicht hat zwischen *sattva* und *puruṣa*. Bis wir so weit sind, können wir es sehr wohl erfahren und kleine Erklärungen dazu abgeben. Das Göttliche gibt ständig Gnade, Energie in diese physische Ebene hinein und in unser jetziges Bewußtsein. Wir müssen uns nur dafür öffnen.

IV.4 Nirmāṇacittānyasmitāmātrāt

Nirmāṇa = geschaffen, künstlich; ***cittāni*** = Mentalkörper; ***asmitā*** = Ichsein, Egoismus, Individualität; ***mātrāt*** = allein

Cittas (Gemüter) werden vom Ego geschaffen.

IV.5 Pravṛttibhede prayojakaṃ cittamekamanekeṣām

Pravṛtti = Aktivität, Beschäftigung, Erscheinungsform; ***bheda*** = Unterschied; ***prayojakaṃ*** = lenkend, verursachend; ***citta*** = Verstand; ***eka*** = ein; ***anekeṣām*** = von vielen

Obwohl die Erscheinungsformen der vielen (cittas) variieren, werden sie von einem gelenkt.

IV.6 Tatra dhyānajamanāśayam

Tatra = von ihnen; ***dhyānajam*** = aus der Meditation geboren; ***anāśayam*** = frei von Eindrücken

Von diesen ist der Geist, der aus dhyāna geboren ist, frei von vergangenen Eindrücken.

Für diese drei Verse gibt es zwei Interpretationen. Swami Vishnu interpretiert sie so:

Unser *citta*, der Geist im Sinne von Gemüt, kommt vom Ego her. Das Gemüt beginnt letztlich mit dem Ego. Solange wir im Ego sind, sind wir im individuellen Gemüt. Es gibt sehr viele verschiedene *cittas* – nämlich so viele, wie es Wesen gibt –, aber all diese verschiedenen Gemüter sind Bestandteil des einen kosmischen Geistes.

Im ersten Kapitel (I 17) haben wir eine besondere Meditationstechnik kennengelernt, die in den Stufen von *savitarka, nirvitarka, savicāra, nirvicāra* und *sānanda* zu *sasmitā* führt, wo man versucht aufzuhören, sich mit dem Individuum zu identifizieren.

Nicht einmal auf der physischen Ebene sind wir tatsächlich so getrennt, wie wir immer glauben. Sobald wir zwei Minuten lang nicht atmen, sind wir schon tot – gut, erfahrene *prāṇāyāma*-Yogis können die Luft auch schon mal drei Minuten lang anhalten, aber nach fünf Minuten ist man normalerweise tot. Wir sind also über den Atem verbunden, nicht nur untereinander, sondern mit dem ganzen Universum. Das physische Universum bildet ein organisches Ganzes und wird deshalb im *vedānta* als *virātsvarūpa* bezeichnet.

Auch auf der emotionalen, psychisch-geistigen Ebene sind wir miteinander verbunden. Wir denken nicht im luftleeren Raum. Unsere Gedanken und Gefühle sind nicht nur beeinflußt von dem, was wir mit unseren Sinnen wahrnehmen, von unserer persönlichen Vergangenheit und unseren Gehirnfunktionen, sondern sie sind auch bestimmt durch andere Gemüter, durch individuelle und kollektive Gedankenschwingungen. Alle zusammen bilden wir das kosmische Gemüt, *hiraṇyagarbha*.

Auf der Kausalebene sind wir erst recht nicht getrennt. Gerade auf dieser Ebene stehen wir alle miteinander in Verbindung als Teile *īśvaras*. *Īśvara* steht für verschiedene Manifestationen Gottes: *Virātsvarūpa*, die ganze physische Welt als physischer Körper Gottes. *Hiraṇyagharba*, alle Gemüter als zusammenhängende Teile des kosmischen Gemütes. *Īśvara*, alle Kausalkörper als Teil des universellen Kausalkörpers. Das ist *vedānta*-Philosophie.

Die *sāṃkhya*-Philosophie sagt dasselbe mit anderen Worten. Aus dem einen Gemüt, *mahat*, sind die einzelnen *cittas* als individuelle Gemüter entstanden. Aber alle diese *cittas* werden letztlich beherrscht von dem einen kosmischen Geist, *eka* (= ein).

Wenn uns das bewußt ist, können wir letztlich auch unser eigenes Gemüt Gott opfern. Wir können sagen: „Oh Gott, du bist alles und überall. Du bist auch mein eigenes Gemüt. Du manifestierst dich auch durch meine Gedanken und Emotionen, und auch diese stelle ich dir zur Verfügung. Und all meine Schwächen bist du ja auch. Also stelle ich auch sie zur Verfügung. Und was auch immer ich heute tue, mit Körper, Gedanken, Emotionen, aus meiner eigenen Natur, aus meinem Selbst, aus meinen Verhaftungen heraus, all das opfere ich dir, denn du wirkst durch mich."

So können wir uns von allen Schuldkomplexen und auf die falsche Ebene gesetzten Vollkommenheitsansprüchen befreien. Denn die physische Welt ist unvollkommen, in ständiger Veränderung. Selbst unsere unvollkommenen Gedanken und Emotionen sind Manifestationen des Göttlichen. Und sogar wenn wir mal aus der Rolle gefallen sind – natürlich sollten wir versuchen, das zu vermeiden –, können wir auch das Gott opfern und sagen: „Oh Gott, du hast dich jetzt so manifestiert, und auch das opfere ich dir." Wenn etwas schiefgegangen ist: „Bitte, Gott, kümmere du dich darum." Damit gibt man ohne Zweifel eine gewisse Verantwortung ab, und das ist gut so. Aber wir geben nicht alle Verantwortung ab. Vorher und gleichzeitig bemühen wir uns natürlich, uns zu entwickeln, aus Fehlern zu lernen.

Krishna sagt das in der Bhagavad Gītā (XVIII 66) wie folgt:
sarvadharmān parityajya
mām ēkam śaranam vratja
ahaṃ tvā sarvapāpebhyō
mokṣa iṣyāmi mā śūca

Sarvadharmān parityajya: Gib alle Pflichten auf. Das beinhaltet auch, alle Vorstellungen von „richtig" und „falsch" aufzugeben

Mām ēkam śaranam vratja: Nimm zu mir allein Zuflucht.

Ahaṃ tvā sarvapāpebhyō: Ich werde dich befreien (*mokṣa*) von *sarva pāpa*, von allen Sünden und Fehlern.

Mokṣa iṣyāmi mā śūca: Mach dir keine Sorgen. Du kommst zur Befreiung.

Eigentlich ist das ja eine anarchistische Aussage: Du kannst machen, was du willst, es spielt keine Rolle. Opfere einfach alles Gott. Gott wird dich von allem befreien. Deshalb macht Krishna anschließend sofort die Einschränkung: „Gib das niemandem weiter, dem es nicht darum geht, zu Gott zu kommen, erzähle dies niemandem, der sich nicht bemüht, zur Vollkommenheit zu gelangen, und erzähle es niemandem, der sich nicht selbst beherrscht" (BhG XVIII 67). Denn das gilt nur für Menschen, die sich um Vollkommenheit, Selbstbeherrschung, Dienst am Nächsten und Hingabe an Gott bemühen. Diese vier Kriterien müssen erfüllt sein, dann können wir irgendwann loslassen, die Entscheidung Gott überlassen und unserem Intellekt eine Pause gönnen.

Wem es um all das geht, wer versucht, an sich selbst zu arbeiten, sich Gott hinzugeben, anderen Gutes zu tun, wer nach Befreiung strebt, dem kann man das sagen, denn er bemüht sich ernsthaft, im richtigen Geist, und anschließend kann er sagen: „Oh Gott, was auch immer ich getan habe, überlasse ich dir, einschließlich all meiner Unvollkommenheiten." Zuerst bemüht man sich, und dann läßt man los. Das ist das Beste. Es gibt kein besseres Rezept für geistige Entwicklung und Zufriedenheit. Nicht so gut machen, wie man denkt, daß man es können müßte, auch nicht so gut, wie ein anderer es tatsächlich oder vermeintlich machen kann, sondern mit der inneren Einstellung: Ich bin jetzt in diese Situation hineingestellt worden als Teil Gottes, weil meine Fähigkeiten und Möglichkeiten in dieser Situation und in diesem Augenblick die richtigen sind. Wäre ich nicht der Richtige, hätte Gott jetzt jemand anderen dorthin gestellt.

Wir bleiben uns der Tatsache bewußt, daß letztlich alle *cittas* von dem Einen kontrolliert werden. Und der *citta*, der aus *dhyāna* (Meditation, Kontemplation) geboren ist, ist frei von vergangenen Tendenzen, den sogenannten *saṃskāras*. Wenn jemand in der Meditation zu höheren Bewußtseinsebenen kommt, ersetzt die Erfahrung der Meditation seine alten *saṃskāras,* und er erfährt eine grundlegende Veränderung seines Charakters. Wer zur Selbstverwirklichung kommt, wird frei von Unvollkommenheiten. Es geht schon darum, sich von diesen Unvollkommenheiten zu befreien, aber ohne Besessenheit, ohne Fanatismus und ohne sich ein schlechtes Gewissen einzureden.

Diese drei Verse haben noch eine andere, etwas eigenartige Bedeutung, die man in manchen Kommentaren findet:

Ein spiritueller Meister hat auch die Fähigkeit, aus seinem eigenen Geist andere *cittas* zu schaffen, um so *karma* schneller auszuarbeiten. Er manifestiert sich also in mehreren Körpern gleichzeitig. Wenn man ein solches *citta* allein aus der Meditation schafft, ohne es mit früheren *saṃskāras* zu verbinden, hat dieses Gemüt keine *saṃskāras,* und man kann das *karma* vorurteilsfrei ausarbeiten.

Die beiden nächsten Verse haben wir schon behandelt (siehe Kommentar zu II 14):

IV.7 Karmāśuklākṛṣnaṃ yoginastrividhamitareṣām

Karma = Handlung; Gesetz von Ursache und Wirkung, Schicksal; ***aśukla*** = nicht weiß; ***akṛṣna*** = nicht schwarz; ***yoginaḥ*** = für einen Yogi; ***tri-vidha*** = dreifach, von dreierlei Art; ***itareṣa*** = von anderen, für andere

Für einen Yogi ist karma weder weiß noch schwarz; für andere ist es von dreierlei Art.

Für einen Yogi gibt es kein gutes oder schlechtes *karma.* Alles, was kommt, sind Aufgaben, Erfahrungen, an denen wir wachsen können, aus denen wir lernen können. Das heutige Vergnügen kann die Ursache für morgigen Schmerz sein. Der heutige Schmerz kann die Ursache für morgiges Vergnügen sein. Ein Yogi sieht und beurteilt die Welt und ihre Erscheinungen nicht mehr nach schön oder nicht schön, angenehm oder unangenehm. Für ihn ist alles gut und richtig so, wie es ist.

Für andere ist es dreifach, nämlich gut, schlecht oder gemischt.

IV.8 Tatastadvipākānuguṇānāmevābhivyaktirvāsanānām

Tataḥ = von da; ***tad-vipāka*** = reifen, Früchte tragen; ***anuguṇāna*** = entsprechend; ***eva*** = nur; ***abhi*** = zur; ***vyakti*** = Erscheinungsform, Manifestierung; ***vāsanā*** = Wünsche, Neigungen

Aus diesem (dreierlei karma) reifen die Früchte entsprechend der Art der Wünsche.

Was wir uns wünschen, das tritt ein. *Prakṛti* (die Schöpfung, die Welt) ist für den *puruṣa* (die Seele, das Bewußtsein) da, und zwar aus zwei Gründen: Einmal, damit *puruṣa* die Erfahrungen machen kann, die er sich wünscht und die für ihn notwendig sind. Zum zweiten für die Befreiung des *puruṣa* aus dem Labyrinth der Welt. Diese Welt, das, was auf uns zukommt, ist auf der einen Seite das, was wir uns gewünscht haben, und auf der anderen Seite das, was wir brauchen, weil es für unsere Evolution förderlich ist (siehe auch II 18).

IV.9 Jātideśakālavyavahitānāmapyānantaryaṃ smṛtisaṃskārayorekarūpatvāt

Jāti = Klasse, Art, soziale Schicht; ***deśa*** = Ort; ***kāla*** = Zeit; ***vyavahita*** = unterbrochen, getrennt; ***api*** = sogar; ***anantaryam*** = unmittelbare Aufeinanderfolge; ***smṛti-saṃskārayoḥ*** = von Erinnerung und Eindrücken; ***eka*** = eins; ***rūpa*** = Form, Wesen

Es besteht eine unmittelbare Aufeinanderfolge (Wunsch und die passende karmische Situation), selbst wenn sie durch soziale Stellung, Ort und Zeit unterbrochen zu sein scheint. Denn es sind Erinnerung und unterbewußte Eindrücke des gleichen Wesens.

Das ist das Gesetz des *karmas*.

Aus unseren Wünschen folgt irgendwann einmal das Resultat. Oder aus unserer Handlung folgt die Reaktion. Aktion führt zu Reaktion. Handlung und Wunsch bergen ihre Erfüllung in sich. Daneben gibt es Lektionen, die gelernt werden müssen. Aktion und Reaktion, Wunsch und Ereignis, Handlung und darauffolgendes Ereignis sind unmittelbar miteinander verknüpft, auch wenn es äußerlich so scheint, als hätten sie keinen Zusammenhang, als läge alles mögliche dazwischen. Es mag sein, daß wir heute jemanden gequält haben, und in 25 Jahren werden wir auf dieselbe oder ähnliche Art und Weise gequält. Das erscheint dann zu jenem Zeitpunkt in 25 Jahren als blindes Schicksal, denn wir haben ja dann in dem Moment nichts Schlimmes getan, aber es rührt eben von der Ursache her, die wir vor langer Zeit gesetzt haben.

Oder vor zehn Jahren haben wir uns etwas gewünscht, und jetzt plötzlich haben wir es. Oftmals wollen wir es dann gar nicht mehr, oder es paßt gar nicht mehr in die aktuelle Lebenssituation hinein. Dazwischen hat sich vieles geändert – Ort, Zeit und Stellung. Das *karma* muß aber trotzdem geerntet werden.

Vom Standpunkt der vorhandenen *saṃskāras* aus, der Eindrücke in unserem Gemüt, folgt das eine direkt auf das andere. Für unser momentanes Bewußtsein sieht es so aus, als läge eine große Zeitspanne oder gar ein oder mehrere Leben dazwischen.

IV.10 Tāsāmanāditvaṃ cāśiṣo nityatvāt

Tāsām = sie, von denen; ***anāditva*** = kein Anfang; ***ca*** = und, auch; ***āśiṣa*** = der Wunsch zu leben; ***nityatvāt*** = von Ewigkeit, von Dauer

Sie (die Wünsche, Eindrücke) haben keinen Anfang, denn der Wunsch zu leben ist ewig.

Deshalb heißt es, diese *māyā*, die Welt der Täuschung, ist *anādi*, ohne Anfang. Wünsche haben keinen Anfang. Die *māyā* hat keinen Anfang.

Stelle dir als Analogie die Traumwelt vor. Wann hat die Handlung deines Traumes angefangen? Angenommen, du träumst, du wärst Wissenschaftler und wolltest nun analysieren und zurückverfolgen, wie alt diese Traumwelt ist. Wann hat sie angefangen? Manche Menschen halten es für absolut phantastisch, wenn sie im Traum innerhalb weniger Minuten einen Zeitraum von zwanzig Jahren erlebt haben. Aber das ist ein Irrtum. In Wirklichkeit träumen sie innerhalb von ein paar Minuten Milliarden und Abermilliarden von Jahren. Denn wir träumen von der fertigen Welt, und die Welt ist Milliarden oder Billionen oder Trillionen Jahre alt.

Die Schöpfung hat aber glücklicherweise ein Ende. Wann nämlich? Wann hat die Schöpfung ein Ende? Dann, wenn das eintritt, was der Name dieses Kapitels ist – *kaivalya*, Befreiung. Ist die Befreiung erreicht, dann verschwindet die Welt für uns. Dann erkennen wir: Es gab die Welt nicht wirklich.

Wann hat die Traumwelt ein Ende? – Wenn wir aufwachen. Was passiert dann mit den ganzen Menschen im Traum? Hast du dir das schon mal überlegt? Man hatte einen Traum mit so vielen Menschen, Tieren, Pflanzen, Gebäuden und allem möglichen. Was passiert damit, wenn wir aufwachen? – Es verschwindet für uns. Genauso ist es, wenn man die Selbstverwirklichung erreicht. Als Zwischenzustand gibt es noch *jīvanmukta* (lebendig Befreiter), wo man zwar die Welt noch so sieht wie die anderen, aber gleichzeitig weiß: In Wirklichkeit bin ich reines Bewußtsein.

IV.11 Hetuphalāśrayālambanaiḥ saṃgṛhītatvādeṣāmabhāve tadabhāvaḥ

Hetu = Ursache; ***phala*** = Wirkung, Frucht; ***āśraya*** = Unterstützung; ***ālambana*** = Objekt, Berührung; ***saṃgṛhītatvāt*** = infolge Zusammenhalts; ***eṣām*** = von diesen; ***abhāve*** = beim Verschwinden; ***tad-abhāva*** = Verschwinden von diesen

Da sie (die Wünsche und Eindrücke) durch Ursache, Wirkung, Unterstützung und Objekte zusammengehalten werden, verschwinden zusammen mit diesen Faktoren auch die Wünsche.

Hier gibt Patañjali uns Tips, wie wir die Wünsche beseitigen können. Wenn wir eines dieser vier Dinge ausschalten, können wir die Wünsche ausschalten.

Fangen wir von hinten an, mit den **Objekten**. Wünsche werden durch Objekte zusammengehalten. Wenn wir einen Wunsch längere Zeit nicht mehr befriedigen, was passiert dann mit dem Wunsch? – Irgendwann hört er auf. Das gibt uns auch einen gewissen Trost. Wenn wir etwas vermissen, wissen wir, irgendwann wird dieses Gefühl schwächer. Es heißt ja auch so schön: Die Zeit heilt alle Wunden. Wenn man sich als Kind weh getan hat, haben einem die Eltern gesagt: Spätestens wenn du heiratest, hast du es vergessen. Da liegt etwas Wahres drin.

Das andere ist **Unterstützung**. Ein Wunsch wird unterstützt, wenn wir ständig an ihn denken. Wenn wir etwas nicht haben und jahrelang daran denken, es haben zu wollen, dann hört der Wunsch natürlich nicht auf. Wir können versuchen, diese

Unterstützung loszulassen, nicht daran zu denken. Zum Beispiel, indem wir uns ablenken, an etwas anderes denken oder auch einen Wunsch nach etwas anderem entwickeln. Im ersten Kapitel hat Patañjali uns ja auch diesen Tip gegeben: Wenn irgendwelche Hindernisse auftauchen, sollte man an etwas Positives denken. So ähnlich können wir auch hier verfahren. Es reicht nicht aus, nur zu sagen: Ich will oder sollte diesen Wunsch nicht mehr haben. Den Trick kennst du vielleicht: „Versuche jetzt mal, nicht an eine grüne Ameise zu denken." – An was denkst du? – Zum ersten Mal in deinem Leben an eine grüne Ameise! Es nützt nicht viel, sich ständig zu sagen, ich darf daran nicht denken.

Wenn wir einen Wunsch loswerden wollen, sollten wir zuerst den klaren Entschluß fassen, diesen Wunsch nicht mehr zu haben. Nach diesem klaren Entschluß müssen wir aufhören, jeden Tag von neuem mit uns selbst zu debattieren. So geht es vielen Menschen. Sie wollen irgend etwas aufgeben, fassen einen Entschluß, und am nächsten Tag fangen sie wieder an, mit sich selbst zu diskutieren. Kennst du das? – „Nur einmal, und so schlecht ist es ja nun auch wieder nicht, und der andere macht es ja auch, und ich könnte ja auch erst nächste Woche anfangen...."

Darüber haben wir gesprochen bei der Schulung des Willens und Entwicklung von *vairāgya* (Leidenschaftslosigkeit, Wunschlosigkeit; siehe I 16). Wir sollten einen Entschluß fassen. Und wenn wir für den Entschluß noch nicht ganz reif sind, verschieben wir ihn und machen ihn etwas kleiner. Zum Beispiel, statt ganz mit etwas aufhören, nehmen wir uns vor: Ich mache es nur noch dreimal die Woche. Aber das, was wir uns vorgenommen haben, halten wir auch ein.

Aber der Entschluß allein reicht nicht aus. Wir müssen ein Konzept für den Moment entwickeln, wenn der Wunsch kommt. Denn er wird mit Sicherheit kommen. Wir müssen uns also überlegen, was will ich machen bzw. denken, wenn der Wunsch wieder auftaucht. Wir müssen den Wunsch bzw. den Gedanken daran durch etwas Positives ersetzen, an etwas anderes denken oder innerlich ein *mantra* wiederholen. Wenn wir so vorgehen, gelingt es uns, unseren Entschluß Schritt für Schritt umzusetzen.

Und schließlich: **Ursache** und **Wirkung**. Ursache und Wirkung ist letztlich Handlung und Reaktion. Ursprünglich tun wir irgend etwas, erfüllen uns einen Wunsch, und als Wirkung bekommen wir ein Vergnügen. Dieses Vergnügen schafft dann wieder eine Ursache: Irgendwie ist es gut, schmeckt gut, tut gut, und wir wollen es noch mal haben. Dadurch unterstützen wir den Wunsch und sorgen dafür, daß wir das nötige Objekt wieder bekommen. Und so geht es immer weiter. Das Objekt ist wieder eine neue Ursache, es hat Spaß gemacht, wir unterstützen es wieder, wollen es wieder haben, setzen eine neue Ursache, die wieder eine Wirkung nach sich zieht, und so sind wir ständig in dieser Kette. Diese Kette können wir überall erkennen. Werbung ist zum Beispiel eine Ursache. Als Wirkung kommt der Wunsch. Wir denken öfter daran, schließlich beschaffen wir uns das Objekt. Das Objekt führt, wenn wir Pech haben, dazu, daß es uns gefällt. Die Konsequenz ist Vergnügen. Das ist eine neue Ursache, die zu neuen Wirkungen führt. Wir wollen es nochmals haben, denken öfter daran und erfüllen den Wunsch wieder .... So entsteht eine endlose Kette.

IV.12 Atītānāgatam svarūpato 'styadhvabhedāddharmāṇām

Atīta = Vergangenheit; ***anāgata*** = Zukunft; ***svarūpataḥ*** = in ihrer eigenen Form; ***asti*** = existiert; ***adhva-bhedāt*** = wegen unterschiedlichen Pfaden, Veränderungen; ***dharmāṇām*** = von Eigenschaften

Vergangenheit und Zukunft existieren in ihrer eigenen Form; aus den unterschiedlichen Wegen ergeben sich die verschiedenen Eigenschaften.

Die Welt existiert getrennt vom Menschen. Die verschiedenen Wege des Individuums erschaffen, was die verschiedenen Eigenschaften, Charakteristika, der Welt zu sein scheinen. Damit wird *prakṛti* von *puruṣa* getrennt. Das heißt, die Welt existiert auch ohne unser Zutun. Das klingt banal, aber oft sind wir nicht so ganz davon überzeugt, sondern glauben, daß wir alles nur durch unser Tun schaffen.

Vom absoluten Standpunkt der *vedānta*-Philosophie her gesehen gibt es gar keine Welt unabhängig von Bewußtsein.

Auf einer gewissen Ebene haben wir natürlich eine Verantwortung und auch einen freien Willen.

Aber von einem etwas höheren Standpunkt aus sind beide nicht so groß, wie wir eigentlich denken. Von einem recht hohen Standpunkt aus geschieht alles, wie es geschehen soll. Wie es etwa Krishna in der Bhagavad Gītā ausdrückt: Wir sind nur Marionetten in den Händen Gottes.

Diese unterschiedlichen Standpunkte der jeweiligen Philosophiesysteme zu verstehen und einzunehmen, ist sehr wichtig. Sie widersprechen sich teilweise vollkommen, sind aber trotzdem gleichzeitig gültig, je nachdem von welchem Blickwinkel aus man sie gerade betrachtet.

Es widerspricht sich, daß wir einerseits einen freien Willen haben sollen. Und andererseits haben wir gar keinen freien Willen, sondern alles ist vorbestimmt. Und vom höchsten Standpunkt aus geschieht gar nichts. Trotzdem ist alles wahr. Das ist die einzige Weise, Wahrheit zu erklären. Ein solches Paradoxon befriedigt den Intellekt nicht unbedingt. Aber auch die moderne Physik muß manchmal auf Paradoxien zurückgreifen, um Naturgesetze zu erklären.

Zum Beispiel gibt es diesen unerklärlichen Dualismus beim Licht. Bis heute weiß niemand genau, was Licht ist. Die einen sagen, Licht ist eine Welle, die anderen sagen, Licht besteht aus Teilchen, und neuerdings sagt die Mehrheit der Wissenschaftler, Licht ist sowohl Welle als auch Teilchen. Aber nach allen physikalischen Gesetzen kann eine Sache nicht gleichzeitig Welle und Teilchen sein. Entweder ist Licht ein Teilchenstrom, der von einer Lampe ausgeht und über die Teilchen, die sogenannten Photonen, Licht abgibt. Oder es muß einen Lichtäther geben, der sich bewegt, und die Wellen in diesem Äther sind das Licht. Nun wurden verschiedene Experimente durchgeführt, die eindeutig beweisen, daß Licht aus Teilchen besteht. Es wurde nachgewiesen, daß Lichtteilchen Kraft und Masse haben. Es gibt aber auch andere Experimente, die ganz eindeutig beweisen, daß Licht nicht Teilchen ist, sondern eine Welle. Aber Licht kann nicht gleichzeitig Teilchen und Welle sein!

Das geht nicht. Das ist unmöglich. Aber es ist eindeutig so, daß Licht sich manchmal wie Teilchen verhält und manchmal wie eine Welle, obwohl es beides zusammen nicht sein kann. Das ist der sogenannte Teilchen-Wellen-Dualismus, den man inzwischen nicht nur beim Licht findet, sondern bei der Materie an sich.

Materie selbst kann man von einem Standpunkt aus als eine Wahrscheinlichkeitswelle definieren. Mit dieser Theorie kann man einige Phänomene von Materie gut erklären. Das nur als Beispiele. Überall, wo man tiefer in die Wahrheit hineingeht, trifft man auf diese Paradoxien.

Die Wirklichkeit ist nicht vom menschlichen Intellekt her begreifbar. Es ist ohnehin eine unglaubliche Anmaßung anzunehmen, die Wirklichkeit müsse für den Menschen logisch ergründbar sein. Inzwischen weiß man, daß der Mensch niemals alles über das physische Universum wissen kann. Nicht deshalb, weil er noch nicht weit genug ist, weil unsere Computer noch nicht fortgeschritten genug sind, weil wir noch nicht genügend Neuronen im Gehirn haben, sondern ganz einfach deshalb, weil die Welt nicht logisch erfaßbar ist. Sie verhält sich nicht entsprechend dieser „normalen" menschlichen Logik, so wenig wie sie sich nach der Logik eines Hundes oder eines Pferdes verhält.

Wenn wir das im Hintergrund haben, können wir auch besser verstehen, daß die Meister und die Schriften manchmal im gleichen Kontext sagen: „Du bist der Meister deines Schicksals" und kurz danach: „Gott macht alles." In der Bhagavad Gītā finden wir diese scheinbaren Widersprüche etliche Male. Auf Arjunas Bitte sagt Krishna: „Ich habe schon alles gemacht, du brauchst nichts mehr zu machen." Und kurz danach erzählt er ihm: „Es ist deine Pflicht zu kämpfen." Und nach einer Weile sagt er: „Du kannst gar nicht anders, als es zu tun. Wenn du es nicht tust, wird die Natur dich dazu zwingen, du hast gar keine freie Wahl." Kurz danach erzählt er wieder etwas anderes („tu, was du willst"). Und zwar nicht deshalb, weil Krishna unlogisch ist, sondern weil so die Wirklichkeit beschaffen ist. Er spricht von verschiedenen Standpunkten aus.

Das hilft uns übrigens auch, nicht allzu sehr und zu lange mit einem schlechten Gewissen herumzulaufen, wenn wir etwas falsch gemacht haben oder etwas nicht so gut geglückt ist. Es hilft, Dingen nicht nachzuhängen oder nachzutrauern: „Ach, hätte ich das doch anders gemacht, hätte ich doch schon vor zwanzig Jahren nach meinem ersten Kontakt mit Yoga weitergemacht, oder hätte ich ...." Wir können zurückblicken und sagen: Letztlich ist das geschehen, was geschehen sollte. Aber gleichzeitig darf man nicht die Einstellung haben: „Ich kann ja sowieso nichts machen, alles ist Kismet." In jedem Moment muß ich so entscheiden und handeln, als ob ich voll verantwortlich wäre – allerdings ohne mich deshalb innerlich damit zu binden. Ganz im Hintergrund habe ich im Kopf: Ich kann mich nicht falsch entscheiden, ich kann nicht wirklich etwas falsch machen, weil Gott es schon vorherbestimmt hat. Das ist eine sehr positive und konstruktive Weltanschauung.

Eine andere Erklärung für diesen Aphorismus wäre:

Es gibt nicht nur eine Welt, sondern es gibt verschiedene Welten. Eigentlich existieren alle Möglichkeiten der Entscheidung, die wir jemals gehabt haben, gleichzeitig parallel.

Es gibt also dieses Universum, diese Ebene, auf der wir uns in einer Situation so entschieden haben. Gleichzeitig gibt es ein paralleles Universum, wo man sich ganz anders entschieden hat. Und nicht nur eins, denn wie oft hat man im Leben schon Entscheidungen getroffen? – Natürlich trifft man ununterbrochen Entscheidungen: „Soll ich jetzt noch länger arbeiten und diese Arbeit abschließen, oder soll ich eine Pause machen und Getreidekaffee trinken oder spazierengehen?" „Soll ich etwas essen oder nicht, soll ich Gemüse oder Salat essen oder Suppe oder Müsli?" „Soll ich aufstehen, obwohl ich noch müde bin, oder den Wecker abstellen und weiterschlafen?" Und wie oft im Leben hast du schon wichtige, einschneidende Entscheidungen getroffen? Eine Entscheidung kann auch dann einschneidend gewesen sein, wenn man nichts gemacht hat, es einfach so hat weiterlaufen lassen. Aber man stand vor einer Entscheidung, man hatte die Wahl.

Und jetzt stelle dir vor, jede dieser Entscheidungen ist eine Welt für sich. Das heißt, du lebst in jeder Entscheidungswelt und hast dort in der Zwischenzeit wieder Hunderte von Entscheidungen getroffen. All diese Möglichkeiten existieren gleichzeitig überall. Wir bewegen uns durch diese verschiedenen Möglichkeiten hindurch. Unsere Entscheidungen bestimmen nicht die Welt, sondern den Weg, den wir durch die verschiedenen Welten gehen.

Angenommen, in einem Raum wären zehn Ameisen, die losrennen. Unterwegs machen sie immer wieder Umwege und denken dann, sie beeinflussen das Universum. Wenn sie mehr nach rechts gehen, wird plötzlich das Universum heller, wenn sie nach links gehen, wird es dunkler oder verändert seine Farben, und wenn sie zum Ende des Raumes oder an eine Seitenwand kommen, wird das Universum plötzlich zur Mauer. Zehn Ameisen, die sich gegenseitig nicht sehen können, erfahren zehn unterschiedliche Universen, aber der Raum bleibt gleich.

Das ist ein ganz faszinierender Gedanke. Im Traum schaffen wir uns auch selbst noch zusätzliche Universen. Wobei natürlich diese Universen auch Berührungspunkte haben. Es gibt ja Träume, bei denen wir mit dem Astralkörper aus dem physischen Körper austreten und dann vielleicht sogar in die Zukunft sehen. Und am nächsten Tag oder ein paar Jahre später kommen wir in eine Situation oder an einen Ort und wissen ganz genau, was als nächstes geschehen wird. Wir waren schon da. Und es geschieht tatsächlich so, wie wir es im Traum bereits erlebt haben.

Jetzt erhebt sich aber die Frage: Sind es wirklich verschiedene Universen? Sind es nicht einfach verschiedene Ebenen?

Letzlich ist es das gleiche Universum, das sich auf verschiedene Weise manifestieren kann, ein multidimensionales Universum. Je nachdem, in welche Richtung wir gehen, bestimmen wir unsere Erlebnisebene. Von unserem jetzigen Blickwinkel aus sind es verschiedene Universen. Wenn zehn Ameisen von einer Stelle losgehen, nimmt die eine den Weg durch das Gras, die andere über die Steine, die dritte über den Teppichboden – jede davon beschreibt die Erde ganz anders und erlebt ein anderes Universum.

Dazu gibt es eine berühmte alte Geschichte: Der König der Blinden hörte von einem Elefanten. Er schickte nacheinander fünf Gesandte hin, die herausfinden und beschreiben sollten, was ein Elefant ist. Der erste Gesandte berührte die Beine des

Elefanten und sagte: „Oh, König, der Elefant ist wie eine große Säule." Der König dachte: Gut. Aber einer kann sich irren, sicherheitshalber schicke ich einen zweiten hin. Der Zweite kam hin und faßte den Bauch des Elefanten an. Er sagte: „Oh, König, der Elefant ist wie ein großes, weiches, durchhängendes Dach." Das fand der König nun recht merkwürdig. Er schickte einen Dritten, der überprüfen sollte, wer von beiden recht hatte. Der Dritte faßte an den Stoßzahn des Elefanten und sagte: „Oh, König, der Elefant ist wie ein spitzer Ast, gebogen und hart." Nun war der König ganz verwirrt und schickte den Vierten los. Der Vierte faßte hinten an den Schwanz und sagte: „Oh, König, der Elefant ist wie ein großes Haarbüschel." Und schließlich kam der Fünfte zurück, der hatte an den Rüssel gefaßt und sagte: „Oh, König, der Elefant ist wie ein weicher, flexibler Schlauch." Wer von ihnen hat recht?

IV.13 Te vyaktasūkṣmā guṇātmānaḥ

Te = sie; ***vyakta*** = manifestiert; ***sūkṣma*** = subtil, unmanifestiert; ***guṇātmānaḥ*** = von der Natur der *guṇas*

Sie, ob manifestiert oder unmanifestiert, existieren in den drei guṇas.

Nachdem Patañjali großartig vom Universum, Gegenwart, Vergangenheit, Zukunft berichtet hat, sagt er jetzt, letztlich existiert alles nur aus den drei *guṇas* heraus, den drei Eigenschaften der Natur.

IV.14 Pariṇāmaikatvādvastutattvam

Pariṇāma = Wandlung, Veränderung; ***ekatva*** = einzigartig; ***vastu*** = des Objektes; ***tattva*** = die Essenz, Wirklichkeit, Besonderheit

Die Besonderheit eines Objektes ist die (für dieses Objekt spezielle) Einzigartigkeit in der Veränderung (der guṇas).

Ein Objekt besteht nur aus einem bestimmten Mischungsverhältnis von *guṇas*. Aus der Sicht der Physik kann man sagen: In gewisser Weise bestehen alle Elemente nur aus Elektronen, Neutronen, Protonen. Die Elektronen sind *rajas*, sie bewegen sich ständig. Die Protonen sind gewissermaßen *tamas*, sie führen zur Trägheit. Die Neutronen sind *sattva*, sie gleichen aus. Und aus diesen drei sind alle Elemente geschaffen. Der Unterschied zwischen Gold, Eisen, Blei, Zink, Sauerstoff besteht nur aus einer unterschiedlichen Anordnung von Elektronen, Neutronen und Protonen.

Das kann man ins Subtilere weiterführen: Der Unterschied zwischen einem Gedanken, einem Harmonium, einer Uhr und einer Brille ist nur die Zusammensetzung der *guṇas*. Alles ist eine Gotteserfahrung, eine Manifestation des Göttlichen, des Seienden. Es ist alles eins. Der Unterschied besteht nur im Mischungsverhältnis von *sattva, rajas* und *tamas*.

IV.15 Vastusāmye cittabhedāttayorvibhaktaḥ panthāḥ

Vastu = Objekt; ***sāmya*** = Gleichheit; ***citta*** = Verstand, Geist; ***bheda*** = Veränderung, Verschiedenheit; ***tayoḥ*** = dieser beiden; ***vibhakta*** = verschieden, getrennt; ***pantha*** = Wanderer

Ist das Objekt dasselbe, rührt der (augenscheinliche) Unterschied (zwischen zwei Wahrnehmungen) von den verschiedenen Wegen der cittas her.

Dasselbe Objekt kann auf zwei Menschen ganz unterschiedlich wirken.

Zwei Menschen kommen zu einem Yogaseminar. Der eine findet es ganz phantastisch, hat wunderbare Erfahrungen, öffnet sich, fühlt sich aufgeladen, sein Leben verändert sich grundlegend. Der zweite reist nach dem zweiten Tag ab: den ganzen Tag irgendwelche Verrenkungen, Nase zuhalten, Atem anhalten, eigenartiges Gesinge weit ab von jedem Takt und höherem Kunstverständnis und so viel auf dem Boden sitzen. Gleiches Objekt – zwei vollkommen verschiedene Erfahrungen.

Die Objekte an sich sind unterschiedlich, je nach Zusammensetzung der *guṇas*, und das gleiche Objekt kann auch ganz unterschiedlich wirken. Es kann auf zwei Menschen unterschiedlich wirken oder auch auf denselben Menschen, je nachdem in welchem Gemütszustand er gerade ist.

Angenommen, wir sitzen abends zusammen, meditieren, singen *mantras* und hören einen Vortrag über Rāja Yoga an. Jemand kommt herein, der um fünf Uhr morgens aufgestanden ist und den ganzen Tag hart gearbeitet hat. In der Meditation schläft er halb, das Mantrasingen wiegt ihn langsam in den Schlaf, und beim Vortrag kann er endlich entspannen. Der gleiche Mensch zwei Tage später: ausgeschlafen, ausgeruht, fühlt sich besser, meditiert achtsam, ist in einem erhabenen Gemütszustand, singt *„Jaya Gaṇeśa"* voller Enthusiasmus, und beim Vortrag hört er jedes einzelne Wort aufmerksam an. Gleiche Situation, unterschiedliches *citta*.

Deshalb sollten wir auch immer vorsichtig sein, wenn wir etwas beurteilen. Unser Urteil ist nicht nur vom Objekt geprägt, sondern auch durch unseren Gemütszustand.

IV.16 Na caikacittatantraṃ vastu tadapramāṇakaṃ tadā kiṃ syāt

Na = nicht; ***ca*** = und; ***eka*** = ein; ***citta*** = Verstand, Geist; ***tantraṃ*** = abhängig von; ***vastu*** = ein Objekt; ***tat*** = das; ***apramāṇakam*** = nicht erkannt; ***tadā*** = dann; ***kim*** = was; ***syāt*** = würde geschehen

Ein Objekt ist nicht von einem Verstand abhängig. Was würde geschehen, wenn es nicht erkannt würde?

Hier widerspricht Patañjali der *vedānta*-Philosophie, die sagt: Die Objekte existieren nur deswegen, weil es einen Geist gibt, der sich ihrer bewußt ist. In dem Moment, wo keiner mehr an sie denkt, hören die Objekte auf zu existieren. Sie sind nur eine Illusion.

Aber genau genommen ist es kein Widerspruch, sondern eine Frage des Standpunktes.

Von unserem subjektiven Standpunkt aus existieren die Objekte natürlich, egal ob wir an sie denken oder nicht. Manchmal mißverstehen Menschen, mindestens für praktische Zwecke, die *vedānta-* und *advaita*-Philosophie. Zum Beispiel glauben Menschen manchmal, sie könnten eine Krankheit einfach wegdenken. Manchmal klappt es auch, weil Gedanken eine starke Kraft sind. Aber allein die Tatsache, nicht an etwas zu denken, macht es nicht ungeschehen – so wenig, wie den Kopf in den Sand zu stecken. Neulich habe ich das bei einem kleinen Jungen beobachtet – irgend etwas hat ihm nicht gefallen, da hat er sich die Decke über den Kopf gezogen. Dann exisitiert das Ding nicht mehr. Vogel-Strauß-Politik. Wir schließen die Augen, dann guckt keiner hin. Nur, die Probleme löst man so nicht immer...

IV.17 Taduparāgāpekṣitvāccittasya vastu jñātājñātaṃ

Tad-uparāga = die Färbung dadurch; ***apekṣitvāt*** = weil es nötig ist, aufgrund, je nach; ***cittasya*** = für, durch den Verstand; ***vastu*** = Objekt; ***jñāta*** = gewußt; ***ajñātam*** = nicht gewußt

Je nachdem, ob das Objekt den Verstand färbt, ist es diesem bekannt oder unbekannt.

Das ist die subtile Theorie der Wahrnehmung aus der *sāṃkhya-* und *yoga*-Philosophie.

Der Geist wird dort mit einem Kristall verglichen, der sich durch das Objekt verfärbt, oder mit einem See, in dem sich die Gegenstände spiegeln. Stellt man einen roten Gegenstand hinter einen Bergkristall, dann sieht der Kristall rot aus. Derselbe Kristall vor einem gelben Hintergrund sieht gelb aus. Der Geist nimmt die Farbe der Objekte um uns herum an, wobei Farbe hier allegorisch zu verstehen ist. Der Geist nimmt auch Klänge, Bewußtseinsinhalte, Reaktionsmuster u.s.w. an. Der Geist nimmt ein Objekt nur dann wahr, wenn dieses Objekt ihn färbt. An sich kennt unser Gehirn erst einmal gar nichts. Das Objekt muß irgendwie unser Gehirn, unseren Geist, färben, damit wir uns daran erinnern bzw. das nächste Mal eine Assoziation herstellen.

IV.18 Sadā jñātāścittavṛttayastatprabhoḥ puruṣasyāpariṇāmitvāt

Sadā = immer; ***jñātāḥ*** = bekannt; ***citta*** = Verstand, Geist; ***vṛttayaḥ*** = Gedanken, Modifikationen; ***tat-prabhoḥ*** = von seinem Herrn; ***puruṣasya*** = des *puruṣa*, des Selbst; ***apariṇāmitvāt*** = wegen der Unveränderlichkeit

Da die Natur des puruṣa (Selbst) unveränderlich ist, sind die Gedanken des Geistes dem Selbst immer bekannt.

Puruṣa, das Selbst, die Seele, ist immer da. Um ihn herum gibt es den Geist, *citta*. *Puruṣa* nimmt immer und in jedem Moment alle Veränderungen des Geistes wahr. Das *citta* bekommt über die äußeren Sinne Wissen von der Welt. *Puruṣa* schaut sich die Welt durch das *citta* hindurch an und ist sich aller Empfindungen und Gedanken des *citta* bewußt. *Citta* sieht ab und zu mal etwas nicht. Wenn wir schlafen, sehen wir die Welt nicht. *Puruṣa* aber ist niemals müde. Wir sprechen jetzt von *citta* als unserem bewußten Geist. Daneben gibt es natürlich noch den unbewußten Geist, aber das steht auf einem anderen Blatt.

IV.19 Na tatsvābhāsaṃ dṛśyatvāt

Na = nicht; ***tat*** = es; ***svābhāsam*** = selbst-erleuchtend; ***dṛṣyatvāt*** = Wahrnehmbarkeit

Weil er wahrnehmbar ist, ist der Geist nicht selbst-erleuchtend.

Der Geist an sich erkennt nichts. Er erkennt deshalb, weil *puruṣa* als Bewußtsein in ihm ist.

Er ist dem Mond vergleichbar. Der Mond strahlt nicht selbst, sondern spiegelt nur die Sonne. Und ein Spiegel hat keine Farbe an sich, sondern gibt seine Umgebung wider. Auch ein Bergkristall hat keine Farbe, sondern nimmt von seiner Umgebung die jeweilige Färbung an. Unser Gemüt, unser Geist nimmt nicht selbst etwas wahr und schafft auch nicht selbst etwas, sondern er nimmt die Farbe der Objekte an. Er kann auch aus der Erinnerung heraus die Farbe von früheren Objekten annehmen. Er kann die Farben auch mischen und so Kreativität entwickeln. Aber die Erkenntnis kommt von *puruṣa*.

IV.20 Ekasamaye cobhayānavadhāraṇam

Eka-samaye = gleichzeitig; ***ca*** = und; ***ubhaya*** = beide; ***anavadhāraṇam*** = nicht erfassen, nicht wahrnehmen

Der Geist kann nicht zwei Dinge auf einmal wahrnehmen.

Der bewußte Geist nimmt eine Sache nach der anderen wahr. Das geschieht zwar so schnell hintereinander, daß man den Eindruck hat, man mache bzw. denke mehrere Dinge gleichzeitig. Zum Beispiel, wenn man in der Meditation sitzt, sein *mantra* wiederholt und in Gedanken Vergangenheit, Gegenwart und Zukunft plant. Das scheint alles gleichzeitig abzulaufen, tut es aber nicht. Es ist mal das eine, mal das andere in sehr schneller Abfolge. Der Geist springt.

Eine andere Interpretation des gleichen Verses:

Das Bewußtsein kann nicht beides (sich selbst und die Welt) zugleich wahrnehmen.

Entweder wir sehen die Welt oder das Bewußtsein. Beides zur gleichen Zeit geht nicht.

IV.21 Cittāntaradṛśye buddhibuddheratiprasaṅgaḥ smṛtisaṃkaraśca

Cittāntara-dṛśye = in (einem Geist), der durch einen andern Geist wahrnehmbar wird; ***buddhi*** = Wahrnehmung, Intellekt, Erkenntnis; ***buddhibuddheḥ*** = Wahrnehmung von Wahrnehmungen; ***atiprasaṅga*** = Überflüssigkeit, ad absurdum führen; ***smṛti*** = Erinnerung; ***saṃkāra*** = Verwirrung, Vermischung; ***ca*** = und

Würde ein Geist einen anderen Geist wahrnehmen, dann gäbe es die Absurdität von Wahrnehmung der Wahrnehmung sowie Verwirrung der Erinnerung.

Wenn der Geist gleichzeitig den Geist eines anderen wahrnehmen würde, dann gäbe es eine Wahrnehmung der Wahrnehmung und daher eine Verwirrung der Erinnerungen.

Deshalb ist es auch nicht empfehlenswert, zu sehr zu versuchen, den Geist der anderen immer wieder zu verstehen und zu lesen. Patañjali hat uns zwar vorher die *saṃyama*-Technik angegeben, wie wir durch Konzentration auf das Herz eines anderen die Inhalte seines Geistes wahrnehmen können. Aber zu oft sollten wir das nicht machen.

Wir haben Swami Vishnu einmal gefragt, ob er unsere Gedanken lesen könne. Denn er hat sich manchmal ganz offensichtlich so verhalten, als ob er Gedanken lese. Bei mir war es zum Beispiel oft so: Ich habe mir monatelang alle Fragen, die ich nicht selbst beantworten konnte und für die ich auch vom Zentrumsleiter oder der Leiterin keine zufriedenstellende Antwort bekam, aufgeschrieben. Und wenn ich dann nach einer Weile wieder einmal zu Swami Vishnu kam, waren es meist ein paar Seiten voll Fragen. Dann habe ich immer ein paar Tage abgewartet, und in der Zeit hat er meistens den größten Teil meiner Fragen schon beantwortet. Entweder im Rahmen von Vorträgen direkt oder indirekt, oder indem er mich zu sich hingezogen und mir irgend etwas erzählt hat, was dann genau die Antwort auf etwas war, was ich hatte fragen wollen.

Ich kann mich beispielsweise an ein Ereignis in Wien erinnern, in dem ersten Yogazentrum, das ich leitete. Ich war ein paar Monate dort, und irgendwie lief es inzwischen sehr gut. Ein paar der langjährigen Mitarbeiter befürchteten, mein Ego werde zu stark und warnten mich, ich solle aufpassen. Nun wußte ich selbst nicht so genau: Ist es jetzt Ego, oder ist es Hingabe und Pflichterfüllung bzw. Dienst am *guru* und an Gott. Und während ich nun darüber nachgedacht und ständig versucht habe, an Gott zu denken und ihm alles zu widmen, kam plötzlich ein Brief von Swami Vishnu, in dem stand, meine Motivation sei richtig, Swami Sivananda wirke durch mich hindurch. Damals habe ich wirklich ständig darüber nachgedacht – ich frage mich das natürlich auch heute noch, aber jetzt denke ich nicht so viel nach. Es geschieht einfach, es ist zu meiner zweiten Natur geworden. Und dann kam dieser Brief von Swami Vishnu, ohne daß ich ihm die Frage überhaupt gestellt hatte! Und es hatte auch sonst niemand mit ihm darüber gesprochen, denn damals gab es keine E-mail oder ähnliches.

Aber auf die Frage, ob er Gedanken lesen könne, hat Swami Vishnu geantwortet: „Ich habe schon genug Probleme mit meinem eigenen Geist. Stellt euch vor, ich könnte jetzt die Gedanken von euch allen hier lesen. Ich würde innerhalb von fünf Minuten verrückt werden!“

IV.22 Citerapratisaṃkramāyāstadākārāpattau svabuddhisaṃvedanam

Citeḥ = des Bewußtseins; ***apratisaṃkramāyāḥ*** = von einem, der nicht von Ort zu Ort wandert; ***tad-ākāra*** = seine Form; ***āpattau*** = in der Annahme; ***sva-buddhi*** = Selbsterkenntnis; ***saṃveda*** = Wissen (über), Wahrnehmung

Wird das Bewußtsein in den Zustand des Nicht-Wanderns gebracht, kommt die Selbsterkenntnis.

Das ist im Grunde genommen das gleiche wie *„Citta vṛtti nirodhaḥ“* aus dem ersten Kapitel. Ist der Geist in der Stille, kommt das Wissen des Selbst.

IV.23 Draṣṭṛdṛśyoparaktaṃ cittam sarvārtham

Draṣṭṛ = der Sehende, Erkennende, Wahrnehmende; ***dṛśya*** = das Gesehene, Erkannte, Wahrgenommene; ***uparakta*** = gefärbt; ***citta*** = Geist, Verstand; ***sarvārtha*** = allumfassend

Ist der Geist gefärbt durch den Sehenden (das Selbst) und das Gesehene, wird er allumfassend.

Das kann man wieder auf zwei Arten interpretieren.

Einmal ist das eine Darstellung der Wahrnehmungstheorie aus yogischer Sicht. Der Geist kann grundsätzlich alles wissen und verstehen, weil er einerseits das Selbst, *puruṣa*, hat, welcher alles wahrnimmt, und andererseits ist da die ganze *prakṛti*, die ganze Schöpfung. Das *citta* (der Geist, das Gemüt) kann grundsätzlich von allem gefärbt werden, je nachdem in welche Richtung es sich wendet. Und da hinter ihm Bewußtsein ist, eben *puruṣa*, kann das *citta* grundsätzlich alles wahrnehmen und erkennen.

Die zweite Interpretation ist: Wenn wir in der Lage sind, unser *citta* sehr ruhig zu halten und unsere Vorurteile und all das herauszuhalten, dann färbt das *citta* sich tatsächlich ganz genau wie das Objekt. Dann wissen wir über die Objekte sehr viel besser Bescheid als jemand, der ständig nur mit Vorurteilen und eingefahrenen Denk- und Verhaltensmustern an alles herangeht. Ein reiner Kristall oder ein ganz stiller, sauberer See widerspiegeln die Welt klar und deutlich.

IV.24 Tadasaṃkhyeyavāsanābhiścitramapi parārthaṃ saṃhatyakāritvāt

Tad = das; ***asaṃkhyeya*** = unzählige; ***vāsanābhiḥ*** = durch *vāsanas* (Wünsche); ***citram*** = mannigfaltig, wunderbar; ***api*** = obgleich; ***parārtham*** = um eines anderen willen; ***saṃhatya*** = Verbindung; ***kārita*** = wegen

Der durch die unzähligen Wünsche so mannigfache Geist wirkt für einen anderen (nämlich das Selbst); denn sie (der Geist und das Selbst) sind in Verbindung.

Obgleich der Geist oft verrückt spielt oder zu spielen scheint, ist er eigentlich Diener des Selbst. Er vergißt das zwar manchmal, aber gewissermaßen ist das seine Aufgabe. Wir haben den Geist, um die Erfahrungen zu machen, die wir machen wollen und müssen, um uns letztlich auch wieder von allem zu befreien.

IV.25 Viśeṣadarśina ātmabhāvabhāvanānivṛttiḥ

Viśeṣa = Einzigartigkeit, Unterschied; ***darśinaḥ*** = von dem, der sieht; ***ātmabhāva*** = Bewußtsein des Selbst; ***bhāvana*** = Annahme, Gedanke; ***nivṛtti*** = völliges Aufhören

Wer diesen Unterschied (zwischen Selbst und Geist) erkennt, hört auf, den Geist als ātma zu sehen.

Viele Menschen denken: Ich bin der Geist, ich bin die Emotionen, ich bin die Gefühle. Die Vorstellung, daß wir etwas anderes sein könnten als die Gefühle und die Wahrnehmungen auf physischer Ebene, ist Menschen völlig fremd. Und selbst für spirituelle Aspiranten, die wiederholen: *„Aham brahma asmi“* ist das „Ich bin

Brahman“ nicht mehr sehr aktuell, sobald irgendwelche Emotionen kommen, vor allem bei negativen oder belastenden Emotionen. Aber wenn wir anfangen, diesen Unterschied zwischen Geist und Selbst zu sehen und auch zu spüren, dann mögen zwar immer noch Emotionen da sein, aber wir sind nicht mehr so stark davon beeindruckt und beeinflußt. Wir wissen: Das Selbst ist nicht identisch damit.

Eine andere Übersetzungsmöglichkeit wäre:

Wer diese einzigartige Schau besitzt, kommt zur Selbsterkenntnis und zur Ruhe des Geistes.

Aus der Wahrnehmung dessen, das hinter allen vielfältigen Gedanken stets ruhig bleibt, kommt die Selbstverwirklichung. Die Gedanken im Geist kommen von selbst zur Ruhe.

IV.26 Tadā hi vivekanimnaṃ kaivalyaprāgbhāraṃ cittam

Tadā = dann; ***hi*** = tatsächlich, wahrlich; ***viveka*** = Unterscheidungskraft; ***nimnaṃ*** = geneigt zu; hin zu; ***kaivalya*** = Befreiung; ***prāgbhāra*** = Neigung; ***citta*** = der Geist, Verstand

So neigt der Geist zur Unterscheidungskraft und strebt nach Befreiung.

Erste Voraussetzung ist, daß wir überhaupt erst einmal erkennen, daß wir gebunden sind. Und während wir um die Gebundenheit wissen, muß uns klarwerden, daß wir eigentlich frei sein könnten. Wenn wir wissen, daß das Selbst etwas anderes ist als der Geist, dann wissen wir: Wir sind momentan gebunden. Wenn wir diese Unterscheidungskraft erworben haben, wollen wir natürlich nicht länger gebunden bleiben. Von diesem Moment an können wir nach Befreiung streben.

IV.27 Tacchidreṣu pratyayāntarāni saṃskārebhyaḥ

Cidra = Unterbrechung; ***Tac-chidreṣu*** = Unterbrechungen darin, in ihm; ***pratyaya*** = Bewußtseinsinhalt, Gedanke; ***antara*** = andere, verschiedene; ***saṃskārebhyaḥ*** = aus der Stärke der *saṃskāras* (frühere Eindrücke/Neigungen im Unterbewußtsein)

Andere Gedanken, die als Unterbrechung (der Unterscheidungskraft) aufsteigen, kommen von den früheren Neigungen.

Deshalb geht es auf dem spirituellen Weg nicht so schnell. Wir können einen Augenblick lang eine wunderschöne Einsicht haben und wirklich erkannt haben: Ja, ich bin das unerschütterliche, unvergängliche Selbst, ich bin nicht der Geist. Und kurz danach identifizieren wir uns wieder mit unseren Gedanken und unserem Selbstbild und all dem. Das merkt man besonders an der eigenen Reaktion, wenn einen jemand kritisiert oder etwas schiefgeht oder man meint, man müßte etwas anderes tun als das, was jetzt gerade von einem verlangt wird. Dann merkt man, daß man sich wieder identifiziert

Diese Identifikation kommt von den vergangenen *saṃskāras* aus früheren Leben. *Saṃskāra* für *saṃskāra* muß ersetzt werden, wie im Beispiel von dem Baumwolltuch, das wir in ein goldenes Tuch umwandeln können, indem wir Faden für Faden auswechseln. Deshalb dauert es so lange, bis man die Selbstverwirklichung erreicht.

IV.28 Hānameṣām kleśavaduktam

Hāna = Aufgeben, Beseitigung, Aufhören; ***eṣām*** = von diesen; ***kleśa*** = Ursache des Leidens; ***kleśavat*** = wie das der Leiden; ***uktam*** = wurde beschrieben

Diese werden genauso beseitigt wie es vorher im Zusammenhang mit den kleśas beschrieben wurde.

Wir hatten von den Ursachen der *kleśas*, der Leiden gesprochen (II, 2–11), nämlich *avidyā, asmitā, rāga, dveṣa, abhiniveśa,* also Unwissenheit, Ego, Mögen, Nichtmögen und Angst. Auch die *saṃskāras* rühren letztlich vom Handeln aus den *kleśas* her. Das hinterläßt Eindrücke im Unterbewußtsein, die dazu führen, daß die Unterscheidungskraft nicht dauerhaft ist.

IV.29 Prasaṃkhyāne 'pyakusīdasya sarvathā vivekakhyāterdharmameghaḥ samādhiḥ

Prasaṃkhyāne = in Kenntnis der höchsten Meditation; ***api*** = sogar; ***akusīdasya*** = kein Interesse haben, den Wunsch aufgeben; ***sarvathā*** = auf jede Weise; ***viveka-khyāti*** = Unterscheidungskraft; ***dharma*** = Tugend, Kosmische Ordnung; ***megha*** = Wolke; ***dharma-megha*** = Herabströmen der *dharmas;* ***samādhi*** = überbewußter Zustand

Gibt man selbst den Wunsch nach dem höchsten Bewußtseinszustand auf und übt Unterscheidungskraft, erreicht man dharma-megha-samādhi.

Wenn man schließlich sogar den Wunsch nach Befreiung aufgegeben hat, erreicht man nicht nur normalen *samādhi*, sondern *megha-Samādhi*, ja sogar *dharma-megha-Samādhi. Dharma-megha* heißt wörtlich „Wolke der Tugend“. In diesem Zustand weiß man, was das Richtige ist, was das eigene *dharma*, die eigene Aufgabe, die eigene Pflicht, ist.

Das Hauptmittel zur Befreiung ist der Wunsch nach Befreiung. Aber er ist gleichzeitig auch das letzte Hindernis. Ganz zum Schluß, wenn wir sehr weit entwickelt sind, müssen wir auch den Wunsch nach Befreiung aufgeben. Dann sind wir befreit. Das mag paradox klingen.

Wenn du zum Beispiel aufs Dach steigen willst, was benutzt du? – Eine Leiter. Das Mittel, um aufs Dach zu steigen, ist eine Leiter. Und was mußt du als letztes tun, um wirklich auf das Dach zu kommen? – Die Leiter verlassen. Das letzte Hindernis vor der Berührung des Daches ist die letzte Stufe der Leiter und vielleicht auch die Sicherheit der Leiter.

IV.30 Tataḥ kleśakarmanivṛttiḥ

Tataḥ = daher; ***kleśa*** = Leiden; ***karma*** = Handlung und ihre Folgen; ***nivṛtti*** = Aufhören, Freiheit von

Dann hören Leiden und karma auf.

IV.31 Tadā sarvāvaraṇamalāpetasya jñānasyānantyājjñeyamalpam

Tadā = dann; ***sarva*** = alle; ***āvarana*** = Schleier, verhüllt; ***mala*** = Unreinheiten; ***apetasya*** = ohne, nach Beseitigung von; ***jñānasya*** = vom Wissen; ***ānanta*** = unendlich; ***ānantayāt*** = wegen der Unendlichkeit von; ***jñeya*** = das Erfahrbare; ***alpa*** = klein, wenig, winzig

Dann wird es mit der Beseitigung aller Schleier und Unreinheiten ersichtlich, daß das (über den Geist) Erfahrbare im Vergleich mit dem unendlichen Wissen (der Erleuchtung) nur winzig ist.

Dann erkennen wir: Alles, was vorher war, war eigentlich nichts im Vergleich zu dem, was wir jetzt erfahren.

IV.32 Tataḥ kṛtārthānām pariṇāmakramasamāptirguṇānām

Tataḥ = dadurch, dann; ***kṛta*** = erfüllt; ***arthāna*** = Zweck; ***pariṇāma*** = Veränderung, Wandel; ***krama*** = Vorgang, Folge; ***samāpti*** = das Ende; ***guṇānām*** = der *guṇas*, Grundeigenschaften

Für solche, die das Ziel erreicht haben, hört der Vorgang des ständigen Wandels der guṇas auf.

Haben wir die Selbstverwirklichung erreicht, dann verschwinden die drei *guṇas* für uns. Die Verbindung von *prakṛti* und *puruṣa* löst sich auf.

IV.33 Kṣaṇapratiyogī pariṇāmāparāntanirgrāhyaḥ kramaḥ

Kṣaṇa = Augenblick, Moment; ***pratiyogī*** = entsprechend; ***pariṇāma*** = Wechsel, Wandel, Veränderung; ***aparānta*** = Ende, Tod; ***nirgrāhya*** = wahrnehmbar, ersichtlich; ***krama*** = Vorgang, Aufeinanderfolge

Kommt der ständige Wechsel der entsprechenden Augenblicke zum Ende, wird ihre Aufeinanderfolge wahrnehmbar.

Das Leben besteht aus aufeinanderfolgenden Augenblicken. Es erscheint so, als hätten diese alle etwas miteinander zu tun, aber eigentlich läuft nur ein Film ab. Einige Verse weiter oben hat Patañjali uns ja schon die Illusion von einem freien Willen geraubt, indem er gesagt hat: Es existiert schon alles, und wir gehen einfach irgendwie hindurch. Wenn wir ins Kino gehen, können wir uns entscheiden, welchen Film wir anschauen. Im Film entwickelt sich die Handlung schrittweise, so, als entstünde sie gerade eben. Alles verläuft meist sehr dramatisch, man bangt mit dem Helden und der Heldin, freut sich über das Happy End oder ist traurig, wenn es ausbleibt. Aber es ist alles vorher schon auf einem Zelluloidstreifen aufgezeichnet. So ist es mit dieser Welt.

Letzter Vers:

IV.34 Puruṣārthaśūnyānāṃ guṇānāṃ pratiprasavaḥ kaivalyaṃ svarūpapratiṣṭhā vā citiśaktiriti

Puruṣārtha = Ziel, Anstrengung; ***śūnya*** = Leere; ***guṇa*** = Eigenschaft; ***prati*** = zurück, wider; ***prasava*** = Eintauchen, Schöpfung; ***pratiprasava*** = Wiedereintauchen; ***kaivalya*** = Befreiung; ***svarūpa*** = eigene Natur, eigenes Wesen; ***pratiṣṭhā*** = Niederlassung, Wohnung; ***vā*** = oder; ***cit*** = Bewußtsein; ***śakti*** = Kraft; ***iti*** = Ende

Hören alle Anstrengung und Zielstreben auf und sind die guṇas (die Eigenschaften der Natur) wieder (in ihren Ursprung) absorbiert, dann ist das kaivalya (Befreiung). Die Seele ruht in ihrer wahren Natur – reinem Bewußtsein. – Ende.

Dann sind wir befreit: nichts mehr zu tun, kein Leid, kein Vergnügen, kein Schmerz, keine Aufgaben, keine *mantras*, keine *āsanas*, nichts. Es gibt nur noch eine Bewußtheit, *sat cit ānanda*, reines Sein, Wissen und Glückseligkeit.

Weitere Bücher aus dem Verlag Via Nova:

Yoga für Kinder und Jugendliche

Ausgeglichenheit, Konzentration, Selbständigkeit

R. Sriram / Kornelia Becker-Oberender

Klappenbroschur, 224 Seiten, 80 farbige Abbildungen, 18 Übungssequenzen, ISBN 978-3-86616-337-9

Yoga ist eine wunderbare Möglichkeit, Kinder und Jugendliche an den achtsamen und bewussten Umgang mit ihrem Körper, ihrem Atem und ihrem Geist heranzuführen. Es eröffnet neue Räume für eine rundum gesunde Entwicklung. Ganz wesentlich, damit junge Menschen den Reichtum des Yoga erfahren können, ist eine an Alter und Entwicklung orientierte Praxisvermittlung. Dieses Buch zeigt mit einmaliger Kompetenz, anschaulich und einfühlsam den überragenden pädagogischen Nutzen der Yogapraxis für alle Lebensaspekte junger Menschen in Schule und Elternhaus. Konkrete Übungen, lebendige Reflexionen und feine didaktischen Erläuterungen machen das Buch zu einem unersetzlicher Begleiter für alle, die Yoga als ein Juwel ganzheitlicher Bildung entdecken möchten.

Yoga kann sofort helfen

Heilsame Übungen für alle Lebenslagen

Evelyn Horsch-Ihle

Paperback, 120 Seiten, 54 farbige Fotos, ISBN 978-3-86616-347-8

Dieses kleine Yoga-Soforthilfebuch gehört in jeden Haushalt und sollte immer griffbereit sein, ob zuhause oder unterwegs. Ein perfekter Helfer für alle kleinen und akuten Notlagen des Alltags! Stress auf der Autobahn? Zu viel gegessen? Herzklopfen? Eine aufkommende Erkältung oder müde Augen? Einfache Haltungen, spezielle Meditationen und viele wirksame Tipps und Tricks aus der „Zauberkiste" der yogischen Lebensweise unterstützen, stärken, beruhigen oder entspannen. Die speziellen Yogaübungen sind exakt abgestimmt auf viele kleine, oft wiederkehrende alltägliche Schwierigkeiten und Probleme und bieten schnelle, unkomplizierte Unterstützung!

Der Yogaweg des Patanjali

Ein kleiner Leitfaden für Übende und Lehrende

Gérard Blitz

2. Auflage

Taschenbuch, 96 Seiten, ISBN 978-3-86616-118-4

Gérard Blitz hat in diesem Taschenbuch die unermessliche Fülle des Yogaweges von Patanjali in den wesentlichen Aussagen zusammengefasst. Vor allem stellt er heraus, dass die persönliche Erfahrung der Einheit zum Wesen des Yoga führt, in dem der Zustand der Zerstreuung des Geistes in einen Zustand des inneren Gleichgewichts, des inneren Gesammeltseins, der Ausgeglichenheit, der Ruhe und des Friedens verwandelt wird. Für den Autor ist das Mittel, um dieses Ziel zu erreichen, der Hatha-Yoga. Auf dem achtgliedrigen Stufen-Weg des Patanjali basierend beschreibt er den Leitfaden des Hatha-Yoga als Flussrichtung von Körperhaltung (Asana), Atmung (Pranayama), und denkendem Geist (Dhyana). Diese Grundsicht bettet er ein in die Interpretation einer kleinen Auswahl der wichtigsten Aussagen von Patanjali. Er beschreibt die Ursache des Leids, die Überwindung von Hindernissen, die Auflösung des Ego und die Erfahrung der großen Freiheit. Am Ende des Buches vermittelt der Autor noch Regeln für das Lehren von Asana.

Kraftquelle Yoga

Das Praxisbuch des Viniyoga

Gary Kraftsow

3. Auflage

Paperback, 360 Seiten, Großformat, über 1000 Fotos, ISBN 978-3-86616-027-9

„Der Stern des Yoga geht auf." Mit diesen Worten beginnt ein Buch, dessen Lektüre für alle Yoga-Praktizierenden zu einer Sternstunde des Yoga werden kann. Im ersten Teil des Buches, das auf einzigartige Weise eine Vielzahl von Themen in großer Tiefe behandelt, erläutert der Autor die Grundlagen der Yoga-Praxis, zu denen körperliche Haltungen, der Atem und der richtige Aufbau einer Yoga-Stunde gehören, sowie die Biomechanik der Bewegung anhand einer Reihe praktischer, in sich abgeschlossener Übungsreihen. Der zweite Teil behandelt das enorm große Heilungspotenzial, das der Yoga-Therapie innewohnt. Für eine Vielzahl körperlicher und seelischer Erkrankungen zeigt der Autor – stets wissenschaftlich fundiert – eine Fülle von Übungsreihen und Haltungen, die in hohem Maße zu ihrer Heilung beitragen können. Einzigartig sind auch die exzellenten, über 1000 fotographischen Darstellungen und detaillierten Anleitungen zu den einzelnen Asanas. Dieses Buch ist eine Goldgrube praktischen Wissens, das den Leser immer wieder zu neuen Erkenntnissen führen wird.

Spiraldynamik® – Achtsame Körperhaltung

Liegen, sitzen, stehen, gehen –
Die besten Übungen für ein neues Körperbewusstsein

Renate Lauper / Dr. med. Christian Larsen

Klappenbroschur, 176 Seiten, 120 farbige Abbildungen, ISBN 978-3-86616-336-2

Entdecken Sie in diesem Buch die preisgekrönte und tausendfach bewährte Erfolgsmethode der Spiraldynamik, die auf einer gänzlich neuen Betrachtung des evolutionären menschlichen Bauplans basiert. Es zeigt einen konkreten und anatomisch sinnvollen Weg, wie Sie sich körperlich verändern und aufrichten können. Erfahren Sie wie durch die Bewusstheit der körperlichen Bewegung und Haltung ein vollkommen neues Lebensgefühl geweckt werden kann – frei von Beschwerden, zentriert, präsent, selbstbewusst, in Würde, kraftvoller Lebendigkeit und Ausstrahlung. Bahnbrechende Einsichten über die menschliche Anatomie und seiner Bewegungen werden hier ganz praktisch und konkret in einem perfekt aufeinander abgestimmten Übungsprogramm vermittelt, das behutsam und nachhaltig in die Aufrichtung führt. Achtsamkeit bedeutet, Körperbewusstsein im Alltag zu kultivieren.

Yoga – Energie ein Leben lang

Übungszyklen und Meditationen des Hatha Yoga

Jutta Pinter-Neise

Hardcover, 184 Seiten, 200 farbige Fotos, ISBN 978-3-86616-098-9

In diesem Buch werden 35 Jahre Erfahrung im „Yoga der Energie" weitergegeben. Die Entwicklung der Achtsamkeit führte zu einer immer größeren Einfachheit und Genauigkeit in der Ausführung der Haltungen und Bewegungsabläufe. Die vier Übungszyklen bauen in ihrer Anforderung aufeinander auf. Je tiefer der Übende sich einzulassen gewillt ist, desto tiefer wird er berührt werden. Die einzelnen Übungen sind so aufeinander abgestimmt, dass jede Übungssequenz eine in sich geschlossene Einheit ergibt, die jeweils mit einer Meditation abschließt. Der Autorin geht es darum, zu berühren, damit Veränderung geschehen kann. Ihre jahrelange Suche hat ihr mit aller Deutlichkeit gezeigt, dass es nur unser Denken und Fühlen ist, das alles verändert.

YOGA – Tradition und Erfahrung

Die Praxis des Yoga nach dem Yoga Sûtra des Patañjali

T.K.V. Desikachar

6. Auflage

Gebunden, 248 Seiten, 215 Zeichnungen, ISBN 978-3-928632-00-3

T.K.V. Desikachar ist Sohn und engster Schüler von T. Krishnamacharya, einem der bedeutendsten Yogameister unseres Jahrhunderts. Folgende Krititerien zeichnen dieses Buch aus:

- Anpassung des Yoga an den einzelnen Menschen, an seine Bedürfnisse und seine Erfordernisse.
- Erläuterung der psychologischen und philosophischen Konzepte des Yoga Sutra des Patañjali und deren Verbindung mit der alltäglichen Yogapraxis.
- Darstellung und Bedeutung des Atems und des Wertes von Asana, Pranayama und Bandha für die Hinführung zu Dharana und Dhyana.
- Verwirklichung des Prinzips von Vinyasa Krama: Das schrittweise Hinführen zu den unterschiedlichen Techniken des Yoga.
- Reichhaltig illustrierte Übungsfolgen und die Beschreibung vieler Variationen der klassischen Asanas.

Das große Yoga-Therapiebuch

Yogapraxis für die Gesundheit und einen klaren Geist

Vorwort von Rüdiger Dahlke

Remo Rittiner

5. Auflage

Paperback, 200 Seiten, 400 Fotos, ISBN 978-3-86616-149-8

Das Buch basiert auf den Grundprinzipien der Yogatradition des Yogameisters T. Krishnamacharya und seines Schülers A. G. Mohan sowie auf den neuesten Erkenntnissen der westlichen Anatomielehre. Es ist klar und verständlich geschrieben und eignet sich sowohl für AnfängerInnen als auch für fortgeschrittene Yogaübende, die sich für das große Heilungspotential der Yogatherapie interessieren. Remo Rittiner hat seine langjährige Erfahrung mit zahlreichen Menschen, die regelmäßig unter seiner Anleitung Yoga praktizieren, in dieses Buch einfließen lassen.

Mit Yoga Nidra das Leben meistern

Das Energiepotenzial des Unbewussten erkennen und die Kreativität der Alpha-Ebene nutzen

Anna Röcker

2. Auflage

Hardcover, 192 Seiten, ISBN 978-3-86616-069-9

Leicht erlernbare „magische" Praktiken ermöglichen es auf verblüffend einfache Weise, die Fähigkeiten des Geistes optimal und zielgerichtet zu nutzen. Auf verschiedenen Stufen führt Yoga Nidra von einer ganzheitlichen, tiefen Entspannung bis hin zur Lösung von alten Mustern und Blockaden sowie Programmierungen aus der Kindheit. Davon frei zu werden eröffnet völlig neue Möglichkeiten, die innere Stimme zu hören und das eigene kreative Potenzial zu entwickeln und für die eigene Lebensgestaltung einzusetzen. Im besten Sinne führt Yoga Nidra nicht nur zur eigenen Weiterentwicklung und inneren Freiheit, sondern zur Mitgestaltung und Erhaltung der Schöpfung. Yoga Nidra ist für jeden Menschen geeignet, da es sich um ein in sich schlüssiges System handelt. Das uralte Yoga Nidra-Wissen wird damit zum Schlüssel für die „neue Zeit", von der die moderne Gehirnforschung spricht.

Hatha Yoga Pradipika

Ursprung und Quelle des Hatha Yoga
Yogi Hari

Hardcover, 272 Seiten, 35 Fotos, ISBN 978-3-86616-083-5

Die Hatha-Yoga-Pradipika (HYP) ist bis heute der Grundlagentext für den sogenannten Hatha-Yoga, also für jene Übungsform des Yoga, die sich hierzulande zunehmender Beliebtheit erfreut. Um so mehr mag es erstaunen, daß die HYP bis jetzt nur in einer einzigen deutschen Ausgabe vorliegt, die bereits 1893 veröffentlicht wurde. Diese Ausgabe trifft allerdings weder in der Wortwahl noch in den Kommentierungen den Geist unserer Zeit. Ganz anders die vom Verlag VIA NOVA neu herausgebrachte Fassung der HYP von Yogi Hari. Aus diesem Buch spricht nicht nur eine große fachliche Kompetenz, denn der Inder Yogi Hari verfügt über eine jahrzehntelange eigene Praxis. Das Buch atmet auch den freien Geist einer wirklich spirituellen Umsetzung des Yoga. Indische Tradition verbindet sich hier wohltuend mit modernen westlichen Erkenntnissen. Hilfreiche Details zur Ausführung einzelner Übungen kombinieren sich mit einer verständlichen Einbettung in die dahinter stehende Philosophie. Von diesem Buch werden interessierte Laien wie erfahrene Yoga-Übende gleichermaßen profitieren.

Yoga der Befreiung

Das Praxisbuch des JIVAMUKTI YOGA
Mit einem Vorwort von Sting
Sharon Gannon / David Life

2. Auflage

Paperback, Format: Din A 4, 288 Seiten, über 800 Fotos, ISBN 978-3-86616-161-0

Entdecke die einzigartige Energie und Kraft des Yoga, die dein Leben transformiert. Die Gründer des Jivamukti Yoga Centers in New York erklären in diesem umfassenden Handbuch ihr körperliches und spirituelles Yogasystem, das auf fließenden Bewegungsfolgen basiert. Sie verknüpfen die Weisheit der yogischen Schriften und der Meditation mit der herausfordernden Praxis des Hatha Yoga, beschreiben die körperlichen Haltungen und zeigen auf, wie sie in der jahrtausendealten Tradition entstanden sind, welche psychotherapeutischen Vorteile durch regelmäßige Übung entstehen und wie spirituelle Kräfte freigesetzt werden, wenn die Energie durch Körper und Geist frei fließt. Das Buch gibt in Bild und Text viele sachkundige Anleitungen, wie man durch Übungen physische Stärke, Gesundheit, Gelassenheit, Selbsterkenntnis und spirituelle Freiheit erreichen kann, und erklärt, wie Yoga zum verantwortungsbewussten Handeln führen kann.

Yoga und die Transformation der Gesellschaft

Ein spiritueller Wegweiser
Hardy Fürch

Hardcover, 128 Seiten, ISBN 978-3-86616-333-1

In einer Zeit, in der es im Umgang mit uns selbst, unseren Mitmenschen, der Natur und der Ökonomie grundlegend neuer ethischer Grundhaltungen bedarf, kann die Yoga-Praxis zu einem wahrhaft tiefgreifenden und wirksamen Wandel beitragen. Mit leidenschaftlicher Überzeugung ermutigt dieses kapitalismuskritische Buch, sich mit klarem Geist und weitem Herzen, auf der Grundlage der spirituellen Werte des Yoga, der globalen Krise des 21. Jahrhunderts zu stellen und ihr zu begegnen. Denn der Yogaweg bringt essentielle menschliche Kompetenzen zur Entfaltung, wie Empathie, Achtsamkeit und Selbstgewahrsein – Kompetenzen, die ganz real die Kraft und das Potential haben, die auf gesellschaftlicher Ebene notwendigen Transformationen herbeizuführen.